缺失数据的模型检验及其应用

许王莉　著

科学出版社
北　京

内 容 简 介

本书主要研究缺失数据模型的检验问题. 全书共分为 8 章. 第 1 章主要介绍数据的不同缺失机制, 包括协变量缺失和因变量缺失, 以及在不同缺失机制下常见的统计分析方法. 第 2 章介绍一些常见的检验方法, 主要包括蒙特卡罗检验和得分类型的检验. 在蒙特卡罗检验这部分, 着重介绍参数和非参数蒙特卡罗检验方法. 第 3 章介绍在数据不存在缺失的情况下, 几种常见模型的检验方法及其性质. 第 4 章是关于在因变量缺失时, 部分线性模型中非线性部分是否符合某类参数结构的拟合优度检验问题. 第 5 章讨论协变量随机缺失时, 广义线性模型本身的拟合优度检验问题. 第 6 章对于变系数模型, 在响应变量缺失的情况下, 研究变系数部分是否具有一定参数结构的检验. 第 7 章研究的是协变量缺失时候的统计推断问题. 第 8 章的主要内容是因变量随机缺失的情况下, 变系数模型本身的拟合优度检验问题. 第 4 章到第 8 章的检验统计量主要采用蒙特卡罗检验和得分类型的检验.

本书可作为概率统计、应用数学等专业高年级本科生及研究生教材, 也可供应用数据分析等相关专业人士参考.

图书在版编目(CIP)数据

缺失数据的模型检验及其应用/许王莉著. —北京: 科学出版社, 2014.1

ISBN 978-7-03-039255-8

Ⅰ. ①缺… Ⅱ. ①许… Ⅲ. ①数据模型 Ⅳ. ①TP311.13

中国版本图书馆 CIP 数据核字 (2013) 第 290712 号

责任编辑: 李 欣 / 责任校对: 宣 慧

责任印制: 徐晓晨 / 封面设计: 陈 敬

科学出版社出版

北京东黄城根北街 16 号

邮政编码: 100717

http://www.sciencep.com

北京凌奇印刷有限责任公司印刷

科学出版社发行 各地新华书店经销

*

2014 年 1 月第 一 版 开本: 720×1000 1/16

2019 年11月第五次印刷 印张: 8 3/4

字数:176 000

定价: 45.00 元

(如有印装质量问题, 我社负责调换)

前　言

在应用研究领域，缺失数据是一类常见的数据. 引起数据缺失的原因很多，比如，获取某些数据花费的代价很大；研究个体由于药物的副作用而停止试验等. 数据的缺失机制主要有完全随机缺失、随机缺失和非随机缺失三种. 用缺失数据拟合模型的统计推断已经有很多研究，但是大部分的研究还是在模型的估计方面. 如果用错误的模型拟合数据，得到的结果可能是不合理的. 所以关于模型的检验具有非常重要的意义，本书主要研究缺失数据模型的假设检验问题，其主要结论大部分是作者和合作者郭旭、朱力行已有的研究成果.

书中的各章是关于不同的模型在数据缺失下的检验，主要包括广义线性模型、半参数模型、变系数模型. 既包括非参数模型的检验，也包括参数模型的检验. 既包括协变量缺失的检验，也包括响应变量缺失的检验. 本书所研究的缺失机制都是随机缺失. 对于完全随机机制的情况，可以采用完全数据下的统计量. 对于非随机缺失机制下数据的假设检验问题，相关的文献较少，具有进一步研究的必要性.

本书统计量的构造主要采用经验过程和得分类型的方法. 这两类重要的方法在完全数据的情况下已经有很多应用. 由于经验过程的方法构造统计量的临界值很难计算得到，书中采用蒙特卡罗 (Monte Carlo) 逼近统计量的分布，此方法已经成为统计学中非常重要的方法. 这个方法的本质就是通过产生参考数据得到条件统计量，使得条件统计量在原假设和具有一定形式的备择假设下可以逼近原假设下统计量的分布. 对具有半参数结构的模型和分布，产生参考数据是一个具有挑战性的难题.

科学出版社 2008 年出版的朱力行和许王莉的《非参数蒙特卡罗检验及其应用》对此方法有非常详细的讨论. 书中提出一种新的方法，即非参数蒙特卡罗检验 (NMCT)，用于处理半参数和非参数结构的模型. 非参数蒙特卡罗方法是基于参数蒙特卡罗方法和其他蒙特卡罗逼近方法，比如，自助法提出来的一种逼近检验统计量分布的方法. 现在已经广泛应用于各种不同的统计推断方法中.

本书所设定的读者范围较广，适合学习缺失数据分析的初学者，也适合应用蒙特卡罗来分析实际问题的研究者，还可以作为研究生的参考教材. 本书中有定理的详细证明，也有实际数据的分析，可作为理论或者应用工作者的参考书籍.

本书得以出版, 感谢国家自然科学基金 (编号：11071253) 和北京市科技新星计划 (编号：2010B066) 的资助. 感谢香港浸会大学朱力行教授在本书的撰写过程中给予的宝贵建议. 感谢余味、牛翠珍、郭旭等同学为本书搜集、整理资料，并且对本书进行校正和排版.

由于作者水平所限, 书中难免有不妥之处, 欢迎读者批评指正. 来函请发至 wxu.stat@gmail.com.

许王莉

2013 年 5 月

目　录

符 号 表

$\mathbf{R}$	实数集合
$x \in \mathbf{R}^n$	输入和 n 维欧氏空间
$y \in \mathcal{Y}$	输出和输出集合
(x_i, y_i)	第 i 个训练点
$T = \{(x_1, y_1), \cdots, (x_l, y_l)\}$	训练集
l	训练点个数
$[x]_i,\ [x_i]_j$	向量 x 的第 i 个分量, 向量 x_i 的第 j 个分量
$\mathrm{x} = \varPhi(x)$	Hilbert 空间中的向量和输入空间到 Hilbert 空间的映射
$[\mathrm{x}]_i,\ [\mathrm{x}_i]_j$	向量 x 的第 i 个分量, 向量 x_i 的第 j 个分量
$(x \cdot x'), (\mathrm{x} \cdot \mathrm{x}')$	x 与 x' 的内积, x 与 x' 的内积
$\mathcal{H}$	Hilbert 空间
w	$\mathbf{R}^n$ 空间中的权向量
w_i	权向量 w 的第 i 个分量
w	Hilbert 空间中的权向量
w_i	权向量 w 的第 i 个分量
b	阈值
$K(x, x')$	核函数 $(\varPhi(x) \cdot \varPhi(x'))$
K	核矩阵 (Gram 矩阵)
$\|\cdot\|_p$	p 范数
$\|\cdot\|$	2 范数
$\|\cdot\|_1$	1 范数
h	VC 维
C	惩罚参数
ξ	松弛变量
ξ_i	松弛变量的第 i 个分量
α	对偶变量, Lagrange 乘子
α_i	对偶变量的第 i 个分量
β	对偶变量, Lagrange 乘子
β_i	对偶变量的第 i 个分量
$P(\cdot)$	通常表示概率分布或概率

第 1 章　缺失数据

1.1　协变量缺失机制

在医学和流行病学等应用领域，协变量缺失处处存在. 数据缺失机制对于数据的统计推断是非常重要的，不同的缺失机制会导致不同的似然函数，进而得出不同的统计推断结果. 缺失机制的概念是由 Rubin (1976) 提出的，主要分为三大类：随机缺失 MAR (missing at random)、完全随机缺失 MCAR(missing completely at random) 和非随机缺失 NMAR(not missing at random)，其中非随机缺失也称为不可忽略缺失 (nonignorable missingness).

用 Y 表示响应变量, (X, Z) 表示协变量，δ 表示协变量 X 是否缺失，等于 1 表示观测到，等于 0 表示缺失. 以下给出协变量 X 三种不同缺失的定义.

(1) 完全随机缺失，也就是协变量 X 是否缺失与协变量 Z 和响应变量 Y 没有任何关系. 用公式表示为 $P(\delta = 1|Y, X, Z) = P(\delta = 1)$.

(2) 随机缺失，也就是协变量 X 缺失只和协变量 Z 和响应变量 Y 有关，与 X 本身没有关系. 用公式表示为 $P(\delta = 1|Y, X, Z) = P(\delta = 1|Y, Z)$.

(3) 非随机缺失，在这种缺失机制下，协变量 X 缺失可能与 Z 和 Y 有关，也可能与 X 本身有关.

下面给出一个模拟说明上述所提到的三种不同的协变量缺失机制. 假定数据来自如下模型

$$Y = \beta_0 + \beta_1 X + \varepsilon, \tag{1.1.1}$$

设定 $(\beta_0, \beta_1) = (1, 1)$，$X$ 和 ε 独立且都来自标准正态分布. 如下三种不同缺失函数分别表示三种不同的缺失机制.

(1) $P(\delta = 1) = 0.6$;

(2) $P(\delta|Y) = 0.30$，如果 $|Y| \leqslant 1.5$, 否则 $= 0.95$;

(3) $P(\delta|Y, X) = 0.40$，如果 $X + Y \leqslant 1.5$, 否则 $= 0.90$.

这三种缺失机制分别是完全随机缺失、只依赖响应变量 Y 的缺失，以及既依赖于 X 也依赖 Y 的缺失. 在这三种不同的缺失机制下，数据缺失的概率都等于或者约等于 0.6.

我们随机产生 200 组数据，图 1.1.1 (a), (b), (c) 和 (d) 分别表示数据完全观测到的情况, 第一、第二以及第三种缺失机制下得到的数据. 从图 1.1.1 中可以看出，

图 1.1.1(b) 是图 1.1.1(a) 中的数据随机缺失 40% 的数据；图 1.1.1(c) 可以明显看出在 $|Y| > 1.5$ 时，缺失的概率明显小于 $|Y| \leqslant 1.5$ 的情况；图 1.1.1(c) 也可以看到在 $X + Y \leqslant 1.5$ 的缺失概率明显小于其他情况.

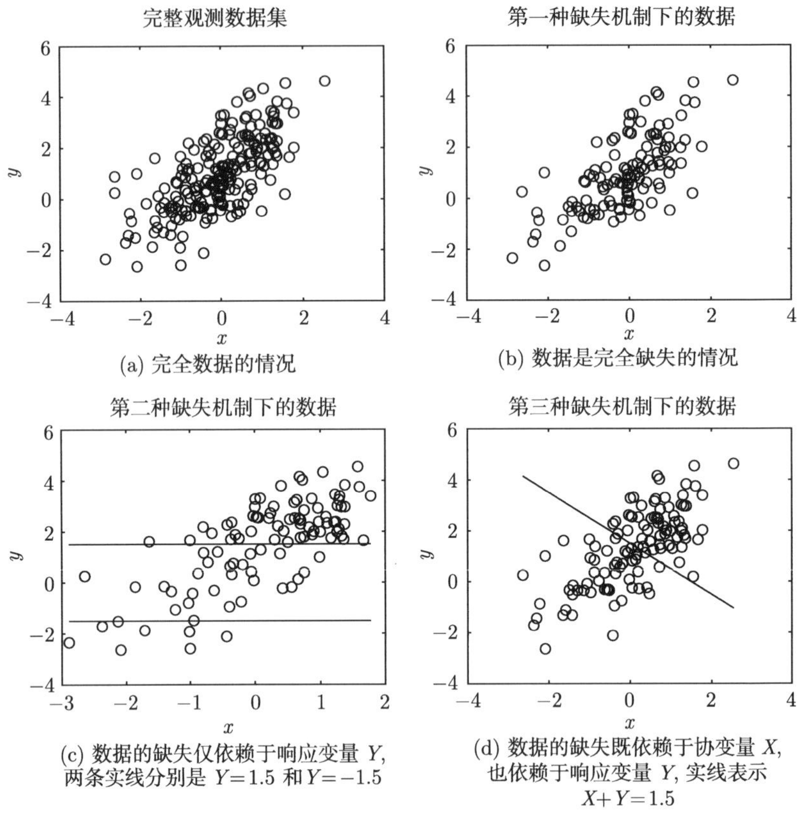

(a) 完全数据的情况

(b) 数据是完全缺失的情况

(c) 数据的缺失仅依赖于响应变量 Y, 两条实线分别是 $Y=1.5$ 和 $Y=-1.5$

(d) 数据的缺失既依赖于协变量 X, 也依赖于响应变量 Y, 实线表示 $X+Y=1.5$

图 1.1.1　实际数据集的散点图

下面说明不同的缺失机制对极大似然估计的影响. 假定得到的数据为 $(Y_i, X_i, Z_i, \delta_i), i = 1, \cdots, n$. 假设 $(Y_i, X_i, Z_i, \delta_i)$ 独立同分布，则基于此数据的似然函数为

$$\prod_{i=1}^{n} f(Y_i, X_i, Z_i, \delta_i) = \prod_{i=1}^{n} f(Y_i, X_i, Z_i) \prod_{i=1}^{n} f(\delta_i | Y_i, X_i, Z_i), \tag{1.1.2}$$

这里 $f(Y_i, X_i, Z_i)$ 是 (Y_i, X_i, Z_i) 的联合密度函数，$f(\delta_i|Y_i, X_i, Z_i)$ 是二值指示 δ_i 的条件二项分布的密度函数. 在缺失机制为 MCAR 时，$f(\delta_i|Y_i, X_i, Z_i) = f(\delta_i)$, 此时式 (1.1.2) 可以化简为

$$\prod_{i=1}^{n} f(Y_i, X_i, Z_i, \delta_i) = \prod_{i=1}^{n} f(Y_i, X_i, Z_i) \prod_{i=1}^{n} f(\delta_i). \tag{1.1.3}$$

在缺失机制为 MAR 时，$f(\delta_i|Y_i,X_i,Z_i)=f(\delta_i|Y_i,Z_i)$, 此时式 (1.1.2) 可以化简为

$$\prod_{i=1}^{n} f(Y_i,X_i,Z_i,\delta_i)=\prod_{i=1}^{n} f(Y_i,X_i,Z_i)\prod_{i=1}^{n} f(\delta_i|Y_i,Z_i). \tag{1.1.4}$$

在缺失机制是 NMAR 的情况下，条件密度 $f(\delta_i|Y_i,X_i,Z_i)$ 不能进一步简化，该概率依赖于缺失的 X_i 和没有缺失的 (Y_i,Z_i). 假定有 m 个个体可以观测到协变量 X，对于数据的统计推断，一种简单的方法就是仅仅利用这 m 个观测到的数据进行统计分析，这种分析方法称为 CC (completed cases) 方法. 如果缺失机制是 MCAR，用这一方法得到的统计推断结果是合理的，因为这 m 个数据可以看成从 (Y,X,Z) 的分布中独立得到. 相对于全部 n 个数据的统计结论，由于数据量的减少，估计的有效性会降低. 如果缺失机制是 MAR 或者 NMAR，用 CC 的估计方法直接作统计推断可能会有误差. 下面给出一个模拟说明这一结论. 由于 NMAR 这种缺失机制比较复杂，相关的研究较少，本书主要研究考虑缺失机制是 MAR 的情况.

我们仍然采用模型 (1.1.1)，参数和缺失机制的设置都是一致的. 在三种不同的缺失机制下，我们采用 CC 的方法估计，所得的结果见表 1.1.1. 表 1.1.1 中 $\hat{\beta}_{\mathrm{C}}$，$\hat{\beta}_{\mathrm{MCAR}}$，$\hat{\beta}_{\mathrm{MAR}}$ 和 $\hat{\beta}_{\mathrm{NMAR}}$ 分别表示基于完整数据、第一、第二，以及第三种缺失机制下非缺失数据用 CC 方法得到的模拟结果. 表 1.1.1 中分别研究了 $n=100$ 和 $n=200$ 的情况. 从表 1.1.1 中可以看出，参数 (β_0,β_1) 的估计 $\hat{\beta}_{\mathrm{C}}$ 和 $\hat{\beta}_{\mathrm{MCAR}}$ 都是无偏估计，只是 $\hat{\beta}_{\mathrm{MCAR}}$ 的标准方差要大一些. 然后 $\hat{\beta}_{\mathrm{MAR}}$ 和 $\hat{\beta}_{\mathrm{NMAR}}$ 得到的估计并不是无偏的. 进一步验证了用 CC 的方法对 MAR 和 NMAR 数据作统计推断是不合适的.

表 1.1.1 不同缺失机制下参数的估计

	$n=100$		$n=200$	
	估计值	标准误	估计值	标准误
$\hat{\beta}_{\mathrm{C}}$	1.000	0.010	1.001	0.005
	1.004	0.010	1.000	0.005
$\hat{\beta}_{\mathrm{MCAR}}$	1.003	0.017	1.002	0.008
	1.006	0.017	1.000	0.008
$\hat{\beta}_{\mathrm{MAR}}$	1.218	0.019	1.217	0.009
	1.099	0.017	1.094	0.008
$\hat{\beta}_{\mathrm{NMAR}}$	1.150	0.018	1.149	0.009
	0.990	0.018	0.987	0.008

1.2　协变量缺失的处理方法

1.2.1　完整个体分析

1. 不加权的完整个体分析

不加权的完整个体分析是指直接将有缺失值的个体数据剔除，仅利用那些全部变量均有观测的数据. 这一方法优点是简单，但是有信息的损失. 首先是样本量变小造成的精度损失；其次，如果数据的缺失机制不是 MCAR 时，此种估计方法还会产生偏差.

假设 θ 为待估计的参数，$\hat{\theta}_{\mathrm{NM}}$ 为没有缺失值时的估计量，$\hat{\theta}_{\mathrm{CC}}$ 为使用完整个体分析得到的估计量，那么 $\hat{\theta}_{\mathrm{CC}}$ 估计量的方差可以表示为

$$\mathrm{Var}(\hat{\theta}_{\mathrm{CC}}) = \mathrm{Var}(\hat{\theta}_{\mathrm{NM}})(1 + \Delta_{\mathrm{CC}}), \tag{1.2.1}$$

其中 Δ_{CC} 是由于信息损失带来的方差增加的百分数.

2. 加权的完整个体分析

用 $X_i = (x_{i1}, x_{i2}, \cdots, x_{ip})$ 表示第 i 个个体的协变量观测值，y_i 表示第 i 个个体的响应变量观测值，记 π_i 为第 i 个个体的协变量全部观测到的概率，C 表示协变量完整观测的个体的指标集. 若我们建立的模型为

$$y = f(x, \beta) + \varepsilon, \tag{1.2.2}$$

那么用加权的完整个体估计方法，参数 β 的估计为

$$\hat{\beta} = \arg\min_{\beta} \sum_{i \in C} \pi_i D(y_i, f(x_i, \beta)), \tag{1.2.3}$$

其中 $D(\cdot)$ 表示距离函数，如平方距离函数等. 在实际中，π_i 通常是未知的，所以用其估计值 $\hat{\pi}_i$ 来代替，这里的估计可以用核估计等估计方法. 加权的完整数据分析方法在缺失机制为 MAR 时估计是无偏的.

1.2.2　基于插补数据的方法

当有某个完全观测到的变量 X_j 与有缺失值的变量 X_k 具有很强的相关关系时，插补法是一个很好的方法. 也就是说，我们用 X_k 对 X_j 作回归，并用得到的回归模型来预测缺失的 X_k 的值. 这个方法可以对每一个缺失项插补一个值 (单一插补)，或者在某些情形下插补多个值 (多重插补). 在本小节中先介绍单一插补的方法.

1. 单一插补

在这种方法中插补值是缺失值的预测分布的一个平均值或抽样值，也就是说，要求我们以观测到的数值为基础，建立一个模型以预测缺失值的分布. 建立模型的方法主要包括明确建模和模糊建模两类. 以下关于明确建模和模糊建模的论述主要参考 Little 和 Rubin (2002) 中的论述.

明确建模的方法有：①均值插补，即以变量观测到的部分的均值来插补缺失值；②回归插补，以有缺失值的变量对完整观测的变量作回归，用缺失变量的完整部分的数据估计回归模型的参数，再用此模型来预测缺失部分的值；③随机回归插补，用回归插补值加上一个随机项来预测缺失值. 例如，缺失变量是具有 0 和 1 两个属性的分类变量，用 Logistic 回归对确实变量和另外一些预测变量作回归，缺失项的回归预测值就是一个 0 到 1 之间的概率，而随机回归预测值就是一个以此概率抽出的 0 或 1.

模糊建模的方法通常有：①热平台插补，将缺失项的值用 "类似" 的样本点中的对应值代替，这里的 "类似" 样本点就是指用一些距离函数衡量的与缺失的样本点距离最小的样本点；②冷平台插补，用一个从其他来源的，比如以往调查中的一个完整个体值代替缺失值；③替代法，主要在抽样阶段使用此方法，是指当某个个体的属性有缺失时，对另外一个替代的个体进行调查. 以上三种模糊建模方法在一个研究中通常是综合使用的.

在选取插补方法时应该遵循以下三点原则：①要以观测到的数据为基础，并且尽量减少预测的偏差，保持观测到的变量和缺失变量之间的关系；②多变量缺失的时候应该保持缺失变量之间的联系；③如果操作方便，尽量从缺失项的预测分布来抽取，这比直接用均值估计往往能够得到更高的估计精度.

2. 多重插补

多重插补是指对每一缺失项都用一个插补向量来代替，其维数 $M \geqslant 2$，对于插补向量中的每一个插补值可以用单一插补中的方法来得到，比如随机回归插补. 这样我们可以构造 M 个完整的数据集，当每一个缺失项都用其插补向量的第一个分量来代替时构成第一个数据集，$\cdots$，当每一个缺失项都用其插补向量的第 M 个分量来代替时构成第 M 个数据集. 最终的参数估计值就是由 M 个完整数据集得到的估计值的某种综合. 多重插补是由 Rubin (1978) 首先提出的，并且得到了广泛的应用.

假设估计的目标参数为 θ，我们对以上提到的每一个完整数据集用相同的方法进行估计，得到 M 个估计值 $\hat{\theta}_m, m = 1, 2, \cdots, M$，其方差分别用 $V_m, m = 1, 2, \cdots, M$ 来表示，那么多重插补的估计值为

$$\hat{\theta}=\frac{1}{M}\sum_{m=1}^{M}\hat{\theta}_m, \tag{1.2.4}$$

其方差为

$$T=V_W+\frac{M+1}{M}V_B, \tag{1.2.5}$$

其中 V_W 表示插补内方差，V_B 表示插补间方差，它们的表达式分别为

$$V_W=\frac{1}{M}\sum_{m=1}^{M}V_m, \tag{1.2.6}$$

$$V_B=\frac{1}{M-1}\sum_{m=1}^{M}(\hat{\theta}-\hat{\theta}_m)^2, \tag{1.2.7}$$

当 θ 为标量时，在大样本下 $(\theta-\hat{\theta})T^{-1/2}$ 服从自由度为 d 的 t 分布，其中

$$d=(M-1)\left(1+\frac{1}{M+1}\frac{V_W}{V_B}\right)^2. \tag{1.2.8}$$

1.2.3 基于似然的方法

1. 有缺失值的似然函数

Rubin(1976a) 给出了用极大似然理论处理缺失数据的方法. 考虑有三个变量 x,z,y 的模型，其中 x,z 是协变量，y 是响应变量，假设变量 x 有缺失. 我们得到的数据为 (X,Z,Y,δ)，其中 X,Z,Y,δ 都是维数为 $n\times 1$ 的向量，δ 是指示对应的 X 的分量有无缺失的二元变量组成的 $n\times 1$ 向量，取值为 1 表示对应的 X 观测到，取值为 0 表示对应的 X 缺失. 另外，$X=(X_O,X_M)$，X_O 表示观测到的值组成的向量，X_M 表示缺失的值. 用 θ 表示待估参数，ϕ 表示缺失机制分布，那么

$$f(X,Z,Y,\delta|\theta,\phi)=f(X,Z,Y|\theta)f(\delta,Z,Y|X,\phi). \tag{1.2.9}$$

由于 X 有缺失，所以实际观测到的数据只有 (X_O,Z,Y,δ)，观测数据的分布由 (X,Z,Y,δ) 的分布积去 X_M 得到，也就是

$$f(X_O,Z,Y,\delta|\theta,\phi)=\int f(X_O,X_M,Z,Y|\theta)f(\delta,Z,Y|X_O,X_M,\phi)\mathrm{d}X_M. \tag{1.2.10}$$

(θ,ϕ) 的整个似然函数是正比于函数 (1.2.10) 的一个函数，也就是

$$L_{\text{full}}(\theta,\phi|X_O,Z,Y,\delta)\propto f(X_O,Z,Y,\delta|\theta,\phi). \tag{1.2.11}$$

当数据的缺失机制为 MAR 时，也就是说 δ 的分布不依赖于 X_M，有

$$f(\delta, Z, Y|X_O, X_M, \phi) = f(\delta, Z, Y|X_O, \phi), \tag{1.2.12}$$

那么根据函数 (1.2.10) 可以得到

$$\begin{aligned} f(X_O, Z, Y, \delta|\theta, \phi) &= f(\delta, Z, Y|X_O, \phi) \times \int f(X_O, X_M, Z, Y|\theta)\mathrm{d}X_M & (1.2.13)\\ &= f(\delta, Z, Y|X_O, \phi) f(X_O, Z, Y|\theta), & (1.2.14)\end{aligned}$$

在这种情形下，可以得到一个较简单的似然函数

$$L_{\text{ign}}(\theta|X_O, Z, Y) \propto f(\delta, Z, Y|X_O, \phi) f(X_O, Z, Y|\theta), \tag{1.2.15}$$

在似然推断中，当缺失机制为 MAR 并且参数 θ 和 ϕ 是独立的时候，可以忽略数据的缺失机制.

2. EM 算法

在 MAR 缺失机制下，可以通过极大化函数 (1.2.15) 而得到 θ 的 ML 估计. 但是在大多数情况下，此估计不能通过解析法从函数 (1.2.15) 中解出，因此我们考虑使用迭代算法，Newton-Raphson 算法和 Berndi 等 (1974) 所提出的算法都可以用于解决这个问题. 在数据有缺失的情况下，我们经常使用所谓的期望 —— 极大化算法，也称为 EM 算法，这是一种将依据 $L_{\text{ign}}(\theta|X_O, Z, Y)$ 的 θ 的 ML 估计与基于完全数据似然 $L(\theta|X, Z, Y)$ 的 θ 的 ML 估计结合起来的算法.

EM 算法的每一步迭代都有一个 E 步 (期望步) 和 M 步 (极大化步). E 步是在给定观测数据和现有参数下，求缺失数据的条件期望，然后将缺失数据用这些条件期望代替. 假设迭代的初始值为 $\hat{\theta}_0$，那么第一个 E 步就是在 $\hat{\theta}_0$ 下，求完全数据似然的期望

$$L^{(1)}(\theta|\hat{\theta}^{(0)}) = \int L(\theta|X, Z, Y) f(X_M, Z, Y|X_O, \theta = \hat{\theta}^{(0)})\mathrm{d}X_M. \tag{1.2.16}$$

接下来进行 M 步，也就是极大化这个完全数据似然的期望来得到 $\hat{\theta}^{(1)}$，也就是

$$\hat{\theta}^{(1)} = \arg\max_{\theta} L^{(1)}(\theta|\hat{\theta}^{(0)}), \tag{1.2.17}$$

重复以上两步直到收敛，便得到了 θ 的 ML 估计.

EM 算法主要有两个缺点：①当数据缺失比例较大时，收敛可能很慢；② 对于有些问题，M 步的极大化计算仍然很困难. 因此产生了一些推广的 EM 算法，如 ECM，ECME，AECM 等，在这里就不一一介绍了.

1.3 响应变量缺失机制

类似于协变量的缺失机制，响应变量也有三种不同的缺失机制. 沿用前面的记号，用 Y 表示响应变量, (X,Z) 表示协变量，δ 表示响应变量 Y 是否缺失，等于 1 表示观测到，等于 0 表示缺失. 以下给出响应变量 Y 三种不同缺失的定义.

(1) 完全随机缺失，也就是响应变量 Y 是否缺失与协变量 (X,Z) 没有任何关系. 用公式表示为 $P(\delta=1|Y,X,Z)=P(\delta=1)$.

(2) 随机缺失，也就是响应变量 Y 缺失只和协变量 (X,Z) 有关，与 Y 本身没有关系. 用公式表示为 $P(\delta=1|Y,X,Z)=P(\delta=1|X,Z)$.

(3) 非随机缺失，在这种缺失机制下，响应变量 Y 缺失可能与 X 和 Z 有关，也可能与 Y 本身有关.

下面给出一个模拟说明上述所提到的三种不同的响应变量缺失机制. 假定数据来仍然来自模型 (1.1.1)，即为

$$Y=\beta_0+\beta_1 X+\varepsilon,$$

上述模型中参数的设置和随机变量的分布和模型 (1.1.1) 一致. 如下三种不同缺失函数分别表示三种不同的缺失机制.

(1) $P(\delta=1)=0.6$;

(2) $P(\delta|X)=0.30$，如果 $X\leqslant 0.1$, 否则 $=0.95$;

(3) $P(\delta|Y,X)=0.40$，如果 $X+Y\leqslant 1.5$, 否则 $=0.90$.

这三种缺失机制分别是完全缺失、只依赖响应变量 Y 的缺失，以及既依赖于 X 也依赖于 Y 的缺失. 在这三种不同的缺失机制下，数据缺失的概率都等于或者约等于 0.6.

我们随机产生 200 组数据，如图 1.3.1 所示. 从图 1.3.1 中可以看到不同的缺失机制对缺失数据产生的影响. 图 1.3.1 和图 1.1.1(a)，(b) 和 (d) 展示的图一致. 为了方便比较，把这三种不同的数据在图 1.3.1 重新展示. 从图 1.3.1 (c) 中可以看出，不同于协变量缺失下随机缺失机制的结果，如果因变量缺失，在随机缺失机制下，缺失的数据受到协变量的影响.

类似于协变量缺失对似然函数的影响，不难得出响应变量的缺失机制对于似然函数的影响，这里不再赘述.

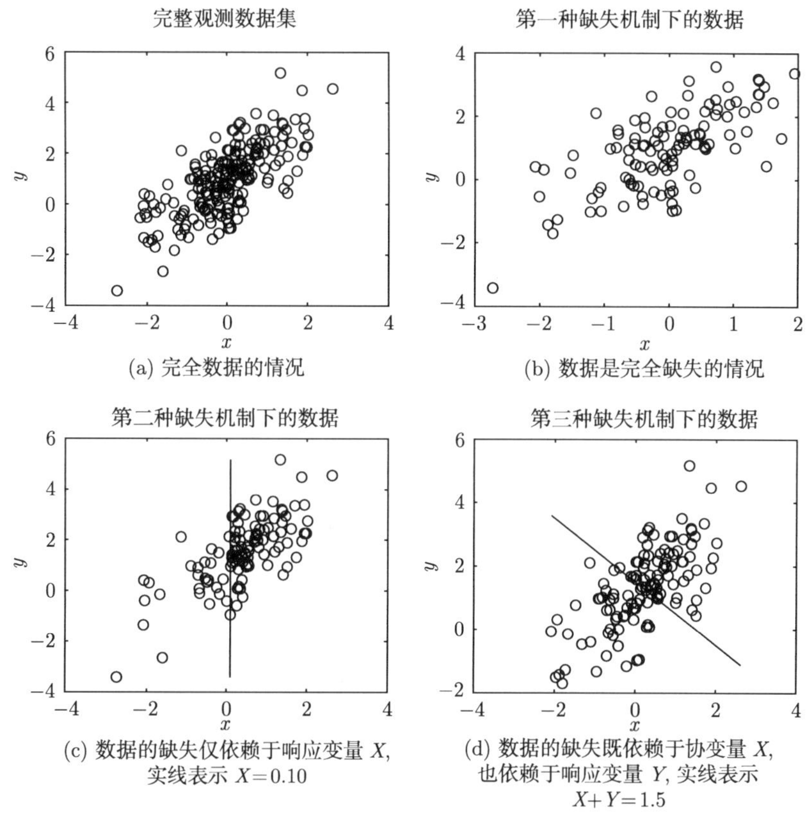

(a) 完全数据的情况

(b) 数据是完全缺失的情况

(c) 数据的缺失仅依赖于响应变量 X, 实线表示 $X=0.10$

(d) 数据的缺失既依赖于协变量 X, 也依赖于响应变量 Y, 实线表示 $X+Y=1.5$

图 1.3.1 实际数据集的散点图

1.4 响应变量缺失的处理方法

对于响应变量有缺失的模型，在协变量缺失的小节中介绍的完整个体分析方法、基于插补的方法、极大似然的方法仍然可以使用，通常使用最多的是插补的方法. 对于线性模型，用完整数据分析得到参数的最小二乘估计 $\hat{\beta}^*$，然后将缺失值用它们的最小二乘预测值代替 $\hat{y}=x\hat{\beta}^*$ 的方法通常称为耶茨方法，一般认为是Yates (1933) 给出的. Healy 和 Westmacott (1956) 描述了一个通用的迭代方法，这一方法是先将所有的缺失值用给定的初始值代替，再执行完全数据分析，然后用得到的参数估计预测缺失值，再将缺失值用预测值代替，重复以上步骤直到收敛. 这一方法可以看成 EM 算法的一个特例.

除了以上方法，对于响应变量有缺失的情形，我们经常使用 Bartlett (1937) 提出的用缺失值协变量的方差分析，也就是所谓 ANCOVA 方法. 用 X 表示协变量，Y

表示响应变量，样本量为 n，$y_i, i=1,2,\cdots,m$ 是缺失的，$y_i, i=m+1,m+2,\cdots,n$ 是观测到的，将每一缺失的 y_i 用初始设定值 $\tilde{y}_i$ 来代替，得到一个完整的向量 Y. 同时，令 $Z=(I_{m\times m},O_{r\times m})^{\mathrm{T}}$，其中 $r=n-m$，$I_{m\times m}$ 是 $m\times m$ 的单位矩阵，$O_{r\times m}$ 是 $r\times m$ 的零矩阵. 如果原始模型为 $Y=X\beta+\varepsilon$，那么当有缺失数据的时候，我们构造带缺失值协变量的模型为

$$Y=X\beta+Z\gamma+\varepsilon, \tag{1.4.1}$$

其中 γ 是 m 个缺失值协变量对应的系数向量，维数为 $m\times 1$. 使用最小二乘估计，我们要极小化以下残差平方和

$$S(\beta,\gamma)=\sum_{i=1}^{m}(\tilde{y}_i-x_i\beta-z_i\gamma)^2+\sum_{i=m+1}^{n}(y_i-x_i\beta-z_i\gamma)^2 \tag{1.4.2}$$

$$=\sum_{i=1}^{m}(\tilde{y}_i-x_i\beta-\gamma)^2+\sum_{i=m+1}^{n}(y_i-x_i\beta)^2, \tag{1.4.3}$$

式 (1.4.3) 成立是由于当 y_i 观测到时 $z_i\gamma=0$，当 y_i 缺失时 $z_i\gamma=\gamma_i$.

令 $\hat{\gamma}=(\hat{\gamma}_1,\cdots,\hat{\gamma}_m)^{\mathrm{T}}$, 假设 $(\hat{\beta},\hat{\gamma})$ 是 (β,γ) 的最小二乘估计值，那么 y_i 的最终插补值为 $\hat{y}_i=\tilde{y}_i-\hat{\gamma}_i, i=1,2,\cdots,m$. 也就是说第 i 个缺失值的插补值为其初始设定值减去第 i 个缺失值的协变量系数. 在通常情况下，初始值 $\tilde{y}_i$ 可以取 0 或者观测到的响应变量的平均值.

第 2 章　常用的一些检验方法

本书主要涉及蒙特卡罗检验和得分检验，我们主要介绍这两种检验方法. 蒙特卡罗检验方法在 Zhu 和 Xu (2008) 这本书中有比较详细的介绍. 在这里简单介绍一下.

2.1　蒙特卡罗检验

2.1.1　参数蒙特卡罗检验

在假设检验问题中，对于所构造的统计量，可能很难得到检验统计量在原假设下的精确分布或者极限分布，或者得到的精确分布或者极限分布的临界值很难确定，此时可以借助于蒙特卡罗的方法逼近原假设下统计量的临界值. 蒙特卡罗的思想最先在 Bartlett (1963) 的讨论部分中提及. 之后关于蒙特卡罗的理论的研究越来越多，其中 Hope (1968) 证明在没有讨厌参数的情况下，对于参数的蒙特卡罗方法，它可以达到精确的显著性水平. 当然如果讨厌参数准则，MCT 也同样适用. Zhu，Fang 和 Bhatti (1997) 构造投影追踪类型的 Crämer-von Mises 统计量检验数据是否来自参数族分布. Krishnamoorthy 等 (2007) 用参数蒙特卡罗的方法检验几个正态分布的均值是否相等. 最近 Ma 和 Tian (2009) 把参数蒙特卡罗的方法用到检验逆高斯分布.

下面通过一个简单的例子说明参数蒙特卡罗的应用. 比如，检验两个正态分布 $N(\mu_1,\sigma_1^2)$ 和 $N(\mu_2,\sigma_2^2)$ 中的均值是否相同. 原假设和备择假设分别是 $\mu_1=\mu_2$ 和 $\mu_1\neq\mu_2$. 假定数据 $(X_{11},X_{12},\cdots,X_{1n_1})$ 和 $(X_{21},X_{22},\cdots,X_{2n_2})$ 分别来自分布 $N(\mu_1,\sigma_1^2)$ 和 $N(\mu_2,\sigma_2^2)$. 在 σ_1^2 和 σ_2^2 已知的情况下，构造如下检验统计量

$$T=\frac{(\overline{X}_1-\overline{X}_2)^2}{\sigma_1^2/n_1+\sigma_2^2/n_2},$$

这里 $\overline{X}_1$ 和 $\overline{X}_2$ 是 $(X_{11},X_{12},\cdots,X_{1n_1})$ 和 $(X_{21},X_{22},\cdots,X_{2n_2})$ 的样本均值. 在原假设下，$\overline{X}_1-\overline{X}_2$ 服从均值为 0，方差为 $\sigma_1^2/n_1+\sigma_2^2/n_2$ 的正态分布. 用参数蒙特卡罗的方法计算检验的 p 值步骤如下.

算法 2.1.1

(1) 从正态分布 $N(0,\sigma_1^2/n_1+\sigma_2^2/n_2)$ 中产生数据 X^*. 相应地得到

$$T^*=\frac{(X^*)^2}{\sigma_1^2/n_1+\sigma_2^2/n_2}.$$

(2) 重复上面的步骤 m 次，得到相应的 T^*，不妨记为：$T_1^*, T_2^*, \cdots, T_m^*$.

(3) p 值的估计为

$$\hat{p} = k/m,$$

这里，k 是 $T_1^*, T_2^*, \cdots, T_m^*$ 大于或者等于 T 的个数. 给定水平 α，如果 $\hat{p} \leqslant \alpha$，则拒绝原假设.

对于上面的正态均值检验，下面给出一个具体的模拟分析结果. 假定 $\mu_1 = 0.0$, $\mu_2 = 0.0, 0.1, \cdots, 1.0$, $\sigma_1^2 = \sigma_2^2 = 1.0$. 只有在 $\mu_2 = 0.0$ 时原假设成立. 为了研究样本对功效的影响，我们研究了 $(n_1, n_2) = (20, 50)$，$(n_1, n_2) = (50, 50)$，$(n_1, n_2) = (30, 40)$ 和 $(n_1, n_2) = (60, 40)$. 在临界水平 $\alpha = 0.05$ 的情况下，模拟结果见表 2.1.1. 从表 2.1.1 中可以看到，在原假设成立的情况下，功效在 0.05 左右波动. 随着 μ_2 的增大，功效很快接近于 1.0. 在 n_2 固定的情况下，n_1 越大功效越好. 在所有样本之和一定的情况下，也就是 $n_1 + n_2$ 固定时，基于 $(n_1, n_2) = (20, 50)$ 的功效要比基于 $(n_1, n_2) = (30, 40)$ 的功效差一些；但是基于 $(n_1, n_2) = (50, 50)$ 和 $(n_1, n_2) = (60, 40)$ 的功效差不多.

表 2.1.1 参数蒙特卡罗的模拟结果

$n_2 = 50$		$n_2 = 40$	
$n_1 = 20$	$n_1 = 50$	$n_1 = 30$	$n_1 = 60$
0.043	0.052	0.058	0.057
0.080	0.078	0.074	0.091
0.129	0.177	0.136	0.177
0.202	0.356	0.262	0.323
0.350	0.508	0.395	0.499
0.458	0.693	0.545	0.707
0.637	0.865	0.720	0.861
0.744	0.933	0.808	0.917
0.847	0.972	0.904	0.973
0.928	0.997	0.957	0.996
0.972	0.999	0.991	0.997

2.1.2 非参数蒙特卡罗检验

在半参数或非参数的情况，用参数蒙特卡罗方法很难逼近原假设下统计量的精确分布或者渐近分布. 主要的原因在于，即使原假设也不能仅靠几个未知的参数完全刻画. 例如，检验数据 $(Y_i, X_i, T_i), i = 1, 2, \cdots, n$ 是否符合半参数模型, 也就是在原假设下 $H_0 : E(Y|X, T) = X^{\mathrm{T}}\beta + g(T)$，对于这一检验问题，很难用具体的几个参数去刻画原假设. 再如 Zhu 和 Xu (2008) 提到的研究某些分布是否服从椭球对称分布，也不属于参数族. 在半参数和非参数的情况下，由 Efron (1979) 提出的

自助法，现在已经发展为解决上述问题的普遍适用的方法之一. Mammen (1992) 发展了一种称为 Wild 自助法的逼近方法，此方法已经应用在很多不同的领域. Good (2000) 提出了用置换检验的方法产生参考数据. 由于上述提及的产生参考数据的方法在某些方面存在限制或者不足. 我们接下来主要介绍一下基于随机加权的非参数蒙特卡罗方法，此方法由 Zhu (2005) 提出，现在已经应用在不同的模型检验中. 这种方法产生随机数的理论依据是随机加权经验过程的收敛性. 此方法的理论已经在 Zhu 和 Xu (2008) 这本书中有详细的描述，下面再简单叙述一下此方法.

假定样本 $X_1, X_2, \cdots, X_n$ 是独立同分布的样本，对于所研究的检验问题，假定检验统计量为 $T_n = T(X_1, \cdots, X_n)$. 如果此统计量本身或者渐近地可以写为 $R_n(X_1, \cdots, X_n; t)$ 的函数 $G(R_n(X_1, \cdots, X_n; t))$，且 $R_n(X_1, \cdots, X_n; t)$ 是具有下述形式

$$R_n(X_1, \cdots, X_n; t) = \frac{1}{\sqrt{n}} \sum_{j=1}^{n} J(X_j, t; \theta),$$

这里，$t \in S$, S 是 $\mathbf{R}^d$ 的一个子集. θ 是参数且 $E(J(X, t; \theta)) = 0$. 此时可以通过如下非参数蒙特卡罗步骤确定 p 值.

算法 2.1.2

(1) 从均值为 0，方差为 1 的分布 (如标准正态分布) 中独立产生随机变量 ξ_i, $i = 1, 2, \cdots, n$. 计算 $R_n(X_1, \cdots, X_n; t)$ 的条件对应表达式：

$$R^*(X_1, \cdots, X_n; t) = \frac{1}{\sqrt{n}} \sum_{j=1}^{n} \xi_i J(X_i, t; \hat{\theta}), \tag{2.1.1}$$

这里，$\hat{\theta}$ 是参数 θ 的估计. 相应地得到统计量的条件统计量为

$$T^*(X_1, \cdots, X_n) = G(R^*(X_1, \cdots, X_n; t)). \tag{2.1.2}$$

(2) 对上述步骤 (1) 重复 m 次，得到 m 个 $T^* = T^*(X_1, \cdots, X_n)$，不妨记为 $T_1^*, T_2^*, \cdots, T_m^*$.

(3) 如果统计量 T_n 的值较大，拒绝原假设. p 值的估计为 $\hat{p} = k/(m+1)$，这里 k 表示 $T_1^*, T_2^*, \cdots, T_m^*$ 中大于或者等于 T_n 的个数. 对于给定的水平 α，如果 $\hat{p} \leqslant \alpha$，则拒绝原假设.

下面举例说明非参数蒙特卡罗方法的应用. 对于模型 $Y = m(X) + \varepsilon$，我们感兴趣的问题是 $m(X)$ 是否具有线性结构. 也就是说，存在参数 β，在原假设下 $H_0: m(X) = X^{\mathrm{T}}\beta$. 对于这一假设检验问题，注意到在原假设下 $E(\varepsilon|X) = 0$, 也就是 $E(\varepsilon I(X \leqslant x)) = 0$ 对于任何 x 成立. 假定 (Y_i, X_i), $i = 1, 2, \cdots, n$ 是观测到的数据，则表达式 $E(\varepsilon I(X \leqslant x))$ 的经验形式为

$$R_n(x)=\frac{1}{\sqrt{n}}\sum_{i=1}^{n}\hat{\varepsilon}I(X_i\leqslant x)=\frac{1}{\sqrt{n}}\sum_{i=1}^{n}(Y_i-X_i^{\mathrm{T}}\hat{\beta})I(X_i\leqslant x). \tag{2.1.3}$$

基于式 (2.1.3)，可以构造检验统计量为

$$T_n=\int(R_n(x))^2\mathrm{d}F_n(x),\quad k=1,2, \tag{2.1.4}$$

其中 $F_n(x)$ 是基于 $\{X_1,X_2,\cdots,X_n\}$ 的经验分布. 当 T_n 足够大时，就可以拒绝原假设.

在一定的正则条件下，可以得到

$$\begin{aligned}\sqrt{n}(\hat{\beta}-\beta)&=\left(\frac{1}{n}\sum_{i=1}^{n}X_iX_i^{\mathrm{T}}\right)^{-1}\frac{1}{\sqrt{n}}\sum_{i=1}^{n}X_i(Y_i-X_i^{\mathrm{T}}\beta)\\&=E(XX^{\mathrm{T}})\frac{1}{\sqrt{n}}\sum_{i=1}^{n}X_i\varepsilon_i+o_p(1).\end{aligned} \tag{2.1.5}$$

基于式 (2.1.5), $R_n(x)$ 的渐近形式如下:

$$\begin{aligned}R_n(x)&=\frac{1}{\sqrt{n}}\sum_{i=1}^{n}(Y_i-X_i^{\mathrm{T}}\beta)I(X_i\leqslant x)-\frac{1}{\sqrt{n}}\sum_{i=1}^{n}(X_i^{\mathrm{T}}\hat{\beta}-X_i^{\mathrm{T}}\beta)I(X_i\leqslant x)\\&=\frac{1}{\sqrt{n}}\sum_{i=1}^{n}\varepsilon_iI(X_i\leqslant x)-\frac{1}{n}\sum_{i=1}^{n}X_i^{\mathrm{T}}I(X_i\leqslant x)\sqrt{n}(\hat{\beta}-\beta)\\&=\frac{1}{\sqrt{n}}\sum_{i=1}^{n}\varepsilon_iI(X_i\leqslant x)-E(X^{\mathrm{T}}I(X\leqslant x))E(XX^{\mathrm{T}})\frac{1}{\sqrt{n}}\sum_{i=1}^{n}X_i\varepsilon_i+o_p(1)\\&=\frac{1}{\sqrt{n}}\sum_{i=1}^{n}(\varepsilon_iI(X_i\leqslant x)-E(X^{\mathrm{T}}I(X\leqslant x))E(XX^{\mathrm{T}})X_i\varepsilon_i)+o_p(1).\end{aligned} \tag{2.1.6}$$

因此，对于这个假设检验问题，我们可以采用如下步骤得到 p 值.

算法 2.1.3

(1) 从均值为 0, 方差为 1 的分布中独立产生变量 $\xi_1,\xi_2,\cdots,\xi_n$. 计算式 (2.1.6) 中 $R_n(x)$ 的条件统计量

$$R^*(x)=\frac{1}{\sqrt{n}}\sum_{i=1}^{n}\xi_i(\hat{\varepsilon}_iI(X_i\leqslant x)-\hat{E}(X^{\mathrm{T}}I(X\leqslant x))\hat{E}(XX^{\mathrm{T}})X_i\hat{\varepsilon}_i),$$

这里 $\hat{\varepsilon}_i$, $\hat{E}(X^{\mathrm{T}}I(X\leqslant x))$ 和 $\hat{E}(XX^{\mathrm{T}})$ 分别是 ε_i, $E(X^{\mathrm{T}}I(X\leqslant x))$ 和 $E(XX^{\mathrm{T}})$ 的估计. 具体的表达式是 $\hat{\varepsilon}_i=Y_i-X_i^{\mathrm{T}}\hat{\beta}=Y_i-X_i^{\mathrm{T}}\left(n^{-1}\sum_{i=1}^{n}X_iX_i^{\mathrm{T}}\right)^{-1}n^{-1/2}\sum_{i=1}^{n}X_iY_i$, $E(X^{\mathrm{T}}I(X\leqslant x))=n^{-1}\sum_{i=1}^{n}X_i^{\mathrm{T}}I(X_i\leqslant x)$ 和 $E(XX^{\mathrm{T}})=n^{-1}\sum_{i=1}^{n}X_iX_i^{\mathrm{T}}$. 相应地计算统计量 T_n 的条件表达式是 $T^*=n^{-1}\sum_{j=1}^{n}R^*(X_j)^2$.

(2) 重复上述步骤 m 次，相应的得到 m 个不同的 T^*. 不妨记为 $T_1^*, T_2^*, \cdots, T_m^*$.

(3) p 值的估计为 $\hat{p} = n^{-1}\sum_{i=1}^{m} I(T_1^* \geqslant T_n)$.

下面通过模拟分析研究上述所述检验的有效性. 不妨假设数据从如下模型中产生

$$Y = \beta X + aX^2 + \varepsilon, \tag{2.1.7}$$

这里假定参数 $\beta = 1$，变量 X 和 ε 独立且都来自标准正态分布. 为了显示检验的功效，a 的取值为 $a = 0.0, 0.1, \cdots, 1.0$. 显然原假设成立当且仅当 $a = 0.0$. 选择样本个数 $n = 50, 80, 100, 120$，模拟结果见表 2.1.2. 从表 2.1.2 中不难看出，在原假设成立的情况下，功效在临界水平 $\alpha = 0.05$ 左右波动. 随着 a 的增加，功效也增大. 而且，样本量越大，功效越好.

表 2.1.2 非参数蒙特卡罗的模拟结果

$n=50$	$n=80$	$n=100$	$n=120$
0.045	0.048	0.053	0.057
0.154	0.216	0.272	0.276
0.353	0.458	0.562	0.650
0.511	0.723	0.845	0.890
0.706	0.893	0.947	0.980
0.812	0.966	0.983	0.994
0.906	0.981	0.998	1.000
0.928	0.985	1.000	0.998
0.953	0.998	1.000	1.000
0.967	0.999	1.000	1.000
0.969	0.999	1.000	1.000

2.2 得分类型的检验

Rao 得分检验，或者称为得分检验，是一类非常重要的参数检验方法. 原假设感兴趣的是参数 θ 是否等于某个具体的值 θ_0. 相对于极大似然比检验，得分检验最大的好处就是不需要计算备择假设下参数的估计. 假定从密度函数为 $f(X,\theta)$ 观测到 n 个独立数据 $X_1, X_2, \cdots, X_n$，这里 $\theta \in \Theta \subset \mathbf{R}^p$ 是 $p \times 1$ 的参数. 分别定义对数似然函数和得分函数如下:

$$L(\theta)=\sum_{i=1}^{n}\log f(X_i,\theta),$$

$$S(\theta_0)=\left.\frac{\partial L(\theta)}{\partial\theta}\right|_{\theta=\theta_0}=\sum_{i=1}^{n}\left.\frac{\partial\log f(X_i,\theta)}{\partial\theta}\right|_{\theta=\theta_0},$$

在原假设 $H_0:\theta=\theta_0$ 的情况下，注意到

$$E\{S(\theta_0)\}=\sum_{i=1}^{n}E\left\{\left.\frac{\partial\log f(X_i,\theta)}{\partial\theta}\right|_{\theta=\theta_0}\right\}=\sum_{i=1}^{n}\frac{\partial}{\partial\theta}\int f(x_i,\theta)\mathrm{d}x_i=0.$$

$S(\theta_0)$ 收敛到 $E(S(\theta_0))=0$. 记

$$V(\theta_0)=E_{\theta_0}\left(\left.\frac{\partial\log f(X_i,\theta)}{\partial\theta}\right|_{\theta=\theta_0}\right)^2.$$

根据中心极限定理，在原假设 H_0 下，

$$\frac{n^{-1}S(\theta_0)}{\sqrt{n^{-1}V(\theta_0)}}\to N(0,1)$$

依分布成立. 在参数 θ 是一维的情况下，可以用 $T=n^{-1}S(\theta_0)/\sqrt{n^{-1}V(\theta_0)}$ 作为检验统计量. 如果 $|T|$ 值较大，则拒绝原假设. 如果参数 θ 的维数大于 1，可以用 $T=n^{-1}S(\theta_0)^{\mathrm{T}}\cdot V(\theta_0)S(\theta_0)$ 作为检验统计量. 原假设下，检验统计量依分布收敛到自由度是 k 的卡方分布，这里 k 是参数 θ 的维数.

基于参数检验只依赖于原假设的思想，在模型检验中，得分检验的定义是类似的，也就是检验统计量的构造不依赖备择假设. 下面通过线性模型的检验说明在模型意义下得分检验. 假定 $(X_1,Y_1),\cdots,(X_n,Y_n)$ 为独立同分布样本，要检验此数据是否满足线性模型. 此时原假设为 $H_0:E(Y|X)=X^{\mathrm{T}}\beta$，备择假设为 $H_1:E(Y|X)\neq X^{\mathrm{T}}\beta$. 定义如下得分类型的检验统计量

$$T_n=\frac{1}{\sqrt{n}}\sum_{i=1}^{n}(Y_i-X_i^{\mathrm{T}}\hat{\beta})w(X_i),\tag{2.2.1}$$

这里 $w(X_i)$ 是权重函数，$\hat{\beta}$ 为 β 的相合估计. 下面给出统计量 T_n 在原假设下的渐近分布. 在原假设成立的情况下，根据式 (2.1.5)，可得

$$\sqrt{n}(\hat{\beta}-\beta)=E(XX^{\mathrm{T}})\frac{1}{\sqrt{n}}\sum_{i=1}^{n}X_i\varepsilon_i+o_p(1).$$

基于上式，统计量 T_n 可以进一步推导为

$$
\begin{aligned}
T_n &= \frac{1}{\sqrt{n}}\sum_{i=1}^n \varepsilon_i w(X_i) - \frac{1}{n}\sum_{i=1}^n X_i^{\mathrm{T}} w(X_i) E(XX^{\mathrm{T}}) \frac{1}{\sqrt{n}}\sum_{j=1}^n X_j\varepsilon_j \\
&= \frac{1}{\sqrt{n}}\sum_{i=1}^n \varepsilon_i w(X_i) - E\{X^{\mathrm{T}} w(X)\} E(XX^{\mathrm{T}}) \frac{1}{\sqrt{n}}\sum_{i=1}^n X_i\varepsilon_i + o_p(1) \\
&= \frac{1}{\sqrt{n}}\sum_{i=1}^n \{w(X_i) - E\{X^{\mathrm{T}} w(X)\} E(XX^{\mathrm{T}}) X_i\}\varepsilon_i + o_p(1),
\end{aligned}
$$

这里 $\varepsilon_i = Y_i - X_i^{\mathrm{T}}\beta$. 根据假定 $E(\varepsilon_i|X_i)=0$，可得

$$
\begin{aligned}
&E(\{w(X_i) - E\{X^{\mathrm{T}} w(X)\} E(XX^{\mathrm{T}}) X_i\}\varepsilon_i) \\
=&E(\{w(X_i) - E\{X^{\mathrm{T}} w(X)\} E(XX^{\mathrm{T}}) X_i\}\varepsilon_i|X_i) \\
=&E(\{w(X_i) - E\{X^{\mathrm{T}} w(X)\} E(XX^{\mathrm{T}}) X_i) E(\varepsilon_i|X_i)) = 0.
\end{aligned}
$$

又因为基于 $E(\varepsilon_i^2|X_i)=\sigma^2$，可得

$$
\begin{aligned}
&E(\{w(X_i) - E\{X^{\mathrm{T}} w(X)\} E(XX^{\mathrm{T}}) X_i\}\varepsilon_i)^2 \\
=&E(w(X) - E\{X^{\mathrm{T}} w(X)\} E(XX^{\mathrm{T}}) X)^2\sigma^2 =: \Sigma.
\end{aligned}
$$

根据中心极限定理，统计量 T_n 收敛到均值是 0，方差是 Σ 的正态分布. 根据理论推导权重函数 $W(X)$ 可以选择任意函数，可以通过最大化功效的方法选择最优的权重函数，这里就不再非常具体地讨论了. 在确定原假设下的临界值时，由于 Σ 未知，可以通过 $\hat{\Sigma}$ 作估计，估计具体形式如下：

$$
\hat{\Sigma} = \frac{1}{n}\sum_{i=1}^n \{w(X_i) - \hat{E}\{X^{\mathrm{T}} w(X)\} \hat{E}(XX^{\mathrm{T}}) X_i\}\hat{\sigma}^2,
$$

这里 $\hat{E}\{X^{\mathrm{T}} w(X)\} = n^{-1}\sum_{i=1}^n X_i^{\mathrm{T}} w(X_i)$，$\hat{E}(XX^{\mathrm{T}}) = n^{-1}\sum_{i=1}^n X_iX_i^{\mathrm{T}}$ 和 $\hat{\sigma}^2 = n^{-1}\sum_{i=1}^n (Y_i - X_i^{\mathrm{T}}\hat{\beta})^2$ 分别是 $E\{X^{\mathrm{T}} w(X)\}$，$E(XX^{\mathrm{T}})$ 和 σ^2 的估计. 当然也可以选择 T_n^2 作为检验统计量，用卡方分布确定原假设下的临界值. 类似于上述只基于原假设下的模型的性质构造的统计量称为得分类型的检验.

下面通过一个例子说明这类方法的功效，为了方便，假定权重函数 $W(X)=1$. 数据仍然来自式 (2.1.7) 的模型，也就是

$$
Y = \beta X + aX^2 + \varepsilon,
$$

这里假定参数 $\beta_1 = 1$，变量 X 和 ε 独立且都来自标准正态分布. 为了显示检验的功效，a 的取值为 $a = 0.0, 0.1, \cdots, 1.0$. 显然原假设成立当且仅当 $a = 0.0$. 选择样

本个数 $n = 50, 80, 100$ 和 120，模拟结果见表 2.2.1. 从表 2.2.1 中可以看到，功效的趋势和表 2.1.2 的趋势是一致的. 对于这个检验，由非参数蒙特卡罗得到的结果比得分类型得到的结果更有效.

表 2.2.1　得分类型检验的模拟结果

$n = 50$	$n = 80$	$n = 100$	$n = 120$
0.048	0.044	0.043	0.043
0.096	0.138	0.143	0.194
0.282	0.401	0.477	0.564
0.514	0.703	0.797	0.889
0.699	0.908	0.948	0.978
0.853	0.980	0.992	0.994
0.929	0.993	0.997	1.000
0.977	0.999	1.000	1.000
0.993	1.000	0.999	1.000
0.993	1.000	1.000	1.000
0.997	1.000	1.000	1.000

第 3 章　完全数据模型的假设检验

3.1　广义线性模型的研究

在实际应用中，线性模型是一类得到广泛应用的模型. 由于模型较为简单，人们可以很好地解释模型中参数的含义. 一般线性模型具有如下形式:

$$Y = \phi^{\mathrm{T}}(X)\beta + \varepsilon, \tag{3.1.1}$$

其中 $\phi(\cdot)$ 是一个 k 维的已知向量函数，X 是一个 p 维的协变量, Y 是标量取值的响应变量，另外 β 是 k 维的未知参数向量. 进一步，我们通常假定 ε 在给定 X 条件下的条件数学期望取值为 0，也就是说, $E(\varepsilon|X) = 0$.

为了避免错误地使用模型导致得到的统计结果失效，人们往往需要提出一些有效的方法对假定的统计模型进行检验. 对上述线性模型，我们常常对检验如下问题感兴趣:

$$H_0 : E(Y|X) = \phi^{\mathrm{T}}(X)\beta,$$

对某些未知的参数 β 以及备择假设

$$H_1 : E(Y|X) \neq \phi^{\mathrm{T}}(X)\beta,$$

对于所有的参数向量 β. 也就是我们希望检验特定的线性模型是否可以有效地拟合数据. 对该问题，已经有非常多的研究. 比如，Härdle 和 Mammen (1993) 考虑对一组数据分别用参数和非参数进行拟合并用这两个估计的差异构造 L^2 距离统计量，然后使用 Wild 自助法来计算检验统计量的临界值. Zheng (1996) 基于非参数估计提出了一种新的相合检验统计量. 两者都属于基于非参数的统计检验，他们的最优速度都是 $n^{-1/2}h^{-p/4}$, 其中 n 表示样本量, h 表示窗宽. Eubank 和 Spiegelman (1990) 也提出了一种基于非参数拟合的统计量，他们的渐近速度和 Härdle 和 Mammen (1993) 以及 Zheng (1996) 是相同的. Fan 和 Huang (2001) 基于 Adaptive Neyman 和小波阈值的想法对参数模型的拟合优度检验问题提出了新的统计量. Fan 等 (2001) 提出了一种广义似然比统计量并得到了这种统计量的性质. Stute, Thies 和 Zhu (1998) 提出一种基于革新过程的途径用以得到渐近分布自由和最优的检验统计量. 在原假设为参数模型的情况下，他们的统计量是不依赖于窗宽，他们的最优速度可以达到 $n^{-1/2}$. Koul 和 Ni (2004) 提出了一类基于回归函数非参数拟合和参数拟合最小距离的统计量. Van Keilegom, Gonzalez 和 Sánchez (2008) 基于参数残差和非参数残差的经验分布函数构造了一种新的检验统计量. 以下将重点介绍基于经验过程的统计检验方法.

注意到，在原假设 H_0 下，如下等式成立：

$$E\Big((Y-\phi^{\mathrm{T}}(X)\beta)I(X\leqslant x)\Big)=E\Big(\varepsilon I(X\leqslant x)\Big)\equiv 0.$$

此外，在备择假设下 $E\Big((Y-\phi^{\mathrm{T}}(X)\beta)I(X\leqslant x)\Big)\neq 0$. 上式的经验形式可以写成如下形式：

$$R_n(x)=\frac{1}{\sqrt{n}}\sum_{i=1}^{n}(y_i-\phi^{\mathrm{T}}(x_i)\hat{\beta})I(x_i\leqslant x), \tag{3.1.2}$$

其中 $\hat{\beta}$ 是 β 的最小二乘估计，具有如下形式：

$$\hat{\beta}=\left(\sum_{i=1}^{n}\phi(x_i)\phi^{\mathrm{T}}(x_i)\right)^{-1}\sum_{i=1}^{n}\phi(x_i)y_i.$$

基于式 (3.1.2), 我们可以构造如下形式的统计量

$$T_n=\int(R_n(x))^2\mathrm{d}F_n(x), \tag{3.1.3}$$

其中 $F_n(x)$ 是基于 $X_1,X_2,\cdots,X_n$ 的经验分布. 当 T_n 很大时，我们应该拒绝原假设.

3.1.1 统计量的渐近性质

下面将给出 $R_n(x)$ 和 T_n 的渐近性质. 首先给出如下记号

$$J(X,Y;x)=\varepsilon\{I(X\leqslant x)-E(\phi^{\mathrm{T}}(X)I(X\leqslant x))\Sigma^{-1}\phi(X)\},$$

其中 $\Sigma=E(\phi(X)\phi^{\mathrm{T}}(X))$.

定理 3.1.1 在原假设 H_0 以及其他一定条件下，可以有

$$R_n(x)=\frac{1}{\sqrt{n}}\sum_{j=1}^{n}J(x_j,y_j;x)+o_p(1),$$

在 Skorohod 空间 $D(-\infty,+\infty)$ 中依分布收敛到 $R(x)$，其中 $R(x)$ 是一个中心化的连续高斯过程，并且对任意的 x_1,x_2，它的协方差函数是

$$\mathrm{Cov}(R(x_1),R(x_2))=E(J(X,Y;x_1)J(X,Y;x_2)).$$

因此, T_n 依分布收敛到 $T:=\displaystyle\int(R(x))^2\mathrm{d}F(x)$, 其中 $F(\cdot)$ 是 X 的分布函数.

接下来研究统计量对于具有如下形式的局部备择假设的敏感性. 考虑下面一系列由 n 标记的局部备择假设:

$$H_{1n}: Y = \phi^{\mathrm{T}}(X)\beta + C_n G(X) + \eta,$$

其中函数 $G(\cdot)$ 满足 $E(G^2(X)) < \infty$，另外当 n 趋于无穷大时，C_n 将趋于 0. 记

$$S(x) = E(G(X)I(X \leqslant x)) - E(\phi^{\mathrm{T}}(X)I(X \leqslant x))\varSigma^{-1}E(\phi(X)G(X)).$$

我们有如下结论.

定理 3.1.2 在局部备择假设 H_{1n} 以及定理 3.1.1 的条件下, 当 $C_n\sqrt{n} \to 1$ 时，$R_n(x)$ 依分布收敛到 $R(x) + S(x)$，其中 $S(x)$ 是一个非随机的漂移函数. T_n 依分布收敛到 $\int (R(x) + S(x))^2 \mathrm{d}F(x)$. 如果 $n^r C_n \to a \neq 0$, $0 < r < 1/2$, 那么 T_n 发散到 ∞.

根据定理 3.1.2，我们知道基于经验似然的统计量具有以下特征：①当局部备择假设以 n^{-r}，其中 $0 < r < 1/2$ 的速率偏离原假设时，在样本量非常大时也就是渐近意义下，统计量的功效可以达到 1；②当局部备择假设以 $n^{-1/2}$ 的速率偏离原假设时，统计量仍然可以检测这样的备择假设.

3.1.2 蒙特卡罗近似

从定理 3.1.1, 我们可以得到 $R_n(x)$ 的渐近方差. 但是，T_n 的渐近方差计算起来非常复杂. 在这部分中，我们同样使用蒙特卡罗近似：这种检验方法具有尺度不变性，因而不需要对数据进行正则化，使用这种方法我们就能够得到假设检验的 p 值. 这种方法的思想非常简单并且算法也很容易实施. 注意到，近似地有 $R_n(x) = n^{-1/2}\sum_{i=1}^n J(x_i, y_i; x)$. 使用蒙特卡罗方法计算假设检验的 p 值的步骤如下.

算法 3.1.1

(1) 相互独立地产生均值为 0，方差为 1 的随机变量 $e_i (i = 1, \cdots, n)$. 令 $E_n := (e_1, \cdots, e_n)$，定义 R_n 的条件统计量为

$$R_n(E_n, x) = \frac{1}{\sqrt{n}}\sum_{i=1}^n e_i \hat{J}(x_i, y_i; x), \tag{3.1.4}$$

其中 $\hat{J}(x_i, y_i; x)$ 是 $J(x_i, y_i; x)$ 的一致估计量，具有如下形式

$$\hat{J}(x_i, y_i; x) = (y_i - \phi^{\mathrm{T}}(x_i)\hat{\beta})\{I(x_i \leqslant x) - \hat{E}(\phi^{\mathrm{T}}(X)I(X \leqslant x))\hat{\varSigma}^{-1}\phi(x_i)\},$$

其中 $\hat{E}(\phi^{\mathrm{T}}(X)I(X \leqslant x)) = \dfrac{1}{n}\sum_{j=1}^n \phi^{\mathrm{T}}(x_j)I(x_j \leqslant x)$ 以及 $\hat{\varSigma} = \dfrac{1}{n}\sum_{j=1}^n \phi(x_j)\phi^{\mathrm{T}}(x_j)$.

最后的条件检验统计量为

$$T_n(E_n) = \int R_n(E_n, x)^2 \mathrm{d}F_n(x). \tag{3.1.5}$$

(2) 产生 m 个 E_n 的数据集，记为 $E_n^{(i)}, i = 1, \cdots, m$，然后可以得到 m 个 $T_n(E_n)$ 的值，记为 $T_n(E_n^{(i)}), i = 1, \cdots, m$.

(3) 使用 $\hat{p} = k/(m+1)$ 来估计假设检验的 p 值，其中 k 是 $T_n(E_n^{(i)})$ 大于或等于 T_n 的个数. 对于给定的显著性水平 α，当 $\hat{p} \leqslant \alpha$ 时拒绝 H_0.

Zhu (2005) 研究了一种广泛的非参数蒙特卡罗检验 (NMCT) 的方法，在那本书上有详细说明. 下面的结果陈述了蒙特卡罗近似的相合性.

定理 3.1.3 在原假设和定理 3.1.1 的条件下或是在备择假设和定理 3.1.2 的条件下，我们可以得到：对于几乎所有的序列 $\{(x_1, y_1), \cdots, (x_n, y_n), \cdots\}$，$T_n(E_n)$ 的条件分布收敛于 T_n 的原极限分布.

$T_n(E_n)$ 的条件分布可以用来决定假设检验的 p 值. 很自然地，不管数据是在原假设下还是备择假设下，我们都希望条件分布能够很好地近似检验统计量的原分布. 此外，由于我们不知道数据的潜在模型，当使用蒙特卡罗检验方法时，还存在这样一种风险：在备择假设下，检验统计量的条件分布可能会远离原分布. 如果是这样，就会造成假设检验得到的 p 值不准确并且检验统计量的势将会受到破坏. 然而，定理 3.1.3 表明基于蒙特卡罗近似得到的条件分布能够在某种程度上避免这个麻烦.

3.2 部分线性模型的研究

部分线性模型的定义为

$$Y = X^{\mathrm{T}}\beta + g(T) + \varepsilon,$$

这里，X，T 分别是 d 维和 d_1 维随机向量；β 是 d 维待估参数；$g(\cdot)$ 是未知函数. 假定给定 (T, X)，ε 的条件期望等于零，且 X 的均值为零. 在数据没有缺失的情况下，Zhu 和 Xu (2008) 关于部分线性模型的蒙特卡罗检验有非常详细的阐述. 这里就不再介绍.

3.3 变系数模型的关于模型的检验

近些年，如何提高线性回归模型的适应性这一研究领域取得了很大的进展. 因为在古典线性模型的理论结构下，模型假定不充分或是潜在模型设定错误都会给后续的分析带来问题. 这时, 非参数统计分析变成了一种解决这类问题的主要方法. 然而, 当解释变量的维数越高的时候, 对于这类数据进行有效的数据分析就变得越困难. 除可加模型和其他的非参数模型之外, 在 Hastie 和 Tibshirani (1993) 这篇文章中引进的变系数模型也是一种重要的备选模型. 这些模型的回归部分都是线性的, 但是它们的系数却可以随着某些变量的改变而作相应的变化. 这些基于古典线性模型扩展得到的模型的意义也很容易解释, 因此在模型拟合中用处很大. 本节的主要内容来自文献 Xu 和 Zhu (2008).

在变系数模型这一领域中研究的最广泛的模型是

$$Y(t)=X(t)^{\mathrm{T}}\beta(t)+\varepsilon, \tag{3.3.1}$$

其中 $X(t)=(X_0(t),\cdots,X_k(t))^{\mathrm{T}}$, $\beta(t)=(\beta^{(0)}(t),\cdots,\beta^{(k)}(t))^{\mathrm{T}}$ 是 t 的光滑函数组成的向量, ε 是均值为 0 的随机变量. 我们假定在给定 $X(t)$ 和 t 的条件下, ε 的条件期望为 0, 也就是说, $E(\varepsilon|X(t),t)=0$. 模型 (3.3.1) 已经被广泛地应用到了许多领域中. 例如, 在纵向研究中, 这个模型特别受到欢迎, 因为利用这个模型可以研究协变量随着时间的变化对响应变量的影响程度大小这一问题. Hoover, Rice, Wu 和 Yang (1998), Fan 和 Zhang (2000), Huang, Wu 和 Zhou (2002) 这些文章研究了协变量 X 是随时间变化的变量的情形. Wu 和 Chiang (2000) 和 Chiang, Rice , Wu (2001) 的文章研究了协变量 X 不随时间变化的情形. 对于在非线性时间序列上的应用, 可以参看 Chen 和 Tsay (1993) 还有 Cai, Fan 和 Yao (2000) 的基于泛函系数自回归模型的统计推断的这些文章. Cai, Fan 和 Yao (2000) 进一步基于预测的准确度研究了变系数模型较参数模型的优势所在. 另外, Hong 和 Lee (2003) 研究了变系数模型在金融和经济学上的应用.

注意到以上我们所提到的文献都是在基于协变量和响应变量满足 $Y(t)=X(t)^{\mathrm{T}}\beta(t)+\varepsilon$ 这种非参数的线性结构的假定下所进行的分析. 因此, 当我们使用变系数模型来拟合数据的时候, 需要检验上述模型结构是否成立. 也就是说, 需要进行下面的假设检验: 原假设

$$H_0: E(Y|X(t),t)=X(t)^{\mathrm{T}}\beta(t), \tag{3.3.2}$$

对备择假设

$$H_1: E(Y|X(t),t)\neq X(t)^{\mathrm{T}}\beta(t), \tag{3.3.3}$$

对于所有的 $X(t),t$ 和 $\beta(\cdot)$, 有接近 1 的概率保证原假设成立.

有两种主要的构建回归模型的综合性的检验统计量的方法, 它们是局部光滑的方法和全局光滑的方法. 这两种方法的主要区别在于局部光滑的方法使用非参方

式的光滑而全局光滑的方法却不使用这种光滑的方式. 例如，Härdle 和 Mammen (1993) 还有 Eubank 和 Hart (1992) 通过比较使用参数和非参数这两种模型拟合方式去检测备择假设，提出了局部光滑的检验方法. Hart (1997) 对局部光滑的方法进行了综合性的介绍. 随着非参数拟合中局部光滑的出现，在模型中存在多个协变量时，局部光滑的检验方法也会遇到维数过高或是维数灾难这一问题. 随后，在 Chen, Härdle 和 Li (2004) 这篇文章中提出了基于经验似然的检验方法，这种方法的优点就是不需要估计协变量的方差. 然而，这种检验方式同样可能遇到维数灾难的问题，因为它近似等价于 Härdle 和 Mammen (1993) 提出的检验. 除此之外，相关的文献还有 Fan 和 Zhang (2004)，Tripathi 和 Kitamura (2003). 前者提出了针对变系数模型 (3.3.1) 随机误差分布的广义估计方程的筛选的经验似然比检验 (SELR). 更特殊地，当模型在 $E(G(\varepsilon)|T)=0$ 这一假定下，他们还考虑了原假设为 $H_0: E(G(\varepsilon)|t)=0$ 的假设检验，其中 $G=(G_1,\cdots,G_{k_0})^{\mathrm{T}}$ 是 k_0 维的函数，t 是一维的随机变量. Tripathi 和 Kitamura (2003) 构造了一种 "光滑的" 经验似然检验用于检验 $E\{g(z,\theta)|x\}=0$, 其中 g 是一个已知函数的向量，θ 是一个未知的确定维数的参数向量. 以上这两篇文章中所研究的问题都和我们研究的问题不相同.

以下是一系列的全局检验的方法. Stute (1997) 研究了当协变量是一维的时候，如何使用非参的主成分降维的方法构造最优的检验这一问题. Stute, Thies 和 Zhu (1998) 中提出了创新过程的方法. Stute 和 Zhu (2005) 研究了得分类型检验和最大最小检验，另外，Stute 和 Zhu (2003) 探讨了分位回归的检验问题，Zhu (2003) 提出了降维类型的检验. Dette (1999) 根据方差估计值的差异研究了一种检验，Fan 和 Huang (2001) 研究了适应性的 Neyman 检验，除此之外，还可以参考 Stute, González Manteiga 和 Presedo Quindimil (1998).

因为对于协变量是高维的情形，我们采用经验过程的方法构造检验统计量来避免维数灾难可能带来的问题. 另外，由于我们对于未知的参数函数 $\beta(\cdot)$ 使用了非参的估计方法，因此检验统计量的极限分布变得比较棘手，所以考虑使用蒙特卡罗近似的模拟方法来决定假设检验的 p 值，也就有了以下良好的性质.

(1) 只有在一维的非参数函数的估计下需要构建检验统计量.

(2) 对于所有的全局备择假设，这个检验统计量具有相合性.

(3) 该检验能够以近似 $n^{-1/2}$ 的速度监测出局部备择假设.

(4) 我们的检验具有尺度不变性并且不需要正则化.

为了使检验统计量具有尺度不变性，在构造检验统计量的时候经常需要对数据进行正则化，这样就会得到一个正则化常数. 通常情况下，正则化常数是检验的极限方差的估计值. 然而，正则化常数具有模型依赖性，随模型的变化而变化，在备择假设下，正则化常数的值通常比原假设下的值大. 因此，选择一个合适的正则化常数经常是很重要的也是很困难的. 可以参考如下相关的文献：它们是 Härdle 和 Mammen (1993), Fan 和 Huang (2001), Stute, Thies 和 Zhu (1998). 作为对比，我们的检验不需要一个正则化的常数，因此检验的势也就不至于恶化.

3.3.1 检验统计量及其极限性质

1. 检验统计量的构造

注意到在大多数的情形下，协变量 t 是一维的，这就允许我们进行假定. 很明显，原假设 H_0 在且只在 $E[(Y(t)-X(t)^{\mathrm{T}}\beta(t))|X(t),t]=0$ 下是正确的. 这就意味着：对于所有的 t,x，都有

$$E\{(Y-X^{\mathrm{T}}\beta(T))I(X\leqslant x,T\leqslant t)\}=0, \tag{3.3.4}$$

这里的符号 X 和 Y 中，我们丢掉了参数 t. 为了书写的便利，对于所有的 $i=1,\cdots,n$，令 $x_i=X(t_i)$ 且 $y_i=Y(t_i)$，$\hat{\beta}(t)$ 是 $\beta(t)$ 的估计值，后面将会对此进行详细阐述. 然后，从经验视角来看，基于观测值 $\{(t_1,x_1,y_1),\cdots,(t_n,x_n,y_n)\}$，式 (3.3.4) 的左边可以表示为

$$\frac{1}{n}\sum_{j=1}^{n}[y_j-x_j^{\mathrm{T}}\hat{\beta}(t_j)]I(x_j\leqslant x,t_j\leqslant t),$$

上面这个值在原假设下应该接近 0. 令 $\hat{\varepsilon}_j=y_j-x_j^{\mathrm{T}}\hat{\beta}(t_j)$ 表示残差，可以考虑下面这一累积和的过程：

$$R_n(x,t)=\frac{1}{\sqrt{n}}\sum_{j=1}^{n}\hat{\varepsilon}_jI(x_j\leqslant x,t_j\leqslant t). \tag{3.3.5}$$

这个过程的检验统计量被定义为

$$LR_n=\int(R_n(X,T))^2\mathrm{d}F_n(X,T), \tag{3.3.6}$$

其中 F_n 是基于 $\{(x_1,t_1),\cdots,(x_n,t_n)\}$ 的经验分布. 对于较大的 LR_n 值的情形，我们应该拒绝原假设.

我们需要提到 LR_n 并不是尺度不变的统计量. 通常情况下需要正则化常数，也就是极限方差的估计值，当知道检验的原假设的极限分布的时候，可以基于这一分布计算检验的 p 值，具体可以参考 Fan 和 Huang (2001). 选择一个好的方差估计值并不容易，但是在我们的蒙特卡罗近似中，并不需要这样的正则化常数，因为对于给定的 (t_i,x_i,y_i)，方差估计值总是一个常数，并且它不受蒙特卡罗检验统计量的条件分布的影响，这一检验统计量将在下面进行介绍.

2. LR_n 的近似表现

首先，我们来讨论 $\beta(\cdot)$ 的估计. 由于这是一个非参数的函数，可以使用任何局部光滑的方法，例如，局部多项式光滑 (Fan and Gijbels, 1996). 在计算的时候才用核密度估计. 令 $S(t)=E(XX^{\mathrm{T}}|T=t)$，$G(t)=E(XY|T=t)$. 本书，我们假定对于每一个 t，$S(t)=E(XX^{\mathrm{T}}|T=t)$ 都是可逆的. 因此，在模型 (3.3.1) 中的 $\beta(T)$ 可以写成 $\beta(T)=(E(XX^{\mathrm{T}}|T))^{-1}E(XY|T)$. 对于所有的 $i=1,\cdots,n$，定义

$$\begin{aligned}\hat{f}(t_i)=&\frac{1}{n}\sum_{j\neq i}^{n}k_h(t_i-t_j),\quad \hat{G}(t_i)=\frac{1}{n}\sum_{j\neq i}^{n}x_jy_jk_h(t_i-t_j)/\hat{f}(t_i),\\ \hat{S}(t_i)=&\frac{1}{n}\sum_{j\neq i}^{n}x_jx_j^{\mathrm{T}}k_h(t_i-t_j)/\hat{f}(t_i),\end{aligned}$$

其中 $k_h(t)=(1/h)K(t/h)$，并且 $K(\cdot)$ 是核函数. 对于 $i=1,\cdots,n$，结果估计值是

$$\hat{\beta}(t_i)=(\hat{S}(t_i))^{-1}\hat{G}(t_i). \tag{3.3.7}$$

我们现在陈述 R_n 和 LR_n 的渐近性质. 令 $U(X,T,x)=E(X^{\mathrm{T}}I(X\leqslant x)|T)$ 和

$$\begin{aligned}&J(T,X,Y,\beta(T),S(T),U(X,T,x),t,x)\\ =&\varepsilon\{I(X\leqslant x,T\leqslant t)-U(X,T,x)S(T)^{-1}XI(T\leqslant t)\}.\end{aligned}$$

定理 3.3.1　在一定正则条件和原假设 H_0 下，有

$$R_n(t,x)=\frac{1}{\sqrt{n}}\sum_{j=1}^{n}J(t_j,x_j,y_j,\beta(t_j),S(t_j),U(X,t_j,x),t,x),$$

在 Skorohod 空间 $D[-\infty,+\infty]^{(k+2)}$ 中依分布收敛于 $R(t,x)$，其中 $R(t,x)$ 是一个中心化的连续高斯过程，并且对于任意的 (t_1,x_1) 和 (t_2,x_2)，它的协方差函数是

$$\begin{aligned}&E(R(t_1,x_1)R(t_2,x_2))\\ =&E(J(T,X,Y,\beta(T),S(T),U(X,T,x_1),t_1,x_1)J(T,X,Y,\beta(T),\\ &S(T),U(X,T,x_2),t_2,x_2)).\end{aligned}$$

因此，LR_n 依分布收敛于 $T:=\displaystyle\int R^2(T,X)\mathrm{d}F(T,X)$，其中，$F(\cdot,\cdot)$ 是 T,X 的分布函数.

接下来研究检验统计量对于备择假设的灵敏性. 考虑下面一系列用 n 标记的模型

$$Y=X^{\mathrm{T}}\beta(T)+g_1(T,X)/C_n+\varepsilon, \tag{3.3.8}$$

其中 n 趋向于无穷大的时候，C_n 也趋向于无穷大. 在上述的模型 (3.3.1) 下，$\beta(T) = E(XX^{\mathrm{T}}|T)^{-1}[E(XY|T) - E(Xg_1(T,X)|T)/C_n]$.

定理 3.3.2 在定理 3.3.1 的条件下, 并且在备择假设 (3.3.3) 下，如果 $C_n/\sqrt{n} \to C$, $R_n(t,x)$ 依分布收敛于 $R(t,x) + g_{1*}(t,x)$, 其中

$$g_{1*}(t,x) = E\left(\frac{1}{C}\left\{g_1(T,X) - [X^{\mathrm{T}}E(XX^{\mathrm{T}}|T)^{-1}E(Xg_1(T,X)|T)]\right\}I(T \leqslant t, X \leqslant x)\right)$$

是一个不随机变化的函数并且 LR_n 依分布收敛于 $\int(R(T,X)+g_{1*}(T,X))^2\mathrm{d}F(T,X)$. 如果 $C_n/\sqrt{n} \to 0$，则 R_n 趋向于无穷大.

从 $g_{1*}(t,x)$ 的表达式中，可以注意到对于 C_0 是任意常数的情形，除非 $g_1(T,X) = C_0X^{\mathrm{T}}\beta(t)$，否则原假设不成立. 因此，检验统计量可以以接近于 $n^{-1/2}$ 的速度监测出局部备择假设.

3.3.2 蒙特卡罗近似

从定理 3.3.1 中，我们可以近似得到

$$R_n(t,x) = \frac{1}{\sqrt{n}}\sum_{j=1}^{n} J(t_j, x_j, y_j, \beta(t_j), S(t_j), U(X, t_j, x), t, x).$$

蒙特卡罗检验的步骤如下.

算法 3.3.1

(1) 相互独立地产生均值为 0，方差为 1 的随机变量 $e_i(i = 1, \cdots, n)$. 令 $E_n := (e_1, \cdots, e_n)$，定义 R_n 的条件副本为

$$R_n(E_n, t, x) = \frac{1}{\sqrt{n}}\sum_{j=1}^{n} e_jJ(t_j, x_j, y_j, \hat{\beta}(t_j), \hat{S}(t_j), \hat{U}(X, t_j, x), t, x), \tag{3.3.9}$$

其中 $\hat{\beta}$, $\hat{S}$ 和 $\hat{U}$ 分别是 $R_n(t,x)$ 中的 β, S 和 U 的相合估计. 最后的条件检验统计量为

$$LR_n(E_n) = \int R_n(E_n, t, x)^2\mathrm{d}F_n(t,x).$$

(2) 产生 m 个 E_n 的数据集，记为 $E_n^{(i)}$，$i = 1, \cdots, m$，然后可以得到 m 个 $LR_n(E_n)$ 的值，记为 $LR_n(E_n^{(i)})$，$i = 1, \cdots, m$.

(3) 使用 $\hat{p} = k/(m+1)$ 来估计假设检验的 p 值，其中 k 是 $LR_n(E_n^{(i)})$ 大于或等于 LR_n 的个数. 对于给定的显著性水平 α，当 $\hat{p} \leqslant \alpha$ 时拒绝 H_0.

Zhu (2005) 研究了一种广泛的非参数蒙特卡罗检验 (NMCT) 的方法：在那本书上有详细说明. 下面的结果陈述了蒙特卡罗近似的相合性.

定理 3.3.3 在原假设和定理 3.3.1 的条件下或是在备择假设和定理 3.3.1 的条件下，我们可以得到：对于几乎所有的序列 $\{(t_1,x_1,y_1),\cdots,(t_n,x_n,y_n),\cdots\}$，$LR_n(E_n)$ 的条件分布收敛于 LR_n 的原极限分布.

$LR_n(E_n)$ 的条件分布可以用来决定假设检验的 p 值. 很自然地，不管数据是在原假设下还是备择假设下，我们都希望条件分布能够很好地近似检验统计量的原分布. 此外，由于我们不知道数据的潜在模型，当使用蒙特卡罗检验方法时，还存在这样一种风险：在备择假设下，检验统计量的条件分布可能会远离原分布. 如果是这样，就会造成假设检验得到的 p 值不准确并且检验统计量的势将会受到破坏. 然而，定理 3.3.1 表明基于蒙特卡罗近似得到的条件分布能够在某种程度上避免这个麻烦.

3.4 变系数模型的关于回归系数的检验

纵向研究的一个特点就是个体随时间变化被重复测量多次，然后对观测得到的数据进行主要的客观分析，以此来评估响应变量随时间的平均变化和解释变量对响应变量的平均影响. 近些年，许多学者研究了纵向数据分析中的变系数模型，这是因为现存的参数的和非参数的方法或者是有很大的限制性，它们要求数据适应未知曲线的形状，或者是缺乏特定的结构，这样在很多情形下不能够很好地进行生物上的解释. 研究上述方法的文献有 Hoover, Rice, Wu 和 Yang (1998)，Wu, Chiang 和 Hoover (1998)，Fan 和 Zhang (1999)，Wu 和 Chiang (2000)，Fan 和 Zhang (2000a, 2000b)，Huang, Wu 和 Zhou (2002)，Chiang, Rice 和 Wu (2001)，Wu 和 Liang (2004)，还有 Huang, Wu 和 Zhou(2004). 本节的内容主要来自文献 Xu 和 Zhu (2009).

更加特殊地，协变量随时间变化的变系数模型可以写成

$$Y(t)=X(t)^{\mathrm{T}}\beta(t)+\varepsilon(t), \tag{3.4.1}$$

其中 $\beta(t)=(\beta_0(t),\cdots,\beta_k(t))^{\mathrm{T}}$，$\beta_r(t)$ 是 t 的光滑函数且在实数线上取值，$\{Y(t),t\geqslant 0\}$ 是具有真实值的响应过程，$\{X(t)=(X^{(0)}(t),\cdots,X^{(k)}(t))^{\mathrm{T}},t\geqslant 0\}$ 是一组独立的个体的 $\mathbf{R}^{k+1}$ 值的协变量过程，$\varepsilon(t)$ 是一个均值为 0 的随机变量过程. 每个个体的这些过程的实现是在一个确定长度的固定区间上的不同的或是可能不规则的时间点上获得的. m 个随机选择的个体的纵向数据样本可以记作

$$\{(Y(t_{ij}),X(t_{ij}),t_{ij});i=1,\cdots,m;j=1,\cdots,n_i\},$$

其中 t_{ij} 表示第 i 个个体第 j 次测量时的时间，n_i 表示第 i 个个体重复测量的次数，$Y_{ij}\equiv Y(t_{ij})$ 和 $X_{ij}\equiv X(t_{ij})=(X^{(0)}(t_{ij}),\cdots,X^{(k)}(t_{ij}))^{\mathrm{T}}\equiv(X_{ij}^{(0)},\cdots,X_{ij}^{(k)})^{\mathrm{T}}$

是第 i 个个体在第 t_{ij} 时刻观测得到的响应变量和协变量. 与通常的线性模型一样也有一个常数项，我们令其为 $X_{ij}^{(0)} \equiv 1$.

当我们使用某种模型时，它的模型检验当然很重要. 在文献中，已经有几种相关的模型检验的方法. Huang, Wu 和 Zhou (2002) 推荐了一种检验一个或几个系数函数是常数的检验方法，还有更特殊的全为 0 的情形，这种检验方法是基于对个体进行自助法重抽样得到的. 对于 Hastie 和 Tibshirani (1993) 中描述的特殊模型，也就是对于所有的 $i=1,\cdots,m$ 都有 $n_i=1$ 的情形，Cai, Fan 和 Li (2000) 的文章中给出了一种非参数的最大似然比检验的方法来监测变系数模型中某种系数函数是否是常数或者在模型中所有的协变量是否都具有统计意义. Fan 和 Zhang (2000a) 提出了一种基于被估计的系数函数和被估计的参数系数函数的最大偏差的检验方法，用来检验在 $n_i=1$ 的情形下，一些协变量是否具有某种参数形式. 然而，这些研究并不能用来基于纵向数据集的模型 (3.4.1) 的检验问题，因此，以上这些研究并不能直接应用到我们的模型检验中.

因此，在我们的设置中，对于以下检验问题很感兴趣：检验模型 (3.4.1) 中一些协变量的影响是否具有某种参数形式或是更加简单地检验变系数模型中的系数函数是否是常数.

对于模型 (3.4.1)，当对于每一个 t，$E(X(t)X(t)^{\mathrm{T}}|t)$ 都是可逆的，$\beta(\cdot)$ 可以被定义为

$$\beta(t)=\{E(X(t)X(t)^{\mathrm{T}}|t)\}^{-1}E(X(t)Y(t)|t), \tag{3.4.2}$$

参照 Hoover, Rice, Wu 和 Yang (1998) 的第 5 部分. 当我们对特定的 $\beta_r(\cdot)$ 感兴趣的时候，这一问题可以写成检验如下的原假设：

$$H_0: I_r^{\mathrm{T}}\beta(\cdot)=I_r^{\mathrm{T}}\beta(\cdot,\theta),\quad \text{对于某些}\theta\in\Theta\text{成立},$$

对备择假设

$$H_1: I_r^{\mathrm{T}}\beta(\cdot)\neq I_r^{\mathrm{T}}\beta(\cdot,\theta),\quad \text{对于任意的}\theta\in\Theta\text{成立},$$

其中 I_r 是一个 k 维的向量，除第 i 个元素是 1 外，其他所有的元素都是 0，并且有 $\beta(\cdot,\theta)=(\beta_0(\cdot,\theta_0),\cdots,\beta_k(\cdot,\theta_k))^{\mathrm{T}}$. 更一般地，我们可以考虑是否有如下原假设：

$$H_0: \beta(\cdot)=\beta(\cdot,\theta),\quad \text{对于某些}\theta\in\Theta\text{成立}. \tag{3.4.3}$$

这里采用经验过程的检验方法. 相关的文献可以参照 Stute (1997), Stute, Thies 和 Zhu (1998)，Stute 和 Zhu (2002, 2005). 因此，这并不是一种新的方法. 然而，当研究检验统计量的性质的时候，我们发现了它们具有一些和现有的经验过程的检验方法不同的性质，现将其性质陈述如下.

(1) 这个检验和基于经验过程的检验有下面相同的性质：这个检验统计量对于全局备择假设都具有相合性，能够以接近 $m^{-1/2}$ 的速度监测到局部备择假设.

(2) 因为式 (3.4.2) 中 $\beta(\cdot)$ 的表达式和非参数函数 $E(X(t)X(t)^{\mathrm{T}}|t)$ 和 $E(X(t)\cdot Y(t)|t)$ 是相关的，因此我们需要进行非参数平滑. 这并不是单纯的全局平滑的方法，对此方法的理论分析就更加困难，所以我们使用 U 过程的理论来解决这个困难.

(3) 更加重要的一点，也是不同于现有方法的一点，那就是我们的检验统计量是尺度不变的，不需要对检验统计量进行正则化处理. 这个性质在构建检验统计量的时候是我们乐于看到的性质，因为如若不然，模型的方差在备择假设下会比在原假设下大，使用这一估计量，检验统计量的势的表现会恶化.

3.4.1　检验步骤

1. 构建检验统计量

从式 (3.4.2) 中，我们可以得到，在原假设下

$$\beta(t)-\beta(t,\theta)=E[\{E(X(t)X(t)^{\mathrm{T}}|t)\}^{-1}X(t)Y(t)-\beta(t,\theta)|t]=0. \tag{3.4.4}$$

令 $Z(t)=\{E(X(t)X(t)^{\mathrm{T}}|t)\}^{-1}X(t)Y(t)$. 根据假设 (3.4.4)，原假设在并且只有在如下情形时成立：

$$E\{(Z(T)-\beta(T,\theta))I(T\leqslant t)\}=0,\quad \text{对于任意的 } t. \tag{3.4.5}$$

为了书写方便，令 $S(t)=E(X(t)X(t)^{\mathrm{T}}|t)\}$，$\hat{S}(t)$, $\hat{\theta}$ 分别 $S(t)$ 和 θ 的估计值，这在后面将会详细地介绍. 除此之外，令 $\hat{Z}(t)=\hat{S}(t)^{-1}X(t)Y(t)$. 基于观测值 $\{(t_{ij},x_{ij},y_{ij});i=1,\cdots,m;j=1,\cdots,n_i\}$, 式 (3.4.5) 的左边可以写成

$$R_m(t)=\frac{1}{\sqrt{m}}\sum_{i=1}^{m}\frac{1}{n_i}\sum_{j=1}^{n_i}(\hat{Z}(t_{ij})-\beta(t_{ij},\hat{\theta}))I(t_{ij}\leqslant t). \tag{3.4.6}$$

检验统计量是

$$LR_m=\int R_m(t)^2\mathrm{d}F_m(t), \tag{3.4.7}$$

其中 F_m 是基于 $\{t_{ij};i=1,\cdots,m;j=1,\cdots,n_i\}$ 的经验分布.

注 3.4.1　对于 $R_m(t)$ 中的权重 $1/(\sqrt{m}n_i)$ 的另一种选择是 $1/\sqrt{\sum_{i=1}^{m}n_i}$. 事实上，在 Huang, Wu 和 Zhou (2002) 的标注 2 和标注 3 中，还有 Wu 和 Chiang (2000) 的介绍部分都讨论了统计推断中的权重选择问题. 自然对于理想权重的选择也依赖于数据结构的组内相关关系. 由于实际数据的相关结构通常是未知的，因此

上述两种权重也是可以使用的. 然而, 在现有的文献中, 第一个权重也就是我们使用的这个权重在不论 n_i 是何种情形时, 总能够得出 $\hat{\beta}(\cdot)$ 具有相合性, 而在 Huang, Wu 和 Zhou (2002), Wu 和 Chiang (2000) 的文献中使用第二种权重的情形却得不到 $\hat{\beta}(\cdot)$ 具有相合性这一结论. 因此, 在本书中, 我们仍然使用第一种权重.

2. 未知参数的估计

这一部分来估计检验统计量中的 $\beta(\cdot)$ 和 θ. 对于非参数部分, 任何局部平滑的方法都可以使用. 在本书中, 我们使用核密度估计的方法. 令 $G(t) = E(XY|t)$, 其中参数在 X 和 Y 中的参数 t 并没有写出. 因此, $\beta(t) = S(t)^{-1}G(t)$. 对于 $i, p = 1, \cdots, m; j = 1, \cdots, n_i$, 有

$$\tilde{f}_p(t) = \frac{1}{n_p}\sum_{q=1}^{n_p} k_h(t_{pq} - t), \quad \hat{f}(t_{ij}) = \frac{1}{m}\sum_{p\neq i}^{m} \tilde{f}_p(t_{ij});$$

$$\tilde{G}_p(t) = \frac{1}{n_p}\sum_{q=1}^{n_p} X_{pq}Y_{pq}k_h(t_{pq} - t), \quad \hat{G}(t_{ij}) = \frac{1}{m}\sum_{p\neq i}^{m} \tilde{G}_p(t_{ij})/\hat{f}(t_{ij});$$

$$\tilde{S}_p(t) = \frac{1}{n_p}\sum_{q=1}^{n_p} X_{pq}X_{pq}^{\mathrm{T}}k_h(t_{pq} - t), \quad \hat{S}(t_{ij}) = \frac{1}{m}\sum_{p\neq i}^{m} \tilde{S}_p(t_{ij})/\hat{f}(t_{ij}),$$

其中 $k_h(t) = (1/h)K(t/h)$, $K(\cdot)$ 是核密度函数. 对于 $i = 1, \cdots, m; j = 1, \cdots, n_i$ 的情形, 结果估计量是

$$\hat{\beta}(t_{ij}) = (\hat{S}(t_{ij}))^{-1}\hat{G}(t_{ij}). \tag{3.4.8}$$

为了估计在假设的系数函数 $\beta(\cdot, \theta)$ 中的参数 θ, 我们使用最小二乘的方法. 令 $\hat{Z}_{ij} = (\hat{S}(t_{ij}))^{-1}X(t_{ij})Y(t_{ij})$, 参数 θ 的最小二乘估计值 $\hat{\theta}$ 可以定义为

$$\hat{\theta} = \arg\min_{\theta} \frac{1}{m}\sum_{i=1}^{m}\frac{1}{n_i}\sum_{j=1}^{n_i}(\hat{Z}_{ij} - \beta(t_{ij}, \theta))^{\mathrm{T}}(\hat{Z}_{ij} - \beta(t_{ij}, \theta)).$$

3.4.2 检验统计量的近似表现

1. 理论渐近性质

令 $g(t_{ij}, \theta) = \mathrm{grad}_{\theta}(\beta(t_{ij}, \theta))$, 在一定的条件下, 参看 (Jennrich, 1969), 有

$$\begin{aligned}&\sqrt{m}(\hat{\theta} - \theta)\\ =&E(g(T,\theta)^{\mathrm{T}}g(T,\theta))^{-1}\frac{1}{\sqrt{m}}\sum_{i=1}^{m}\frac{1}{n_i}\sum_{j=1}^{n_i}g(t_{ij},\theta)^{\mathrm{T}}(\hat{Z}_{ij} - \beta(t_{ij},\theta)) + o_p(1).\end{aligned} \tag{3.4.9}$$

为了陈述下面的定理，我们引进如下和检验统计量的极限方差相关的符号：

$$\begin{aligned}H_i(t)=&\frac{1}{n_i}\sum_{j=1}^{n_i}S(t_{ij})^{-1}X_{ij}\varepsilon_{ij}I(t_{ij}\leqslant t)\\&-E\{g(T,\theta)I(T\leqslant t)\}E(g(T,\theta)^{\mathrm{T}}g(T,\theta))^{-1}\frac{1}{n_i}\sum_{j=1}^{n_i}g(t_{ij},\theta)^{\mathrm{T}}(Z_{ij}-\beta(t_{ij},\theta)).\end{aligned}$$

接下来陈述式 (3.4.6) 中 $R_m(t)$ 的近似性质.

定理 3.4.1 在一定的正则条件和原假设 H_0 成立的情况下，我们有 $R_m(t)$ 依分布收敛于一个中心化的连续高斯过程 $R(t)$，并且对于任何 t_1 和 t_2，都有 $V(t_1,t_2)=\lim\limits_{m\to\infty}m^{-1}\sum_{i=1}^m H_i(t_1)H_i(t_2)$. 因此，$LR_m$ 依分布收敛于 $LR=\int R(t)^2\mathrm{d}F(t)$，其中 $F(\cdot)$ 是 t 的分布函数.

注 3.4.2 在原假设 $H_0:\beta(\cdot)=\beta(\cdot,\theta)$ 对于一些$\theta\in\Theta$ 成立下, 我们也可以通过众所周知的参数方法诸如广义估计方程、极大似然估计和受限的极大似然估计等来估计参数 $\theta=(\theta_0,\theta_1,\cdots,\theta_k)^{\mathrm{T}}$. 在这种情形下，我们只需要替换使用不同的估计方法得到 $\hat{\theta}$ 的近似结果，也就是替换 $H(t)$ 中相应的项即可.

现在来研究检验统计量的势的表现. 考虑下面用 m 标记的备择假设序列

$$\beta(t)=\beta(t,\theta)+\frac{\alpha(t)}{C_m}. \tag{3.4.10}$$

事实上，以上所述的备择假设相当一般化. 任何一个备择假设都可以分解成两个组成部分：也就是假设的回归函数项加上一个偏离项. 当 C_m 是不依赖于 m 的常数时，以上备择假设则是全局备择假设，当随着 m 趋向于无穷大，有 C_m 趋向于无穷大时，它们则是局部备择假设. 因此，这些都是一般的备择假设情形. 在备择假设 (3.4.10) 下，有 $Y(t)=X^{\mathrm{T}}(t)\{\beta(t,\theta)+\alpha(t)/C_m\}+\varepsilon(t)$.

定理 3.4.2 在定理 3.4.1 的条件和备择假设 (3.4.10) 下，当 C_m 是常数或者当 $m\to\infty$ 有 $C_m/\sqrt{m}\to 0$ 时，检验统计量依概率收敛于无穷大，假设检验的势近似为 1. 当 $C_m/\sqrt{m}\to C$ 时，其中 C 是一个常数，$R_m(t)$ 依分布收敛于 $R(t)+g_{1*}(t)$，其中

$$\begin{aligned}g_{1*}(t)=&\frac{1}{C}\{E(\alpha(T)I(T\leqslant t))\\&-E(g(T,\theta)I(T\leqslant t))E(g(T,\theta)^{\mathrm{T}}g(T,\theta))^{-1}E(g(T,\theta)^{\mathrm{T}}\alpha(T))\}+o_p(1)\end{aligned}$$

是一个非随机的转换函数. 然后 LR_m 收敛于 $\int(R(t)+g_{1*}(t))^2\mathrm{d}F(t)$.

2. 蒙特卡罗近似

从定理 3.4.1 中，我们知道 LR 的分布并不是与模型无关的，检验统计量 LR_m 也并不是与尺度不变的. 在这部分中，同样使用蒙特卡罗近似：这种检验方法具有

尺度不变性，检验统计量并不随数据的尺度变化而变化，然后不需要对数据进行正则化，使用这种方法我们就能够得到假设检验的 p 值. 这种方法的思想非常简单并且算法也很容易实施. 注意到，近似地有 $R_m(t) = m^{-1/2}\sum_{i=1}^m H_i(t)$. 使用蒙特卡罗方法计算假设检验的 p 值的步骤如下.

算法 3.4.1

(1) 相互独立地产生均值为 0，方差为 1 的随机变量 $e_i(i=1,\cdots,m)$. 令 $E_n := (e_1,\cdots,e_m)$，定义 R_m 的条件副本为

$$R_m(E_m,t) = \frac{1}{\sqrt{m}}\sum_{i=1}^m e_i\hat{H}_i(t), \tag{3.4.11}$$

其中 $\hat{H}(t)$ 是 $H(t)$ 的一致估计量. 当然下面的插入估计量是其中之一:

$$\begin{aligned}\hat{H}_i(t) =& \frac{1}{n_i}\sum_{j=1}^{n_i} S(t_{ij})^{-1}X_{ij}(Y_{ij} - X_{ij}^{\mathrm{T}}\hat{\beta}(t_{ij}))I(t_{ij}\leqslant t)\\ &-E\{g(T,\hat{\theta})I(T\leqslant t)\}E(g(T,\hat{\theta})^{\mathrm{T}}g(T,\hat{\theta}))^{-1}\frac{1}{n_i}\sum_{j=1}^{n_i} g(t_{ij},\hat{\theta})^{\mathrm{T}}(\hat{Z}_{ij} - \beta(t_{ij},\hat{\theta})).\end{aligned}$$

最后的条件检验统计量为

$$LR_m(E_m) = \int R_m(E_m,t)^2\mathrm{d}F_m(t). \tag{3.4.12}$$

(2) 产生 n 个 E_m 的数据集，记为 $E_m^{(i)}, i=1,\cdots,n$，然后可以得到 n 个 $LR_m(E_m)$ 的值，记为 $LR_m(E_m^{(i)}), i=1,\cdots,n$.

(3) 使用 $\hat{p} = k/(n+1)$ 来估计假设检验的 p 值，其中 k 是 $LR_m(E_m^{(i)})$ 大于或等于 LR_m 的个数. 对于给定的显著性水平 α，当 $\hat{p}\leqslant\alpha$ 时拒绝 H_0.

Zhu 和 Neuhaus (2000), Zhu 和 Ng (2003) 给出了相关的算法. Zhu (2005) 研究了一种广泛的非参数蒙特卡罗检验 (NMCT) 的方法. 从上面的 (1)~(3) 的步骤中，我们发现 $LR_m(E_m)$ 的条件分布可以用来决定假设检验的 p 值. 因此，我们的方法中条件分布受到备择假设的影响不大，这一点是很重要的. 这其实是不论使用何种重抽样方法来计算假设检验的 p 值都会遇到的主要问题之一. 下面的定理 3.4.3 表明我们的假设检验的近似是可以获得的.

定理 3.4.3 假定定理 3.4.2 的条件成立. 在原假设 H_0 或者是在当 $m\to\infty$，$C_m\to\infty$ 的备择假设 (3.4.10) 下，我们可以得到：对于几乎所有的序列 $\{(t_{ij},X_{ij},y_{ij})\}$，$LR_m(E_m)$ 的条件分布收敛于 LR_m 的原极限分布，当 $C_m=C$ 是一个常数时，$LR_m(E_m)$ 依分布收敛于一个确定的极限.

第 4 章　因变量缺失时部分线性模型拟合优度检验

4.1　引　　言

部分线性模型是一类广泛使用的模型，用公式表示如下：

$$Y = X^{\mathrm{T}}\beta + g(T) + \varepsilon, \tag{4.1.1}$$

其中 Y 是因变量，X 和 T 分别是 p 维和 q 维的自变量，β 是要估计的回归参数，$g(\cdot)$ 是一个未知的可测函数，ε 是误差项并且满足 $E(\varepsilon|X,T)=0$. 式 (4.1.1) 中的上标 T 表示转置. 不失一般性，假定 X 的均值为 0，并且为了简单起见假定 T 是一个标量. 后面所得出的所有结果都可以扩展到 T 是多元变量的情形. 本章的内容主要来自文献 Xu, Guo 和 Zhu (2012).

许多文献都研究过没有缺失数据是部分线性模型的拟合优度问题. 为了检验式 (4.1.1) 中的模型是否适用于拟合数据，也就是检验 $H_0: E(Y|X,T) = X^{\mathrm{T}}\beta + g(T)$，Zhu 和 Ng (2003) 构造了一个基于经验过程的统计量，这个统计量在原假设下的分布是用重抽样的方法来近似的. Whang 和 Andrew (1993) 及 Yatchew (1992) 基于样本分离的思想提出了 ad hoc 方法. Fan 和 Li (1996)，基于给定 (X,T) 时残差的条件期望的核估计量，构造了一个在原假设下为渐近正态分布的统计量.

为了检验式 (4.1.1) 中的非参数部分是否是一个参数方程，也就是对于某个 θ 和已知的方程 $g(\cdot,\theta)$，$H_0: g(\cdot) = g(\cdot,\theta)$ 是否成立，Li (2009) 用线性插补的方法构造了一个检验来检验式 (4.1.1) 中的非参数部分是否为线性. Liang (2006) 构造了两个统计量来检验部分线性模型中的非参数部分是否为线性，他的研究结果被用到全身炎症反应综合征的研究中. Li (2009) 构造了两个基于样条的 Wald 形式的统计量来检验部分线性模型的线性性质.

然而在实际中，因变量 Y 可能因为各种原因而缺失. 比如，测量样本中所有个体的 Y 值成本高昂、预算不够；再如有些个体因为严重的副作用而中途退出实验也会导致缺失；还有个体病势严重不能接受治疗，失去了与被实验者的联系方式而不能进行复查等. 实际上在临床纵向研究、民意调查、医学实验还有其他科学实验中缺失数据都是很常见的.

许多文献都提出了在因变量随机缺失的情况下估计 β，$g(\cdot)$ 和检验式 (4.1.1)

中的模型的拟合优度的方法. 比如, Wang 和 Sun (2007) 提出了归因、半参数回归替代和逆边际概率加权法分别来估计参数部分和非参数方程. 关于缺失因变量而协变量也可能有错误的情形下, Liang 等 (2007) 提出了一组半参数估计量来估计部分线性模型中的目标参数和总体均值 $E(Y)$. Sun, Wang 和 Dai (2009) 基于来自归因和逆边际概率加权方法的两个完整数据集, 提出了两个基于经验过程的统计量来检验模型 (4.1.1) 在有缺失变量时是否适合用来拟合数据.

在因变量有缺失的情况下检验模型 (4.1.1) 中的非参数部分是否是参数形式是很有意义的, 但是相比较而言这方面的研究很少, 而且已经存在的完整数据情况下的检验方法不能直接套用. 在本章中, 我们考虑检验如下的原假设: 存在 θ 和已知的方程 $g(\cdot,\theta)$,

$$H_0:\ g(\cdot)=g(\cdot,\theta), \tag{4.1.2}$$

对应的备择假设是: 对于任意的 θ,

$$H_1:\ g(\cdot)\neq g(\cdot,\theta). \tag{4.1.3}$$

为了解决这个问题, 我们首先用归因和逆概率加权法构造两个完整的数据集, 再分别用这两个数据集构造两个基于经验过程的检验.

我们的检验是基于经验过程理论, 这是一个在文献中讨论得很成熟的理论. 其中 Xu 和 Zhu (2008, 2009) 构造了基于经验过程的检验来检验变系数模型的拟合问题, 并且检验了变系数模型中的一些协变量的效应是否遵循某些参数形式. Zhu (2003) 将一个基于经验过程的检验运用到完整数据的部分线性模型. 就像那些关于完整数据的讨论一样, 我们的检验对所有的全局备择假设也具有一致性, 它们可以在接近 $n^{-1/2}$ 的收敛速率上区分原假设和局部备择假设. 这个方法有一些很好的性质: 由于检验统计量是自不变的, 所以不需要对其进行标准化. 所以即使统计量不具有尺度不变性, 也没有必要估计其方差. 这个特征在构造统计量时特别重要, 因为方差随模型的不同而不同并且在备择假设下比在原假设下大. 用一个插入估计量会使检验的效率降低.

4.2 完全数据的构造以及模型的估计

假设响应变量 Y 是随机缺失 (MAR) 的, 也就是说在给定 X 和 T 的时候 Y 是否缺失是和 Y 的值条件独立的. 定义 δ_i 为指示第 i 个个体的相应变量值 Y_i 是否缺失的变量, 当 Y_i 观测到时 $\delta_i=1$, 当 Y_i 缺失时 $\delta_i=0$, MAR 缺失机制表示为 $P(\delta=1|Y,X,T)=P(\delta=1|X,T)$. MAR 是经常使用的缺失机制之一并且很多

实际情况也跟这种机制基本吻合，可以参考 Little 和 Rubin (1987). 假设我们得到了关于模型 (4.1.1) 的一个随机样本 (Y_i,δ_i,X_i,T_i)，$i=1,2,\cdots,n$.

我们首先估计参数 β. 令 $g_1(T)=E(\delta X|T)/E(\delta|T), g_2(T)=E(\delta Y|T)\,/E(\delta|T)$，那么它们对应的估计量是

$$\hat{g}_1(t)=\frac{\sum_{j=1}^{n}\delta_jX_jk_h(T_j-t)}{\sum_{j=1}^{n}\delta_jk_h(T_j-t)} \text{ 和 } \hat{g}_2(t)=\frac{\sum_{j=1}^{n}\delta_jY_jk_h(T_j-t)}{\sum_{j=1}^{n}\delta_jk_h(T_j-t)},$$

其中 $k_h(\cdot)=K(\cdot/h)$，$K(\cdot)$ 是一个核函数，h 为带宽. β 的估计量 $\hat{\beta}$ 可以表示为

$$\hat{\beta}=\left\{\sum_{i=1}^{n}\delta_i(X_i-\hat{g}_1(T_i))(X_i-\hat{g}_1(T_i))^{\mathrm{T}}\right\}^{-1}\sum_{i=1}^{n}\delta_i(X_i-\hat{g}_1(T_i))(Y_i-\hat{g}_2(T_i)). \tag{4.2.1}$$

为了估计 θ, 定义

$$Z=\frac{\delta Y-\delta X^{\mathrm{T}}\beta}{\Delta_t(T)} \text{ 和 } \hat{Z}_i=\frac{\delta_iY_i-\delta_iX_i^{\mathrm{T}}\hat{\beta}}{\hat{\Delta}_t(T_i)},$$

其中 $\hat{\Delta}_t(T_i)=\hat{E}(\delta|T_i)=\sum_{j=1}^{n}\delta_jk_h(T_j-T_i)/\sum_{j=1}^{n}k_h(T_j-T_i)$ 是 $\Delta_t(T_i)=E(\delta|T_i)$ 的估计量. 注意到在原假设下有 $E(Z|T)=g(T,\theta)$，那么 θ 的最小二乘估计量 $\hat{\theta}$ 可以表示为

$$\hat{\theta}=\arg\min_{\theta}\frac{1}{n}\sum_{i=1}^{n}(\hat{Z}_i-g(T_i,\theta))^2. \tag{4.2.2}$$

按照 Sun, Wang 和 Dai (2009) 所说，归因和逆边际概率这两种方法可以用来构造完整的数据集，具体方法如下：

$$(\hat{Y}_{ij},X_i,T_i),\quad i=1,2,\cdots,n,\ j=1,2,$$

其中

$$\begin{aligned}\hat{Y}_{i1}&=\delta_iY_i+(1-\delta_i)(X_i^{\mathrm{T}}\hat{\beta}+g(T_i,\hat{\theta})),\\ \hat{Y}_{i2}&=\frac{\delta_i}{\hat{\Delta}_t(T_i)}Y_i+\left(1-\frac{\delta_i}{\hat{\Delta}_t(T_i)}\right)(X_i^{\mathrm{T}}\hat{\beta}+g(T_i,\hat{\theta})).\end{aligned} \tag{4.2.3}$$

4.3　检验统计量及其渐近性质

方程 (4.1.2) 中的原假设为真，当且仅当 $E(Y-X^{\mathrm{T}}\beta-g(T,\theta)|T)=0$，这也就是说，对于任意的 t，有

$$E[(Y-X^{\mathrm{T}}\beta-g(T,\theta))I(T\leqslant t)]=0, \tag{4.3.1}$$

用式 (4.2.3) 中的两个完整数据集，我们为方程 (4.3.1) 构造了两个估计的经验过程：

$$R_{nj}(t)=\frac{1}{\sqrt{n}}\sum_{i=1}^{n}(\hat{Y}_{ij}-X_i^{\mathrm{T}}\hat{\beta}-g(T_i,\hat{\theta}))I(T_i\leqslant t),\quad j=1,2. \tag{4.3.2}$$

那么检验统计量就可以定义为

$$T_{nj}=\int(R_{nj}(t))^2\mathrm{d}F_n(t),\quad j=1,2, \tag{4.3.3}$$

其中 F_n 是基于 $T_1,T_2,\cdots,T_n$ 的经验分布.

我们现在考察式 (4.3.2) 中的 $R_{nj}(t)$ 和式 (4.3.3) 中的 T_{nj} 的渐近性质. 定义 $g'(T,\theta)=\partial g(T,\theta)/\partial\theta$, $\varSigma_1=E(g'(T,\theta)^{\mathrm{T}}g'(T,\theta))$, $\varSigma_0=E[\Delta(X,T)(X-g_1(T))(X-g_1(T))^{\mathrm{T}}]$, 其中 $\Delta(X,T)=E(\delta|X,T)$,

$$\begin{aligned}
\varGamma_1(t)&=E(\delta g'(T,\theta)I(T\leqslant t)),\\
\varGamma_2(t)&=E(g'(T,\theta)I(T\leqslant t)),\\
B_1(t)&=E(\delta X^{\mathrm{T}}I(T\leqslant t))-\varGamma_1(t)\varSigma_1^{-1}E(g'(T,\theta)^{\mathrm{T}}g_1(T)^{\mathrm{T}}),\\
B_2(t)&=E(g_1(T)^{\mathrm{T}}I(T\leqslant t))-\varGamma_2(t)\varSigma_1^{-1}E(g'(T,\theta)^{\mathrm{T}}g_1(T)^{\mathrm{T}}),
\end{aligned}$$

$$\begin{aligned}
L_1(\tilde{\delta},\tilde{y},\tilde{x},\tilde{t};t)=\tilde{\delta}(\tilde{y}-\tilde{x}^{\mathrm{T}}\beta-g(\tilde{t},\theta))\Big\{&I(\tilde{t}\leqslant t)-B_1(t)\varSigma_0^{-1}(\tilde{x}-g_1(\tilde{t}))\\
&-\varGamma_1(t)\varSigma_1^{-1}g'(\tilde{t},\theta)^{\mathrm{T}}\Big\},\\
L_2(\tilde{\delta},\tilde{y},\tilde{x},\tilde{t};t)=\tilde{\delta}(\tilde{y}-\tilde{x}^{\mathrm{T}}\beta-g(\tilde{t},\theta))\Big\{&\frac{1}{\Delta_t(\tilde{t})}I(\tilde{t}\leqslant t)-B_2(t)\varSigma_0^{-1}(\tilde{x}-g_1(\tilde{t}))\\
&-\varGamma_2(t)\varSigma_1^{-1}\frac{g'(\tilde{t},\theta)^{\mathrm{T}}}{\Delta_t(\tilde{t})}\Big\}.
\end{aligned}$$

定理 4.3.1 当 4.6 节条件 (1)~(7) 满足时，在原假设下有

$$R_{nj}(t)=\frac{1}{\sqrt{n}}\sum_{i=1}^{n}L_j(\delta_i,Y_i,X_i,T_i;t)+o_p(1)$$

在 Skorohod 空间 $D[-\infty,\infty]$ 中收敛于 $R_j(t)$，$j=1,2$，其中 $R_j(t)$ 是一个中心化的连续高斯过程，并且对于任意的 t_1 和 t_2 有以下的协方差函数

$$\mathrm{Cov}(R_j(t_1),R_j(t_2))=E(L_j(\delta,Y,X,T;t_1)L_j(\delta,Y,X,T;t_2)),\quad j=1,2.$$

因此 T_{nj} 依分布收敛于 $T_j:=\displaystyle\int(R_j(t))^2\mathrm{d}F(t)$，$j=1,2$，其中 $F(\cdot)$ 是 T 的分布函数.

我们现在考察这个检验对一系列局部备择假设的敏感性，局部备择假设为

$$H_{1n}: \ g(\cdot) = g(\cdot, \theta) + C_n G(\cdot), \tag{4.3.4}$$

其中 $G(\cdot)$ 是某个任意的函数并且满足 $E(G^2(T)) < \infty$. 定义

$$\begin{aligned} f_1(t) &= E(\delta G(T) I(T \leqslant t)) - E(g'(T,\theta) I(T \leqslant t)) \Sigma_1^{-1} E(g'(T,\theta)^{\mathrm{T}} G(T)), \\ f_2(t) &= E(\delta G(T) \Delta_t(T)^{-1} I(T \leqslant t)) \\ &\quad - E(g'(T,\theta) I(T \leqslant t)) \Sigma_1^{-1} E(g'(T,\theta)^{\mathrm{T}} G(T)). \end{aligned}$$

我们对于检验统计量 $T_{nj}, j = 1, 2$ 在 H_{1n} 下的性质有如下的定理.

定理 4.3.2　当 4.6 节中条件 (1)~(7) 满足的时候，在假设 (4.3.4) 中的局部备择假设下, 如果 $C_n\sqrt{n} \to 1$, $R_{nj}(t)$ 依分布收敛于$R_j(t) + f_j(t)$，$j = 1, 2$，其中 $f_j(t)$ 是一个非随机的转换方程，则 T_{nj} 依分布收敛于 $\int (R_j(t) + f_j(t))^2 \mathrm{d}F(t)$. 如果 $n^r C_n \to a, 0 < r < 1/2$, 那么 T_{nj} 依概率收敛于 ∞.

从定理 4.3.2 可以知道，当局部备择假设以 $n^{-r}(0 < r < 1/2)$ 的速率趋于原假设是，检验的渐近效率为 1，并且当局部备择假设以任意的接近于 $n^{-1/2}$ 的速率趋近于原假设时，它们仍然可以区分备择假设与原假设.

4.4　蒙特卡罗逼近

从定理 4.3.1 中我们知道虽然 $R_{nj}(t)$ 的渐近协方差阵是存在的，但是检验统计量 T_{nj} 的方差计算太复杂. 在本节中，我们用一种非参数的蒙特卡罗方法来近似检验统计量在原假设下的极限分布. 这种近似有一个好的特点：检验过程具有自尺度不变性，所以可以不需要附加任何使用方差插入估计的标准化就可以得到检验的.

用蒙特卡罗方法来得到检验的 p 值方法如下.

算法 4.4.1

(1) 产生独立的均值为 0，方差为 1 的随机变量 $e_i (i = 1, 2, \cdots, n)$. 令 $E_n := (e_1, \cdots, e_n)$ 并且定义 R_{nj} 的条件表达式为

$$\tilde{R}_{nj}(E_n, t) = \frac{1}{\sqrt{n}} \sum_{i=1}^{n} e_i \hat{L}_j(\delta_i, Y_i, X_i, T_i; t),$$

其中 $\hat{L}_j(\delta_i, Y_i, X_i, T_i; t)$ 是 $L_j(\delta_i, Y_i, X_i, T_i; t)$ 的估计. 也就是说，变量 $\beta, \theta, \Delta_t(\cdot), g_1(\cdot)$, Σ_0, Σ_1, $L_j(\delta_i, Y_i, X_i, T_i; t)$ 中的 $\Gamma_j(t), B_j(t)$ 分别用它们的一致估计量 $\hat{\beta}, \hat{\theta}, \hat{\Delta}_t(\cdot), \hat{g}_1(\cdot)$,

$\hat{\Sigma}_0, \hat{\Sigma}_1, \hat{\Gamma}_j(t)$，$\hat{B}_j(t)$ 代替. 这里

$$\hat{\Gamma}_1(t) = \frac{1}{n}\sum_{i=1}^{n}\delta_i g'(T_i,\hat{\theta})I(T_i \leqslant t),$$

$$\hat{\Gamma}_2(t) = \frac{1}{n}\sum_{i=1}^{n} g'(T_i,\hat{\theta})I(T_i \leqslant t),$$

$$\hat{B}_1(t) = \frac{1}{n}\sum_{i=1}^{n}\delta_i X_i^{\mathrm{T}} I(T_i \leqslant t) - \hat{\Gamma}_1(t)\hat{\Sigma}_1^{-1}\frac{1}{n}\sum_{i=1}^{n} g'(T_i,\hat{\theta})^{\mathrm{T}}\hat{g}_1(T_i)^{\mathrm{T}},$$

$$\hat{B}_2(t) = \frac{1}{n}\sum_{i=1}^{n}\hat{g}_1(T_i)^{\mathrm{T}} I(T_i \leqslant t) - \hat{\Gamma}_2(t)\hat{\Sigma}_1^{-1}\frac{1}{n}\sum_{i=1}^{n} g'(T_i,\hat{\theta})^{\mathrm{T}}\hat{g}_1(T_i)^{\mathrm{T}}.$$

因此得出的条件检验统计量就是

$$\tilde{T}_{nj}(E_n) = \int \tilde{R}_{nj}(E_n,t)^2 \mathrm{d}F_n(t) = \frac{1}{n}\sum_{i=1}^{n}\tilde{R}_{nj}(E_n,t_i)^2.$$

(2) 产生 m 个如 E_n 的数据集，也就是 $E_n^{(i)}, i = 1,\cdots,m$ 并且得到 m 个 $\tilde{T}_{nj}^{E}(E_n)$ 的值，表示为 $\tilde{T}_{nj}^{E}(E_n^{(i)}), i = 1,\cdots,m, j = 1,2$.

(3) 检验 p 值的估计就是 $\hat{p} = k/(m+1)$，其中 k 是 $\tilde{T}_{nj}(E_n^{(i)})$ 的个数，k 必须大于或等于 T_{nj}. 给定显著性水平 α，当 $\hat{p}_j \leqslant \alpha$ 时拒绝 H_0.

Zhu 和 Neuhaus (2000) 提出了非参数的蒙特卡罗检验过程，Zhu (2005) 给出了这种方法的细节. 基于以上方法来近似统计量在原假设下的极限分布，我们确实希望为了得到检验 p 值而定义的条件分布 $\tilde{T}_{nj}(E_n)$ 不管在原假设还是备择假设下都可以很好地近似统计量. 使用蒙特卡罗方法时，由于我们不知道数据的实际模型，得到的条件分布往往跟统计量在原假设下的分布相差很大. 这样会得到不准确的 p 值还会使检验的效率大大降低. 然而下面的定理 4.4.1 表明基于蒙特卡罗近似的条件分布可以在某种程度上避免这个问题.

定理 4.4.1 不管是在方程 (4.1.2) 中的原假设下还是在方程 (4.1.3) 中的备择假设下，定理 4.3.1 中的条件满足时，都有对于几乎所有的序列 $\{(Y_1,\delta_1,X_1,T_1),\cdots,(Y_n,\delta_n,X_n,T_n),\cdots\}$，$\tilde{T}_{nj}(E_n)$ 的条件分布收敛于 T_{nj} 在原假设下的极限分布，其中 $j=1,2$.

注 4.4.1 对于这个检验过程，定理 4.3.1 和定理 4.3.2 分别说明了检验统计量在原假设和局部备择假设下的渐近性质. 注意到在原假设下，检验统计量 T_{nj} 的方差计算起来非常复杂，所以我们在本节中提出用蒙特卡罗方法来近似统计量在原假设下的渐近分布. 定理 4.4.1 说明了蒙特卡罗方法的有效性.

4.5 数值分析

4.5.1 模拟研究

为了评估我们提出的检验统计量的有限样本性质，我们生成了 1000 个模拟的数据集来计算统计量在原假设和备择假设下的功效. 对于每一个模拟的数据集，用 500 次蒙特卡罗近似来产生统计量分布的临界值. 为了估计当 $|u| \leqslant 1$ 边际响应概率 $\Delta_t(T)$ 所用的核函数是 $K(u) = 15/16(1-u^2)^2$. 关于带框选择问题，就像 Zhu 和 Ng (2003) 所指出的那样，在检验问题中如何选择一个最好的带宽仍然是一个开放的问题并且值得进一步研究. 在我们的模拟中选择的带宽是 $h_0 = \hat{\sigma}(T)n^{-1/3}$，其中 $\hat{\sigma}(T)$ 是变量 T 的标准差的估计值，这个值满足 4.6 节中条件 (5). 为了考察我们的检验是否对带宽选择敏感，我们尝试了几个带宽：$h_0 = \hat{\sigma}(T)n^{-1/3}$，$h_1 = 0.5\hat{\sigma}(T)n^{-1/3}$，$h_2 = 2\hat{\sigma}(T)n^{-1/3}$.

所选择的缺失机制有以下三种情况：

情形 1　$\Delta_1(x,t) = P(\delta = 1|X = x, T = t) = 0.70 + 0.25(||x-1|| + |t-0.5|)$，当 $||x-1|| + |t-0.5| \leqslant 1.5$; 否则 $= 0.90$.

情形 2　$\Delta_2(x,t) = P(\delta = 1|X = x, T = t) = 1.08 - 0.12(||x-1|| + |t-0.5|)$，当 $||x-1|| + |t-0.5| \leqslant 4.5$; 否则 $= 0.20$.

情形 3　$\Delta_3(x,t) = P(\delta = 1|X = x, T = t) = 0.60$ 对于所有的 x 和 t.

以上三种不同缺失函数的平均的相应变量完整率分别为 $E\Delta_1(x,t) \approx 0.90$，$E\Delta_2(x,t) \approx 0.75$，$E\Delta_3(x,t) \approx 0.60$.

研究1. 数据从以下部分线性模型中产生

$$Y = \beta_0 X_1 + \beta_1 X_2 + 0.5 - T + aT^2 + \varepsilon, \tag{4.5.1}$$

其中 $\beta_0 = \beta_1 = 1$，$X_1 \sim N(0,1)$，$X_2 \sim N(0,1)$，$T \sim U(0,1)$，$\varepsilon \sim N(0,0.4)$，$g(T) = 0.5 - T + aT^2$. 对于模型 (4.5.1) 原假设是 $H_0 : g(T) = \theta(0.5-T)$. 因此，$a = 0$ 对应于原假设，$a \neq 0$ 对应于备择假设. 我们通过模拟得出在不同的 a 的情况下的检验功效. 我们还考察样本量和缺失机制的功效的影响，选取样本量分别为 $n = 100, 200$，缺失机制分别为 $\Delta_i(x,t)$ (i=1,2,3). 模拟结果表明，检验在原假设和备择假设下的功效对于带宽的选择并不是很敏感. 比如，在 $n = 100$，$a = 0.40$ 时，在不同的带宽 $h = h_1, h_0$ 和 h_2 下，T_{n1} 的功效分别为 0.475, 0.479 和 0.477. 因此为了节省空间，我们只在表 4.5.1 中列出样本量 $n = 100$，缺失机制 $\Delta_1(x,t)$ 时的详细结果. 其他的结果都画在图 4.5.1 中并且带宽都是 $h = h_0$.

表 4.5.1 研究 1 中当 $n = 100$，缺失机制 $\Delta_1(x,t)$ 时，在不同的 a 下检验在原假设和备择假设下的功效

a	T_{n1}			T_{n2}		
	h_1	h_0	h_2	h_1	h_0	h_2
0.000	0.046	0.045	0.046	0.042	0.044	0.050
0.100	0.089	0.087	0.089	0.080	0.083	0.085
0.200	0.167	0.167	0.168	0.165	0.156	0.160
0.300	0.313	0.312	0.309	0.305	0.301	0.309
0.400	0.475	0.479	0.477	0.461	0.472	0.481
0.500	0.647	0.652	0.657	0.652	0.657	0.661
0.600	0.839	0.841	0.839	0.832	0.836	0.838
0.700	0.909	0.912	0.912	0.905	0.915	0.919
0.800	0.974	0.978	0.976	0.967	0.975	0.978
0.900	0.984	0.986	0.987	0.985	0.987	0.988
1.000	0.997	0.999	0.996	0.997	0.998	0.997

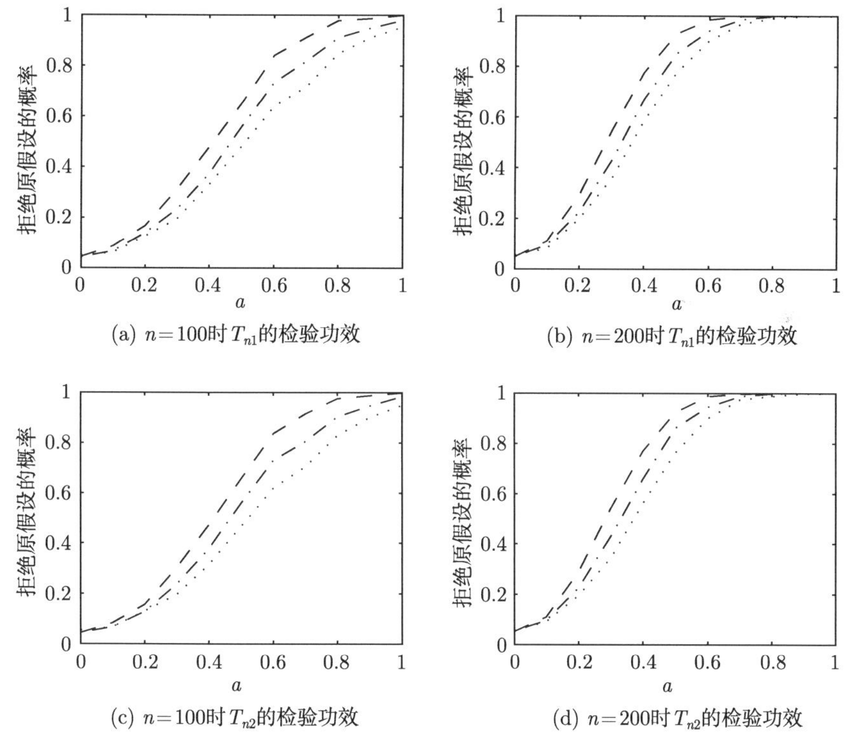

图 4.5.1 研究 1 中 $n = 100$ 和 $n = 200$ 时的检验功效

双画线表示缺失机制为 $\Delta_1(x,t)$, 点画线表示缺失机制为 $\Delta_2(x,t)$，虚线表示缺失机制为 $\Delta_3(x,t)$. 产生数据的模型为 $Y = \beta_0 X_1 + \beta_1 X_2 + 0.5 - T + aT^2 + \varepsilon$, 其中 $\beta_0 = \beta_1 = 1$，$X_1 \sim N(0,1)$，$X_2 \sim N(0,1)$，

$T \sim U(0,1)$，$\varepsilon \sim N(0,0.4)$，$g(T) = 0.5 - T + aT^2$. 原假设是 $H_0 : g(T) = \theta(0.5 - T)$

从表 4.5.1 中我们可以看出统计量 T_{n1} 和 T_{n2} 都能保证检验的显著性水平 $\alpha=0.05$. 在备择假设下，也就是 $a\neq 0$ 时，当 a 增加时，检验的功效快速提高，也就是说这个检验对备择假设很敏感. 从图 4.5.1 可以看出以下结果：T_{n1} 和 T_{n2} 都是在缺失的数据越少的时候表现越好；样本量越大时检验的功效越大；在原假设下的功效接近 0.05；两个检验统计量的表现类似.

为了考察这个检验对 T 的分布形式是否敏感，我们列出了在缺失机制 $\Delta_1(x,t)$ 下，在四种不同 T 的分布情况下的模拟结果，这四种分布分别是：

(1) 自由度为 1 的卡方分布；

(2) 形状和尺度参数都是 2 的伽马分布；

(3) 两个形状参数都是 2 的贝塔分布；

(4) 均值为 2 的指数分布.

用 $h=h_0$ 的带宽得到模拟结果并列在表 4.5.2 中. 对于这四种分布，检验在原假设下的功效都接近 0.05，并且当 a 增加时检验的功效都迅速提高. 因此可以得出检验的功效对 T 的分布并不敏感.

表 4.5.2　研究 1 中当 $n=200$，缺失机制 $\Delta_1(x,t)$ 时，在不同的 a 下检验在原假设和备择假设下的功效

a	χ^2		gamma		beta		exponential	
	T_{n1}	T_{n2}	T_{n1}	T_{n2}	T_{n1}	T_{n2}	T_{n1}	T_{n2}
0.000	0.056	0.058	0.054	0.050	0.049	0.050	0.053	0.056
0.100	0.330	0.323	0.998	0.998	0.071	0.073	0.684	0.649
0.200	0.814	0.807	0.999	0.998	0.158	0.162	0.951	0.934
0.300	0.975	0.970	1.000	0.999	0.255	0.255	0.988	0.980
0.400	0.999	0.998	1.000	0.999	0.433	0.420	0.991	0.983
0.500	0.999	0.999	1.000	1.000	0.571	0.558	0.992	0.982
0.600	1.000	1.000	1.000	1.000	0.759	0.746	0.991	0.980
0.700	1.000	1.000	1.000	1.000	0.840	0.834	0.993	0.982
0.800	1.000	1.000	1.000	1.000	0.921	0.918	0.989	0.981
0.900	1.000	1.000	1.000	1.000	0.973	0.976	0.987	0.983
1.000	1.000	1.000	1.000	1.000	0.999	0.987	0.989	0.981

注：符号 "χ^2" "gamma" "beta" 和 "exponential" 分别表示自由度为 1 的卡方分布，形状和尺度参数都是 2 的伽马分布，两个形状参数都是 2 的贝塔分布和均值为 2 的指数分布.

*研究*2. 产生数据的模型为

$$Y=\beta_0X_1+\beta_1X_2+\exp(T)+a\sin(2\pi T)+\varepsilon, \tag{4.5.2}$$

其中 $\beta_1,\beta_2,X_1,X_2,T$，$\varepsilon$ 的数值设定为和模型 (4.5.1) 中一样，$g(T)=\exp(T)+a\sin(2\pi T)$. 对于模型 (4.5.2)，我们检验 $g(T)$ 是否是一个指数方程，也就是 H_0 :

$g(T)=\exp(T)$. $a \neq 0$ 对应于备择假设，我们用 $a=0.0, 0.1, \cdots, 1.0$ 这些备择假设来考察检验的功效.

计算时使用带宽 $h=h_0$，所有的结果都画在图 4.5.2 中. 我们看到检验的功效和图 4.5.1 中所呈现的基本类似.

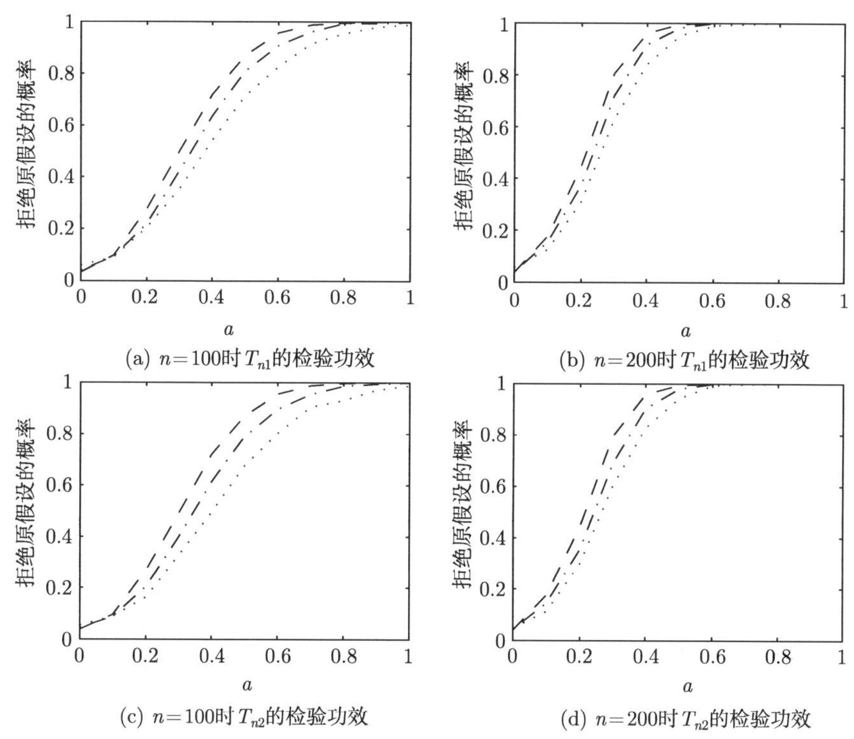

图 4.5.2 研究 1 中 $n=100$ 和 $n=200$ 时的检验功效

双画线表示缺失机制为 $\Delta_1(x,t)$, 点画线表示缺失机制为 $\Delta_2(x,t)$，虚线表示缺失机制为 $\Delta_3(x,t)$. 产生数据的模型为 $Y=\beta_0X_1+\beta_1X_2+\exp(T)+a\sin(2\pi T)+\varepsilon$，其中 $\beta_0=\beta_1=1$，$X_1\sim N(0,1)$，$X_2\sim N(0,1)$，$T\sim U(0,1)$，$\varepsilon\sim N(0,0.4)$，$g(T)=\exp(T)+a\sin(2\pi T)$. 原假设是

$$H_0: g(T)=\exp(\theta T)$$

4.5.2 实际数据分析

Scott (2003) 和 Xue (2009) 中分析过一个样本量为 50 的关于同卵双胞胎的数据. 这个数据集的因变量 Y 表示婴儿的出生体重，两个协变量 $X_{\rm AC}$ (=AC) 表示腹围，$X_{\rm BDP}$ (=BDP) 表示头直径. 对于有缺失数据的线性回归模型，Xue (2009) 研究了构造参数的置信区间或置信域的方法. 在本小节中，我们缺失因变量的 20% 的数据核函数使用的是与 4.5.1 小节中一样. 我们首先把所有变量标准化. 因变量

Y 和各个协变量的散点图画在图 4.5.3 中. X_{AC} 和 Y 似乎并不具有线性关系，因此我们考虑模型为

$$Y = X_{\mathrm{BDP}}\beta_{\mathrm{BDP}} + g(X_{\mathrm{AC}}) + \varepsilon, \tag{4.5.3}$$

$$Y = X_{\mathrm{AC}}\beta_{\mathrm{AC}} + g(X_{\mathrm{BDP}}) + \varepsilon, \tag{4.5.4}$$

由于 δ 是随机产生的，以下所有的结果都是由 1000 次模拟得出的. 模型 (4.5.3) 和 (4.5.4) 的原假设分别是 $H_0 : g(X_{\mathrm{AC}}) = \theta X_{\mathrm{AC}}$ 和 $H_0 : g(X_{\mathrm{BPD}}) = \theta X_{\mathrm{BPD}}$，对模型 (4.5.3)，统计量 T_{n1} 和 T_{n2} 的检验 p 值分别是 0.6325，0.6134，对模型 (4.5.4)，统计量 T_{n1} 和 T_{n2} 的检验 p 值分别是 0.6347，0.6334. 原假设不能拒绝，并且模型 (4.5.3) 和 (4.5.4) 中 θ 的估计值分别为 57.685，19.416. 我们还检验了 $g(X_{\mathrm{AC}})$ 和 $g(X_{\mathrm{BPD}})$ 是否是立方的形式，也就是 $H_0 : g(X_{\mathrm{AC}}) = \theta X_{\mathrm{AC}}^3$ 和 $H_0 : g(X_{\mathrm{BPD}}) = \theta X_{\mathrm{BPD}}^3$. 此时原假设也不能被拒绝，并且对于模型 (4.5.3) 和 (4.5.4)，θ 的估计值分别为 1.066，0.035. 因此结果表明 Xue (2009) 中用线性模型来分析这个数据是正确的.

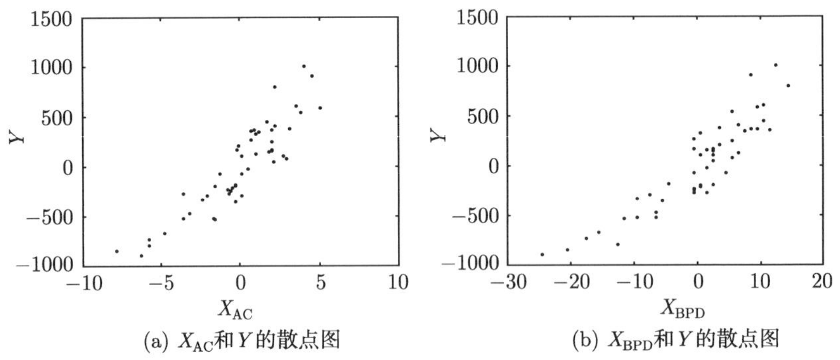

(a) X_{AC}和Y的散点图　(b) X_{BPD}和Y的散点图

图 4.5.3 实际数据的散点图

4.6 定理的证明

下面的这些条件是为证明 4.3 节和 4.4 节中的定理而假设.

(1) $g(\cdot, \theta)$ 是一个在参数空间 Θ 内关于 θ 的连续可导函数，$g_1(\cdot)$ 和 $g_2(\cdot)$ 满足一阶 Lipschitz 条件；

(2) $\Delta_t(t)$ 有最高 $k(>2)$ 阶的有界偏导数；

(3) $E[\Delta(X,T)(X - g_1(T))(X - g_1(T))^{\mathrm{T}}]$ 是一个正定矩阵；

(4) 对于某个正常数 c_1 和任意满足 $E|X|^4 < \infty$ 和 $E|Y|^4 < \infty$ 的 x，t，有 $\sup E(\varepsilon^2|X = x, T = t) < c_1$；

(5) 当 $n \to \infty$ 时，有 $\sqrt{n}h^2 \to 0$，$\sqrt{n}h \to \infty$；

(6) T 的密度函数 $f(t), t \in [a, b]$ 存在并且有最高至 2 阶的有界偏导数，并且满足

$$0 < \inf_{t\in[a,b]} f(t) \leqslant \sup_{t\in[a,b]} f(t) < \infty;$$

(7) 连续核函数 $K(\cdot)$ 满足：①$K(\cdot)$ 的定义域是 $[-1,1]$；②$K(\cdot)$ 关于 0 对称；③$\int_{-1}^{1} K(u)\mathrm{d}u = 1$，$\int_{-1}^{1} |u|K(u)\mathrm{d}u \neq 0$.

注 4.6.1 条件 (1),(5),(7) 是几个典型的运用非参数估计的时候为了得到收敛性而设定的条件. 条件 (2) 是在缺失数据研究中一个经常的假定，这个假定在 Wang 等 (2004) 文献中也出现过. 条件 (3) 和 (4) 对于最小二乘估计量的渐近正态性是必要的. 条件 (6) 是一个典型的在非参数估计中为了避免边界效应而设定的条件.

为了证明前面的定理，我们先给出两个引理.

引理 4.6.1 当条件 (1)~(7) 满足的时候，在方程 (4.1.2) 中的原假设或方程 (4.1.3) 中的备择假设下，$\sqrt{n}(\hat{\beta} - \beta)$ 的渐近性质都满足

$$\sqrt{n}(\hat{\beta} - \beta) = \frac{\Sigma_0^{-1}}{\sqrt{n}} \sum_{i=1}^{n} \delta_i (X_i - g_1(T_i))\varepsilon_i + o_p(1).$$

证明 在原假设下，有

$$\begin{aligned}\sqrt{n}(\hat{\beta} - \beta) &= \frac{\Sigma_0^{-1}}{\sqrt{n}} \sum_{i=1}^{n} \delta_i (X_i - g_1(T_i))\Big(Y_i - g_2(T_i) - (X_i - g_1(T_i))^{\mathrm{T}}\beta\Big) + o_p(1) \\ &= \frac{\Sigma_0^{-1}}{\sqrt{n}} \sum_{i=1}^{n} \delta_i (X_i - g_1(T_i))(Y_i - X_i^{\mathrm{T}}\beta - g(T_i, \theta)) + o_p(1) \\ &= \frac{\Sigma_0^{-1}}{\sqrt{n}} \sum_{i=1}^{n} \delta_i (X_i - g_1(T_i))\varepsilon_i + o_p(1).\end{aligned}$$

在局部备择假设下，有

$$\begin{aligned}\sqrt{n}(\hat{\beta} - \beta) &= \frac{\Sigma_0^{-1}}{\sqrt{n}} \sum_{i=1}^{n} \delta_i (X_i - g_1(T_i))\Big(Y_i - g_2(T_i) - (X_i - g_1(T_i))^{\mathrm{T}}\beta\Big) + o_p(1) \\ &= \frac{\Sigma_0^{-1}}{\sqrt{n}} \sum_{i=1}^{n} \delta_i (X_i - g_1(T_i))(Y_i - X_i^{\mathrm{T}}\beta - g(T_i, \theta) - C_n G(T_i)) + o_p(1) \\ &= \frac{\Sigma_0^{-1}}{\sqrt{n}} \sum_{i=1}^{n} \delta_i (X_i - g_1(T_i))\varepsilon_i + o_p(1).\end{aligned}$$

再运用中心极限定理，这个引理的结论就得到了.

引理 4.6.2 当条件 (1)~(7) 满足的时候，在方程 (4.1.2) 中的原假设或方程 (4.1.3) 中的备择假设下，有

$$\sqrt{n}(\hat{\theta}-\theta)=\Sigma_1^{-1}\left\{\frac{1}{\sqrt{n}}\sum_{j=1}^n g'(T_j,\theta)^{\mathrm{T}}\frac{\delta_j\varepsilon_j}{E(\delta|T_j)}-E\{g'(T,\theta)^{\mathrm{T}}g_1(T)^{\mathrm{T}}\}\sqrt{n}(\hat{\beta}-\beta)\right\}+o_p(1)$$

和

$$\begin{aligned}\sqrt{n}(\hat{\theta}-\theta)=&\Sigma_1^{-1}\left\{\frac{1}{\sqrt{n}}\sum_{j=1}^n g'(T_j,\theta)^{\mathrm{T}}\frac{\delta_j\varepsilon_j}{E(\delta|T_j)}-E\{g'(T,\theta)^{\mathrm{T}}g_1(T)^{\mathrm{T}}\}\sqrt{n}(\hat{\beta}-\beta)\right\}\\&+\Sigma_1^{-1}C_n\sqrt{n}E(g'(T,\theta)^{\mathrm{T}}G(T))+o_p(1).\end{aligned}$$

证明 在 Jennrich (1969) 中所提出的正则条件下，有

$$\sqrt{n}(\hat{\theta}-\theta)=E(g'(T,\theta)^{\mathrm{T}}g'(T,\theta))^{-1}\frac{1}{\sqrt{n}}\sum_{i=1}^n g'(T,\theta)^{\mathrm{T}}(\hat{Z}_i-g(T_i,\theta))+o_p(1).$$

首先考虑在原假设下的性质，注意到

$$\begin{aligned}I_n=&\frac{1}{\sqrt{n}}\sum_{i=1}^n g'(T_i,\theta)^{\mathrm{T}}(\hat{Z}_i-g(T_i,\theta))\\=&\frac{1}{\sqrt{n}}\sum_{i=1}^n g'(T_i,\theta)^{\mathrm{T}}(\hat{Z}_i-Z_i)+\frac{1}{\sqrt{n}}\sum_{i=1}^n g'(T_i,\theta)^{\mathrm{T}}(Z_i-g(T_i,\theta))\\=:&I_{n1}+I_{n2}.\end{aligned}\tag{4.6.1}$$

现在考虑 I_{n1}. 容易得出

$$\begin{aligned}I_{n1}=&\frac{1}{\sqrt{n}}\sum_{i=1}^n g'(T_i,\theta)^{\mathrm{T}}(\hat{Z}_i-Z_i)\\=&\frac{1}{\sqrt{n}}\sum_{i=1}^n g'(T_i,\theta)^{\mathrm{T}}\left\{\frac{\delta_iY_i-\delta_iX_i^{\mathrm{T}}\hat{\beta}}{\hat{E}(\delta|T_i)}-\frac{\delta_iY_i-\delta_iX_i^{\mathrm{T}}\beta}{E(\delta|T_i)}\right\}\\=&-\frac{1}{\sqrt{n}}\sum_{i=1}^n g'(T_i,\theta)^{\mathrm{T}}\delta_iX_i^{\mathrm{T}}(\hat{E}(\delta|T_i)^{-1}\hat{\beta}-E(\delta|T_i)^{-1}\beta)\\&+\frac{1}{\sqrt{n}}\sum_{i=1}^n g'(T_i,\theta)^{\mathrm{T}}(\hat{E}(\delta|T_i)^{-1}-E(\delta|T_i)^{-1})\delta_iY_i\\=&-I_{n11}+I_{n12}.\end{aligned}\tag{4.6.2}$$

关于 I_{n11}，首先注意到

$$\begin{aligned}
&\hat{E}(\delta|T_i)^{-1}\hat{\beta}-E(\delta|T_i)^{-1}\beta\\
=&-E(\delta|T_i)^{-1}(\hat{E}(\delta|T_i)-E(\delta|T_i))E(\delta|T_i)^{-1}\beta+E(\delta|T_i)^{-1}(\hat{\beta}-\beta)\\
&+E(\delta|T_i)^{-1}(\hat{E}(\delta|T_i)-E(\delta|T_i))E(\delta|T_i)^{-1}(\hat{E}(\delta|T_i)-E(\delta|T_i))\hat{E}(\delta|T_i)^{-1}\beta\\
&-E(\delta|T_i)^{-1}(\hat{E}(\delta|T_i)-E(\delta|T_i))\hat{E}(\delta|T_i)^{-1}(\hat{\beta}-\beta)\\
=&E(\delta|T_i)^{-1}(\hat{\beta}-\beta)-E(\delta|T_i)^{-1}(\hat{E}(\delta|T_i)-E(\delta|T_i))E(\delta|T_i)^{-1}\beta+O_p\left(\frac{1}{hn}+h^2\right)
\end{aligned}$$

和

$$\begin{aligned}
\hat{E}(\delta|T_i)-E(\delta|T_i)=&\hat{f}(T_i)^{-1}\hat{\Delta}(T_i)-f(T_i)^{-1}\Delta(T_i)\\
=&f(T_i)^{-1}\hat{\Delta}(T_i)-f(T_i)^{-2}\hat{f}(T_i)\Delta(T_i)+O_p\left(\frac{1}{hn}+h^2\right).
\end{aligned}$$

我们有

$$\begin{aligned}
I_{n11}=&\frac{1}{\sqrt{n}}\sum_{i=1}^{n}g'(T_i,\theta)^{\mathrm{T}}\delta_iX_i^{\mathrm{T}}E(\delta|T_i)^{-1}(\hat{\beta}-\beta)\\
&-\frac{1}{\sqrt{n}}\sum_{i=1}^{n}g'(T_i,\theta)^{\mathrm{T}}E(\delta|T_i)^{-1}(\hat{E}(\delta|T_i)-E(\delta|T_i))E(\delta|T_i)^{-1}\delta_iX_i^{\mathrm{T}}\beta+o_p(1)\\
=&\frac{1}{\sqrt{n}}\sum_{i=1}^{n}g'(T_i,\theta)^{\mathrm{T}}\delta_iX_i^{\mathrm{T}}E(\delta|T_i)^{-1}(\hat{\beta}-\beta)\\
&-\frac{1}{\sqrt{n}}\sum_{i=1}^{n}g'(T_i,\theta)^{\mathrm{T}}E(\delta|T_i)^{-1}f(T_i)^{-1}\hat{\Delta}(T_i)E(\delta|T_i)^{-1}\delta_iX_i^{\mathrm{T}}\beta\\
&+\frac{1}{\sqrt{n}}\sum_{i=1}^{n}g'(T_i,\theta)^{\mathrm{T}}E(\delta|T_i)^{-1}f(T_i)^{-2}\hat{f}(T_i)\Delta(T_i)E(\delta|T_i)^{-1}\delta_iX_i^{\mathrm{T}}\beta+o_p(1).
\end{aligned}$$

注意到前面的定义 $\hat{\Delta}(T_i)=\sum_{j=1}^{n}\delta_jk_h(T_j-T_i)/\sum_{j=1}^{n}k_h(T_j-T_i)$，$\hat{f}(T_i)=n^{-1}\times\sum_{j=1}^{n}k_h(T_j-T_i)$，可以得出

$$\begin{aligned}
I_{n11}=&\left\{\frac{1}{n}\sum_{i=1}^{n}g'(T_i,\theta)^{\mathrm{T}}E(\delta|T_i)^{-1}\delta_iX_i^{\mathrm{T}}\right\}\sqrt{n}(\hat{\beta}-\beta)\\
&-\frac{1}{\sqrt{n}}\sum_{i=1}^{n}g'(T_i,\theta)^{\mathrm{T}}E(\delta|T_i)^{-2}f(T_i)^{-1}\left\{\frac{1}{n}\sum_{j=1}^{n}\delta_jk_h(T_i-T_j)\right\}\delta_iX_i^{\mathrm{T}}\beta
\end{aligned}$$

$$+\frac{1}{\sqrt{n}}\sum_{i-1}^{n}g'(T_i,\theta)^{\mathrm{T}}E(\delta|T_i)^{-2}f(T_i)^{-2}\left\{\frac{1}{n}\sum_{j=1}^{n}k_h(T_i-T_j)\right\}\Delta(T_i)\delta_iX_i^{\mathrm{T}}\beta+o_p(1),$$

$$=E\{g'(T,\theta)^{\mathrm{T}}g_1(T)^{\mathrm{T}}\}\sqrt{n}(\hat{\beta}-\beta)$$

$$-\frac{1}{\sqrt{n}}\sum_{j=1}^{n}g'(T_j,\theta)^{\mathrm{T}}E(\delta|T_j)^{-2}\delta_jE(\delta X|T_j)^{\mathrm{T}}\beta$$

$$+\frac{1}{\sqrt{n}}\sum_{j=1}^{n}g'(T_j,\theta)^{\mathrm{T}}E(\delta|T_j)^{-2}f(T_j)^{-1}\Delta(T_j)E(\delta X|T_j)^{\mathrm{T}}\beta+O_p\left(\frac{1}{h\sqrt{n}}+\sqrt{n}h^2\right)$$

$$=E\{g'(T,\theta)^{\mathrm{T}}g_1(T)^{\mathrm{T}}\}\sqrt{n}(\hat{\beta}-\beta)$$

$$+\frac{1}{\sqrt{n}}\sum_{j=1}^{n}g'(T_j,\theta)^{\mathrm{T}}g_1(T_j)^{\mathrm{T}}\beta\{1-E(\delta|T_j)^{-1}\delta_j\}+O_p\left(\frac{1}{h\sqrt{n}}+\sqrt{n}h^2\right),\qquad(4.6.3)$$

关于 I_{n12}，注意到

$$\begin{aligned}\hat{E}(\delta|T_i)^{-1}-E(\delta|T_i)^{-1}&=\hat{\Delta}(T_i)^{-1}\hat{f}(T_i)-\Delta(T_i)^{-1}f(T_i)\\&=\Delta(T_i)^{-1}\hat{f}(T_i)-\Delta(T_i)^{-2}\hat{\Delta}(T_i)f(T_i)+O_p\left(\frac{1}{hn}+h^2\right).\end{aligned}$$

我们有

$$\begin{aligned}I_{n12}&=\frac{1}{\sqrt{n}}\sum_{i=1}^{n}g'(T_i,\theta)^{\mathrm{T}}\{\Delta(T_i)^{-1}\hat{f}(T_i)-\Delta(T_i)^{-2}\hat{\Delta}(T_i)f(T_i)\}\delta_iY_i+o_p(1)\\&=\frac{1}{\sqrt{n}}\sum_{i=1}^{n}g'(T_i,\theta)^{\mathrm{T}}\Delta(T_i)^{-1}\left\{\frac{1}{n}\sum_{j=1}^{n}k_h(T_i-T_j)\right\}\delta_iY_i\\&\quad-\frac{1}{\sqrt{n}}\sum_{i=1}^{n}g'(T_i,\theta)^{\mathrm{T}}\Delta(T_i)^{-2}\left\{\frac{1}{n}\sum_{j=1}^{n}\delta_jk_h(T_i-T_j)\right\}f(T_i)\delta_iY_i+o_p(1)\\&=\frac{1}{\sqrt{n}}\sum_{j=1}^{n}g'(T_j,\theta)^{\mathrm{T}}\Delta(T_j)^{-1}f(T_j)E(\delta Y|T_j)\\&\quad-\frac{1}{\sqrt{n}}\sum_{j=1}^{n}g'(T_j,\theta)^{\mathrm{T}}\Delta(T_j)^{-2}\delta_jf(T_j)^2E(\delta Y|T_j)+O_p\left(\frac{1}{hn}+h^2\right)\\&=\frac{1}{\sqrt{n}}\sum_{j=1}^{n}g'(T_j,\theta)^{\mathrm{T}}g_2(T_j)\{1-E(\delta|T_j)^{-1}\delta_j\}+o_p(1).\end{aligned}\qquad(4.6.4)$$

结合式 (4.6.2)~ 式 (4.6.4)，有

$$I_{n1}=\frac{1}{\sqrt{n}}\sum_{j=1}^{n}g'(T_j,\theta)^{\mathrm{T}}(g_2(T_j)-g_1(T_j)^{\mathrm{T}}\beta)\{1-E(\delta|T_j)^{-1}\delta_j\}$$
$$-E\{g'(T,\theta)^{\mathrm{T}}g_1(T)\}\sqrt{n}(\hat{\beta}-\beta)+o_p(1). \tag{4.6.5}$$

根据式 (4.6.1) 和式 (4.6.5) 可以得到

$$\begin{aligned}I_n=&\frac{1}{\sqrt{n}}\sum_{j=1}^{n}g'(T_j,\theta)^{\mathrm{T}}(g_2(T_j)-g_1(T_j)^{\mathrm{T}}\beta)\{1-E(\delta|T_j)^{-1}\delta_j\}\\&-E\{g'(T,\theta)^{\mathrm{T}}g_1(T)\}\sqrt{n}(\hat{\beta}-\beta)+\frac{1}{\sqrt{n}}\sum_{i=1}^{n}g'(T_i,\theta)^{\mathrm{T}}(Z_i-g(T_i,\theta))+o_p(1)\\=&\frac{1}{\sqrt{n}}\sum_{j=1}^{n}g'(T_j,\theta)^{\mathrm{T}}\frac{\delta_j\varepsilon_j}{E(\delta|T_j)}-\sqrt{n}(\hat{\beta}-\beta)E\{g'(T,\theta)^{\mathrm{T}}g_1(T)^{\mathrm{T}}\}+o_p(1).\end{aligned}$$

因此，在原假设下

$$\begin{aligned}\sqrt{n}(\hat{\theta}-\theta)=&\frac{1}{\sqrt{n}}\varSigma_1^{-1}\sum_{j=1}^{n}g'(T_j,\theta)^{\mathrm{T}}\frac{\delta_j\varepsilon_j}{E(\delta|T_j)}\\&-\varSigma_1^{-1}\sqrt{n}(\hat{\beta}-\beta)E\{g'(T,\theta)^{\mathrm{T}}g_1(T)^{\mathrm{T}}\}+o_p(1).\end{aligned}$$

下面考虑在式 (4.1.3) 中的局部备择假设下的情形. 与上面的证明类似，根据 $Y_j-X_j^{\mathrm{T}}\beta-g(T_j,\theta)=C_nG(T_j)+\varepsilon_j$，有

$$\begin{aligned}\sqrt{n}(\hat{\theta}-\theta)=&\frac{1}{\sqrt{n}}\varSigma_1^{-1}\sum_{j=1}^{n}g'(T_j,\theta)^{\mathrm{T}}\frac{\delta_j\varepsilon_j}{E(\delta|T_j)}-\varSigma_1^{-1}\sqrt{n}(\hat{\beta}-\beta)E\{g'(T,\theta)^{\mathrm{T}}g_1(T)^{\mathrm{T}}\}\\&+\varSigma_1^{-1}C_n\sqrt{n}E(g'(T,\theta)^{\mathrm{T}}G(T))+o_p(1).\end{aligned}$$

下面给出定理的证明. 由于定理 4.3.1 中 R_{n1} 和 R_{n2} 的收敛性类似，我们仅仅证明 R_{n2} 的收敛性. 同样定理 4.3.2 中我们仅仅证明的 T_{n2} 的渐近性质.

定理 4.3.1 的证明 通过一些计算可以得到

$$\begin{aligned}R_{n2}=&\frac{1}{\sqrt{n}}\sum_{i=1}^{n}\frac{\delta_i}{\hat{\Delta}_t(T_i)}(Y_i-X_i^{\mathrm{T}}\hat{\beta}-g(T_i,\hat{\theta}))I(T_i\leqslant t)\\=&\frac{1}{\sqrt{n}}\sum_{i=1}^{n}\frac{\delta_i}{\Delta_t(T_i)}(Y_i-X_i^{\mathrm{T}}\beta-g(T_i,\theta))I(T_i\leqslant t)\\&-\frac{1}{\sqrt{n}}\sum_{i=1}^{n}\frac{\delta_i}{\Delta_t(T_i)}X_i^{\mathrm{T}}(\hat{\beta}-\beta)I(T_i\leqslant t)\end{aligned}$$

$$
\begin{aligned}
&-\frac{1}{\sqrt{n}}\sum_{i=1}^{n}\frac{\delta_i}{\Delta_t(T_i)}(g(T_i,\hat{\theta})-g(T_i,\theta))I(T_i\leqslant t)\\
&+\frac{1}{\sqrt{n}}\sum_{i=1}^{n}\delta_i\left(\frac{1}{\hat{\Delta}_t(T_i)}-\frac{1}{\Delta_t(T_i)}\right)(Y_i-X_i^{\mathrm{T}}\beta-g(T_i,\theta))I(T_i\leqslant t)\\
&-\frac{1}{\sqrt{n}}\sum_{i=1}^{n}\delta_i\left(\frac{1}{\hat{\Delta}_t(T_i)}-\frac{1}{\Delta_t(T_i)}\right)X_i^{\mathrm{T}}(\hat{\beta}-\beta)I(T_i\leqslant t)\\
&-\frac{1}{\sqrt{n}}\sum_{i=1}^{n}\delta_i\left(\frac{1}{\hat{\Delta}_t(T_i)}-\frac{1}{\Delta_t(T_i)}\right)(g(T_i,\hat{\theta})-g(T_i,\theta))I(T_i\leqslant t)\\
=:&\sum_{i=1}^{6}O_{nj}.
\end{aligned}
$$

我们证明 $i=4,5,6$ 时的情形，

$$
O_{ni}=o_p(1).
$$

从 O_{n4} 的表达式中，可以得到

$$
\begin{aligned}
O_{n4}=&\frac{1}{\sqrt{n}}\sum_{i=1}^{n}\delta_i\frac{\Delta_t(T_i)-\hat{\Delta}_t(T_i)}{\Delta_t^2(T_i)}\varepsilon_i I(T_i\leqslant t)+o_p(1)\\
=&\frac{1}{\sqrt{n}}\sum_{j=1}^{n}E\left\{\delta\frac{(\Delta_t(T)-\delta_j)K_h(T_j-T)}{\Delta_t^2(T)f(T)}\varepsilon I(T\leqslant t)\Big|T_j\right\}+o_p(1)\\
=&\frac{1}{\sqrt{n}}\sum_{j=1}^{n}\frac{\Delta_t(T_j)-\delta_j}{\Delta_t(T_j)}I(T_j\leqslant t)E(\varepsilon|T_j)+o_p(1)\\
=&o_p(1).
\end{aligned}
\tag{4.6.6}
$$

式 (4.6.6) 中的最后一个式子成立是由于 $E(\varepsilon|T_j)=E\{E(\varepsilon|X,T)\big|T_j\}=0$.

关于 O_{n5}，有

$$
\begin{aligned}
O_{n5}=&\frac{1}{\sqrt{n}}\sum_{i=1}^{n}\delta_i\frac{\Delta_t(T_i)-\hat{\Delta}_t(T_i)}{\Delta_t^2(T_i)}X_i^{\mathrm{T}}(\hat{\beta}-\beta)I(T_i\leqslant t)+o_p(1)\\
=&\frac{1}{n}\sum_{i=1}^{n}\delta_i\frac{\Delta_t(T_i)-\hat{\Delta}_t(T_i)}{\Delta_t^2(T_i)}X_i^{\mathrm{T}}I(T_i\leqslant t)\times\sqrt{n}(\hat{\beta}-\beta)+o_p(1).
\end{aligned}
$$

利用以下事实:

$$\begin{aligned}&\frac{1}{n}\sum_{i=1}^{n}\delta_i\frac{\Delta_t(T_i)-\hat{\Delta}_t(T_i)}{\Delta_t^2(T_i)}X_i^{\mathrm{T}}I(T_i\leqslant t)\\=&\frac{1}{n}\sum_{i=1}^{n}\frac{\Delta_t(T_i)-\delta_i}{\Delta_t(T_i)}X_i^{\mathrm{T}}I(T_i\leqslant t)+o_p(1)=o_p(1)\end{aligned}$$

和 $\sqrt{n}(\hat{\beta}-\beta)=O_p(1)$，我们有 $O_5=o_p(1)$. 关于 O_{n6}，注意到 $\sqrt{n}(\hat{\theta}-\theta)=O_p(1)$ 和

$$\begin{aligned}&\frac{1}{n}\sum_{i=1}^{n}\delta_i\frac{\Delta_t(T_i)-\hat{\Delta}_t(T_i)}{\Delta_t^2(T_i)}g'(T_i,\theta)^{\mathrm{T}}I(T_i\leqslant t)\\=&\frac{1}{n}\sum_{i=1}^{n}\frac{\Delta_t(T_i)-\delta_i}{\Delta_t(T_i)}g'(T_i,\theta)^{\mathrm{T}}I(T_i\leqslant t)+o_p(1)=o_p(1).\end{aligned}$$

有

$$\begin{aligned}O_{n6}=&\frac{1}{\sqrt{n}}\sum_{i=1}^{n}\delta_i\frac{\Delta_t(T_i)-\hat{\Delta}_t(T_i)}{\Delta_t^2(T_i)}g'(T_i,\theta)^{\mathrm{T}}(\hat{\theta}-\theta)I(T_i\leqslant t)+o_p(1)\\=&\frac{1}{n}\sum_{i=1}^{n}\delta_i\frac{\Delta_t(T_i)-\hat{\Delta}_t(T_i)}{\Delta_t^2(T_i)}g'(T_i,\theta)^{\mathrm{T}}I(T_i\leqslant t)\times\sqrt{n}(\hat{\theta}-\theta)+o_p(1)\\=&o_p(1).\end{aligned}$$

因此

$$\begin{aligned}R_{n2}=&\frac{1}{\sqrt{n}}\sum_{i=1}^{n}\frac{\delta_i}{\Delta_t(T_i)}\varepsilon_iI(T_i\leqslant t)-E(g_1(T)^{\mathrm{T}}I(T\leqslant t))\sqrt{n}(\hat{\beta}-\beta)\\&-E(g'(T,\theta)I(T\leqslant t))\sqrt{n}(\hat{\theta}-\theta)+o_p(1).\end{aligned}$$

再利用引理 4.6.2 和引理 4.6.3，定理 4.3.1 得证.

定理 4.3.2 的证明 在局部备择假设下，证明 R_{n2} 的方法可以类似地使用.

$$\begin{aligned}R_{n2}=&C_n\sqrt{n}E\left(\frac{\delta G(T)}{\Delta_t(T)}I(T\leqslant t)\right)+\frac{1}{\sqrt{n}}\sum_{i=1}^{n}\frac{\delta_i\varepsilon_i}{\Delta_t(T_i)}I(T_i\leqslant t)\\&-E(g_1(T)^{\mathrm{T}}I(T\leqslant t))\sqrt{n}(\hat{\beta}-\beta)\\&-E(g'(T,\theta)I(T\leqslant t))\sqrt{n}(\hat{\theta}-\theta)+o_p(1).\end{aligned}$$

如果 $n^{1/2}C_n \to 1$，通过引理 4.6.2 和引理 4.6.3，可以看出

$$\begin{aligned}R_{n2}=&E\left(\frac{\delta G(T)}{\Delta_t(T)}I(T\leqslant t)\right)-E(g'(T,\theta)I(T\leqslant t))\Sigma_1^{-1}E(g'(T,\theta)^{\mathrm{T}}G(T))\\&+\frac{1}{\sqrt{n}}\sum_{i=1}^{n}\left(\frac{1}{\Delta_t(T_i)}I(T_i\leqslant t)-B_2\Sigma_0^{-1}(X_i-g_1(T_i))\right.\\&\left.-E(g'(T,\theta)I(T_i\leqslant t))\Sigma_1^{-1}\frac{g'(T_i,\theta)^{\mathrm{T}}}{\Delta_t(T_i)}\right)\delta_i\varepsilon_i+o_p(1).\end{aligned}$$

在定理 4.3.1 中关于 R_{n2} 的紧密性的证明可以类似地用到关于 T_{n2} 的紧密性的证明. 运用连续映射定理，可以很容易得到 T_{n2} 的结论. 如果 $n^rC_n\to a, 0<r<1/2$，那么可以很容易得出 $\sqrt{n}C_n\to\infty$. 因为 $n\to\infty$, 有 $T_{n2}\to\infty$. 因此，定理 4.3.2 关于 T_{n2} 的部分得证.

定理 4.4.1 的证明 关于 $\tilde{R}_{nj}$，同样可以得出

$$\tilde{R}_{nj}=\frac{1}{\sqrt{n}}\sum_{i=1}^{n}e_iL_j(\delta_i,Y_i,X_i,T_i;t)+o_p(1).$$

运用证明定理 4.3.1 类似的方法，可以得到 $\tilde{R}_{nj}$ 依分布收敛于一个高斯过程. 可以证明 $E(\tilde{R}_{nj})=0$ ，$\mathrm{Cov}(\tilde{R}_{nj}(t_1),\tilde{R}_{nj}(t_2))$ 收敛于 $\mathrm{Cov}(R_j(t_1),R_j(t_2))$. 然后通过连续映射定理就可以得到定理 4.4.1.

第 5 章 协变量随机缺失时广义线性模型的拟合优度检验

用 Y 表示因变量，X 表示 m 维协变量，那么广义线性模型可以表示为

$$Y = \phi^{\mathrm{T}}(X)\beta + \varepsilon, \tag{5.0.1}$$

其中 $\phi(\cdot)$ 是一个已知的 p 维向量方程，β 是一个未知的 p 维参数向量. 假设 ε 的条件期望满足 $E(\varepsilon|X) = 0$ 和 $E(\varepsilon^2|X) = \sigma^2(X) < \infty$，并且我们在广义线性模型 (5.0.1) 中把矩阵 $\phi(X)$ 的转置表示为 $\phi^{\mathrm{T}}(X)$. 模型 (5.0.1) 包含了一个非常重要的统计模型：传统的线性模型，此时 $\phi(X) \equiv X$，而且许多文献都研究有关传统线性模型的问题. 和普通线性模型相比，广义线性模型 (5.0.1) 更具有灵活性和实用性因为它允许相互作用和高阶的协变量. 本章的内容主要来自文献 Guo 和 Xu (2012).

显然，为了避免得出错误的结论，任何有关模型的统计分析都要建立在假设的模型是正确的模型基础上，因此检验假设的参数模型是否正确是一个很重要的问题. 在完整数据的情形下，许多文献都研究过有关参数模型的检验，这些检验有些可以用到检验模型 (5.0.1) 的拟合优度. 在所有的文献中，Härdle 和 Mammen (1993) 研究了参数和非参数的拟合比较问题，并且用了 Wild 自助法计算检验的临界值. Härdle, Mammen，Müller (1998) 研究了在广义线性模型中参数模型对半参数模型的检验，同样用了 Wild 自助法. Stute，Thies，Zhu (1998) 提出了一种新方法来得到渐近的与分布无关的最优检验. Stute 和 Zhu (2002) 提出了非参数方法来检验广义线性模型的有效性，并且正确地转换为他们新的部分，这样得到的检验统计量是与分布无关的. Stute 和 Manteiga (1996) 提出了一种检验来比较完全非参数拟合和参数估计. 当协变量的观测值有误的时候，在加性误差项的假设并且误差项的方差已知时，Zhu 和 Cui (2005) 提出了一种广义线性模型的分型检验方法.

用 $X = (U, T)$ 表示协变量，那么在实际中，协变量的一部分数据，比如 U，可能因为各种原因而缺失. 举例来说，获得某个协变量的所有个体的观测数据可能费用太高，预算不能支持. 当 U 存在缺失数据的时候，虽然估计量是有偏的，但是还是有很多方法可以改进. 其中 Zhou 等 (2002) 提出了一种双抽样方法来提高估计效率，使用这种方法最后 U 的数据结构包含一个简单随机样本和一个基于第一阶段的相应变量信息而得到的增补样本. Weaver 和 Zhou (2005) 就连续相应变量回

归模型提出了估计似然方法，数据结构不仅包含观测到的 U 值，并且包含没有观测到的 U 值. 另外的可能导致缺失数据的原因是被试者由于严重的副作用而退出实验，或者是拒绝回答某些问题，还有测量仪器的损坏等. 实际上，协变量缺失的数据在临床纵向研究、民意调查、医药研究等研究中是很常见的.

有许多文献研究当相应变量 Y 随机缺失时的模型检验问题. 其中 Manteiga 和 Gonzá lez (2006) 将 Härdle 和 Mammen (1993) 的方法扩展到检验因变量缺失时线性模型的拟合优度问题，并且基于非参数和参数拟合的 L_2 距离提出了他们的检验统计量. 对于缺失因变量的广义线性模型 (5.0.1)，Sun 和 Wang (2009) 用归因和逆概率加权的方法对缺失数据进行插补，进而基于插补后的完整数据，构造了两种 Score 形式的统计量和两种经验过程统计量.

就我们所知，很少文献研究协变量缺失时模型的拟合优度问题. 我们的主要目的在于研究当模型 (5.0.1) 中协变量 U 有缺失，而其他协变量完整的情况下的模型检验问题. 也就是检验原假设：当 U 有缺失时，存在 β 和已知的 $\phi(\cdot)$,

$$H_0 : E(Y|X) = \phi(X)^{\mathrm{T}}\beta \tag{5.0.2}$$

用两种可能的方法 —— 参数的和非参数的，来估计逆概率方程，并且基于这两个估计量提出了两个检验统计量. 我们的另外一个兴趣点是比较提出的两种检验统计量哪一种更好. 通过模拟分析，我们发现这两个统计量各有优点.

5.1 检验步骤

5.1.1 检验统计量的构造

在模型 (5.0.1) 中，令 $X = (U, T)$ ，并且我们假设协变量 U 是随机缺失 (MAR) 的，Y 和 T 是全部观测到的. 这里 U, T 分别是 d_1，d_2 维的随机向量. 定义 δ_i 是第 i 个个体的缺失指标，当 u_i 观测到时，$\delta_i = 1$，当 u_i 缺失时 $\delta_i = 0$. MAR 缺失机制含义是

$$P(\delta = 1|Y, U, T) = P(\delta = 1|Y, T) = \pi(Z),$$

其中 $Z = (Y, T)$. MAR 在缺失数据的统计分析中是一个通常的假定，并且与很多实际情况也吻合，可以参考 Little 和 Rubin (1987).

注意到 H_0 成立时,

$$E\Big(\frac{\delta}{\pi(Z)}(Y - \phi^{\mathrm{T}}(X)\beta)\Big) = 0,$$

两个基于残差的检验统计量可以构造为

$$T_{n1} = \frac{1}{\sqrt{n}} \sum_{i=1}^{n} \frac{\delta_i}{\hat{\pi}(z_i)} \Big(y_i - \phi^{\mathrm{T}}(x_i)\hat{\beta}_N \Big), \tag{5.1.1}$$

$$T_{n2} = \frac{1}{\sqrt{n}} \sum_{i=1}^{n} \frac{\delta_i}{\pi(z_i, \hat{\alpha})} \Big(y_i - \phi^{\mathrm{T}}(x_i)\hat{\beta}_P \Big), \tag{5.1.2}$$

其中 $\hat{\beta}_N$ 和 $\hat{\beta}_P$ 分别是 β 和 $\hat{\pi}(z_i)$ 的估计量，$\pi(z_i, \hat{\alpha})$ 分别是 $\pi(z_i)$ 的参数和非参数估计量. 估计量 $\hat{\beta}_N$, $\hat{\beta}_P$, $\hat{\pi}(z_i)$ 和 $\pi(z_i, \hat{\alpha})$ 会在后面详细说明.

值得一提的是，我们构造统计量的思想是用逆概率方程对观测到的残差进行加权，而文献 (Sun, Wang, 2009) 是计算缺失的观测值并且基于插补后的完整数据构造统计量.

为了估计 $\pi(z_i)$，我们可以用非参数估计，也就是

$$\hat{\pi}(z_i) = \frac{\sum_{j=1}^{n} \delta_j K_h(z_i - z_j)}{\sum_{j=1}^{n} K_h(z_i - z_j)}, \tag{5.1.3}$$

其中 $K_h(\cdot) = K(\cdot/h)/h$, $K(\cdot)$ 是核函数，h 是带宽. 然而，当 Z 的维数较高时，核估计量在完全的非参数模型中会面临维数诅咒的问题. 在这种情况下，一个完全的参数模型可能更有效，也就是说，我们假设 $\pi(Z) = \pi(Z, \alpha)$. 基于 $\delta_i, y_i, t_i, i = 1, \cdots, n$ 的 Logistic 回归，只要 $\pi(z_i, \alpha)$ 能够正确指定，就能够得到回归参数的一致性估计量. 详细地说，假定 $\pi(z_i, \alpha) = (1+\exp(-\alpha_0 - \alpha_1 y_i - \alpha_2^{\mathrm{T}} t_i))^{-1}$，其中 $\alpha = (\alpha_0, \alpha_1, \alpha_2)^{\mathrm{T}}$ 是一个未知的参数向量，其最小二乘估计量 $\hat{\alpha}$ 定义为

$$\hat{\alpha} = \arg\min_{\alpha} \sum_{i=1}^{n} (\delta_i - \pi(z_i, \alpha))^2. \tag{5.1.4}$$

相应地，$\pi(Z)$ 的估计量为

$$\pi(z_i, \hat{\alpha}) = (1 + \exp(-\hat{\alpha}_0 - \hat{\alpha}_1 y_i - \hat{\alpha}_2^{\mathrm{T}} t_i))^{-1}. \tag{5.1.5}$$

式 (5.1.1) 和式 (5.1.2) 中的估计量 $\hat{\pi}(z_i)$ 和 $\pi(z_i, \hat{\alpha})$ 分别来自式 (5.1.3) 和式 (5.1.5).

用逆概率加权法估计回归参数 β:

$$\hat{\beta}_N = \left(\sum_{i=1}^{n} \frac{\delta_i}{\hat{\pi}(z_i)} \phi(x_i)\phi^{\mathrm{T}}(x_i) \right)^{-1} \sum_{i=1}^{n} \frac{\delta_i}{\hat{\pi}(z_i)} \phi(x_i) y_i$$

或者

$$\hat{\beta}_P = \left(\sum_{i=1}^{n} \frac{\delta_i}{\pi(z_i, \hat{\alpha})} \phi(x_i)\phi^{\mathrm{T}}(x_i) \right)^{-1} \sum_{i=1}^{n} \frac{\delta_i}{\pi(z_i, \hat{\alpha})} \phi(x_i) y_i,$$

选用哪个估计取决于 $\pi(Z)$ 是用非参数还是参数方法估计的.

5.1.2 检验统计量的极限性质

令 $\pi'(Z,\alpha)=\text{grad}_\alpha(\pi(Z,\alpha))$，在温和的条件下 (Jennrich, 1969) 有

$$\sqrt{n}(\hat\alpha-\alpha)=E(\pi'^{\mathrm{T}}(Z,\alpha)\pi'(Z,\alpha))^{-1}\frac{1}{\sqrt{n}}\sum_{i=1}^{n}\pi'^{\mathrm{T}}(z_i,\alpha)(\delta_i-\pi(z_i,\alpha))+o_p(1). \tag{5.1.6}$$

为了表述定理，我们首先引进一些与统计量的渐近方差有关的记号：$\varSigma=E(\phi(X)\cdot\phi^{\mathrm{T}}(X))$, $\varGamma=(1,Z)$, $M_1=E((1-\pi(Z))\varGamma\varepsilon), M_2=E((1-\pi(Z))\varGamma\phi(X)\varepsilon)$ 和 $\varSigma_\alpha=E(\pi'^{\mathrm{T}}(Z,\alpha)\ \pi'(Z,\alpha))$.

我们下面给出式 (5.1.1) 和式 (5.1.2) 中的 $T_{ni}(i=1,2)$ 的渐近性质.

定理 5.1.1 当 5.3 节中条件满足时，在原假设下

$$T_{n1}\to N(0,V_1),\quad T_{n2}\to N(0,V_2),$$

其中

$$\begin{aligned}V_1=&E\Big(\varepsilon^2\{1-E(\phi^{\mathrm{T}}(X))\varSigma^{-1}\phi(X)\}^2\\&-(1-\pi(Z))\{E(\varepsilon|Z)-E(\phi^{\mathrm{T}}(X))\varSigma^{-1}E(\phi(X)\varepsilon|Z)\}^2\Big)/\pi(Z),\\V_2=&E\Big\{\varepsilon\delta\Big(1-E(\phi^{\mathrm{T}}(X))\varSigma^{-1}\phi(X)\Big)/\pi(Z,\alpha)\\&-\Big(M_1-E(\phi^{\mathrm{T}}(X))\varSigma^{-1}M_2\Big)\varSigma_\alpha^{-1}\pi'^{\mathrm{T}}(Z,\alpha)(\delta-\pi(Z,\alpha))\Big\}^2.\end{aligned}$$

现在考察检验统计量对于如下的一系列局部备择假设的敏感性：

$$H_{1n}:Y=\phi^{\mathrm{T}}(X)\beta+C_nG(X)+\eta,$$

其中 $E(\eta|X)=0$，函数 $G(\cdot)$ 满足 $E(G^2(X))<\infty$. 我们有如下定理.

定理 5.1.2 当 5.3 节中条件满足时，在局部备择假设 H_{1n} 下有：

(1) 如果 $n^{1/2}C_n\to 1$，那么 $T_{n1}\to N(\mu_1,V_1)$，$T_{n2}\to N(\mu_2,V_2)$. 其中 $\mu_1=\mu_2=E(G(X))-E(\phi^{\mathrm{T}}(X))\varSigma^{-1}E(\phi(X)G(X))$;

(2) 如果 $n^rC_n\to a$，其中 $0<r<1/2a\neq 0$，那么 $T_{n1}\to\infty$，$T_{n2}\to\infty$.

定理 5.1.2 表明，对于以速率 $n^{-r}(0<r<1/2)$ 趋近于原假设的局部备择假设，我们的检验统计量的渐近功效为 1. 这个检验同样可以区分以速率 $n^{-1/2}$ 趋近于原假设的备择假设，这是失拟检验中能达到的最快速率.

注 5.1.1 定理 5.1.1 和定理 5.1.2 中 T_{n2} 的渐近性质是基于 $\pi(Z,\alpha)$ 是 Logistic 回归方程的假设，但是对于 $\pi(Z,\alpha)$ 是任意参数方程的情形，T_{n2} 的渐近性质可以类似得到. 对于 α 的估计，同样可以用其他常用的参数方法来估计，比如，广义估计方程 (GEE)、极大似然估计 (MLE) 和条件极大似然估计 (RMLE). 在这些情况

下，我们只要把式 (5.1.6) 中的 $\hat{\alpha}$ 的表达式换成用其他方法估计的结果，对应的形式在定理 5.1.1 和定理 5.1.2 中也要改过来.

从定理 5.1.2 可以看出，如果 $G(X)=\phi(X)^{\mathrm{T}}\gamma$，$\gamma$ 可以是任意参数，那么 $\mu_1=\mu_2=0$，这就表明原假设成立.

5.2 数值分析

5.2.1 模拟研究

*研究*1. 我们从以下模型中产生数据

$$Y=\phi^{\mathrm{T}}(X)\beta+aG(X)+\varepsilon, \tag{5.2.1}$$

其中 $\phi(X)=1+X^2$，$X\sim U(0,1)$，$\beta=1$，$G(X)=X^3$ ，$\varepsilon\sim N(0,0.25)$. 对于模型 (5.2.1)，显然存在 β 使原假设 $H_0:E(Y|X)=\phi^{\mathrm{T}}(X)\beta$ 成立当且仅当 $a=0$. 对于这个单协变量模型，我们假设 X 是随机缺失的.

考虑以下两个缺失概率：

情形 1 $\pi_1(y)=P(\delta=1|Y=y)=1/(1+\exp(-(1+0.8y)))$.

情形 2 $\pi_2(y)=P(\delta=1|Y=y)=1/(1+0.2|y|)$.

这两种情况数据平均的完整率分别为 $E\pi_1(y)\approx 0.88$ 和 $E\pi_2(y)\approx 0.79$.

我们使用的核函数是 $K(u)=15/16(1-u^2)^2(|u|\leqslant 1)$. 对于带宽选择，就像 Zhu 和 Ng (2003) 所指出的那样，在检验的研究中仍然是一个开放的问题并且值得进一步研究. 在模拟中，选择带宽为 $h_0=\hat{\sigma}(Y)n^{-1/3}$，其中 $\hat{\sigma}(Y)$ 是 Y 的标准差的估计量，这个带宽满足 5.3 节中条件 (4). 我们还研究检验统计量对带宽选择的敏感性，因此试用以下几个带宽进行比较：$h_0=\hat{\sigma}(Y)n^{-1/3}$, $h_1=0.5\hat{\sigma}(Y)n^{-1/3}$, $h_2=2\hat{\sigma}(Y)n^{-1/3}$.

我们通过模拟得到在式 (5.2.1) 中的局部备择假设中使用不同的 a 以及不同的样本量 $n=50,100$ 和不同的缺失机制 $\pi_i(y)$ $(i=1,2)$ 下的检验功效. $n=100$，缺失机制 $\pi_1(y)$ 时的模拟结果列在表 5.2.1 中. 可以看出不同的带宽对检验的功效影响不大. 比如 $a=0.9$ 时，在带宽 h_1，h_0，h_2 下的检验功效分别为 0.921，0.923，0.923. 所以在后面的模拟研究中，我们仅使用带宽 h_0 并将模拟结果画在图 5.2.1 和图 5.2.2 中.

图 5.2.1 (a) 和 (b) 画出了样本量 $n=50$ 时的结果，图 5.2.2 (a) 和 (b) 画出了 $n=100$ 时的结果. 从这些图中可以看出，统计量 T_{n2} 在原假设下的功效很接近需要的显著性水平 $\alpha=0.05$，而 T_{n1} 的这个值稍微小一点. 在局部备择假设下，也就是 $a\neq 0$，当 a 增加时，检验功效增加得很快，也就是说，检验对不同的备择假设

很敏感. 同样地，$n=100$ 时的检验功效比 $n=50$ 时高，缺失机制为 $\pi_1(y)$ 时的检验功效比 $\pi_2(y)$ 高，这是由于 $\pi_1(y)$ 的数据完整率比 $\pi_2(y)$ 高.

表 5.2.1 研究 1 中 $n=100$，缺失机制为 $\pi_1(y)$ 时，在不同的 a 下检验在原假设和备择假设下的功效

a	T_{n1}			T_{n2}
	h_1	h_0	h_2	
0.000	0.043	0.042	0.038	0.050
0.300	0.160	0.166	0.170	0.244
0.600	0.582	0.592	0.614	0.691
0.900	0.921	0.923	0.923	0.946
1.200	0.996	0.997	0.996	0.997
1.500	1.000	1.000	1.000	1.000
1.800	1.000	1.000	1.000	1.000
2.100	1.000	1.000	1.000	1.000

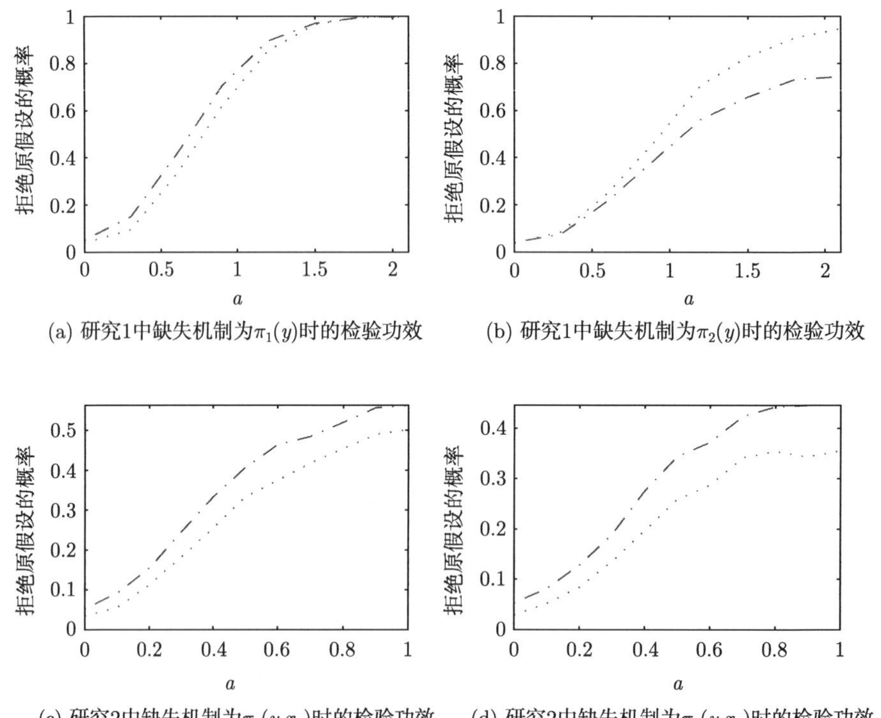

(a) 研究1中缺失机制为$\pi_1(y)$时的检验功效 (b) 研究1中缺失机制为$\pi_2(y)$时的检验功效

(c) 研究2中缺失机制为$\pi_3(y,x_2)$时的检验功效 (d) 研究2中缺失机制为$\pi_4(y,x_2)$时的检验功效

图 5.2.1 $n=50$ 时 T_{n1} 和 T_{n2} 的检验功效

虚线表示 T_{n1}，点画线表示 T_{n2}

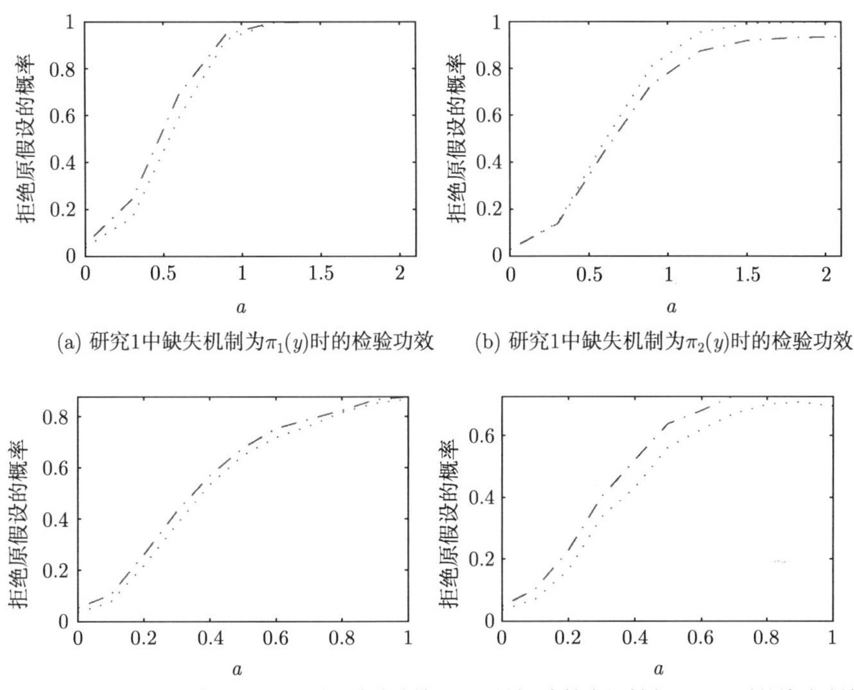

图 5.2.2　$n=100$ 时 T_{n1} 和 T_{n2} 的检验功效

虚线表示 T_{n1}，点画线表示 T_{n2}

对于检验统计量 T_{n1} 和 T_{n2}，当缺失机制为 $\pi_1(y)$ 时，T_{n2} 的功效比 T_{n1} 高；当缺失机制为 $\pi_2(y)$ 时，结果正好相反. 也就是说，对于用 Logistic 方程 $\pi(Z,\hat{\alpha})$ 计算出来的 T_{n2}，当缺失机制为 Logistic 方程 $\pi_1(y)$ 时，T_{n2} 的效率更高. 然而，对于从非参数的形式 $\hat{\pi}(Z)$ 中计算出来的 T_{n1}，缺失机制为非 Logistic 方程的 $\pi_2(y)$ 时效率更高.

研究2. 数据从以下模型中产生:

$$Y=\phi^{\mathrm{T}}(X)\beta+aG(X)+\varepsilon, \tag{5.2.2}$$

其中 $\phi(X)=(X_1,X_2)^{\mathrm{T}}$，$X_1\sim U(0,1), X_2\sim N(0,1)$，$\beta=(1,1)^{\mathrm{T}}$，$G(X)=\{(X_1+2X_2)/\sqrt{5}\}^2$，$\varepsilon\sim N(0,0.25)$. 对于模型 (5.2.2)，检验的原假设是 $H_0:E(Y|X)=\phi^{\mathrm{T}}(X)\beta$. 显然 $a=0$ 对应于原假设，$a\neq 0$ 对应于备择假设. 我们假设 X_1 是随机缺失的，缺失机制为以下两个情形.

情形 3　$\pi_3(y,x_2)=1/(1+|y|\exp(-y^2-x_2^2))$.

情形 4　$\pi_4(y,x_2)=1/(1+0.25|y/(y+x_2)|)$.

以上两种情况的平均数据完整率分别为 $E\pi_3(y,x_2)\approx 0.86$，$E\pi_4(y,x_2)\approx 0.84$. $n=50$ 时的模拟结果画在图 5.2.1 (c) 和 (d) 中，$n=100$ 时的模拟结果画在图 5.2.2 (c) 和 (d) 中.

从这些图中，可以看到与研究 1 中类似的结果，但是也有以下不同之处：虽然缺失方程 $\pi_3(y,x_2)$ 和 $\pi_4(y,x_2)$ 不是 Logistic 方程并且它们的维数是 2，但是 T_{n1} 的表现可以与 T_{n2} 相媲美.

为了研究 5.1 节中的统计量在高频率备择假设下的表现，进行以下模拟.

研究3. 从以下模型中产生数据

$$Y=\phi^{\mathrm{T}}(X)\beta+aG(X)+\varepsilon, \tag{5.2.3}$$

这里 $\phi(X)$，β 和 ε 设为和模型 (5.2.1) 相同的，并且 $G(X)=\sin(2\pi X)$ 是一个高频方程. 原假设成立当且仅当 $a=0$，并且假设 X 是随机缺失的. 考虑以下两种缺失机制.

情形 5 $\pi_5(y)=P(\delta=1|Y=y)=1/(1+|y|\exp(-y))$.

情形 6 $\pi_6(y)=P(\delta=1|Y=y)=1/(1+\exp(-y^2))$.

它们的数据平均完整率分别为 $E\pi_5(y)\approx 0.78$ 和 $E\pi_6(y)\approx 0.79$.

表 5.2.2 中列出了 T_{nj} 在原假设和备择假设下的功效. 我们看到当备择假设是高频方程时我们的检验仍然表现很好. 同样地，可以得出结论 T_{n2} 对于非参数缺失机制是稳健的, 但是比 T_{n1} 要差一点.

表 5.2.2 研究 2 中，在样本 $n=100$ 和缺失机制为 $\pi_5(y)$ 和 $\pi_6(y)$ 时，在不同的 a 下检验在原假设和备择假设下的功效

a	$\pi_5(y)$		$\pi_6(y)$	
	T_{n1}	T_{n2}	T_{n1}	T_{n2}
0.000	0.042	0.061	0.055	0.060
0.100	0.127	0.114	0.144	0.107
0.200	0.321	0.275	0.334	0.226
0.300	0.534	0.485	0.576	0.427
0.400	0.769	0.727	0.791	0.643
0.500	0.905	0.887	0.905	0.803
0.600	0.968	0.962	0.973	0.907
0.700	0.991	0.991	0.992	0.953
0.800	0.997	0.995	0.999	0.968
0.900	1.000	0.999	1.000	0.989
1.000	1.000	1.000	1.000	0.999

5.2.2 实例分析

在本节中, 我们仍然分析 4.5.2 小节中提过的同卵双胞胎的数据.

在这一部分中，与 Xue (2009) 中缺失 20% 的因变量不同，我们缺失 20% 的协变量 X_{AC}. 我们用 5.2.1 小节中的核函数. 不失一般性，首先把所有原假设为存在 β_{BDP} 和 β_{AC}，使

$$H_0: E(Y|X) = X_{\mathrm{BDP}}\beta_{\mathrm{BDP}} + X_{\mathrm{AC}}\beta_{\mathrm{AC}} \tag{5.2.4}$$

成立，也就是说我们要检验模型是否是线性的. 由于 δ 是随机产生的，所以结果从 2000 次模拟中得到. T_{n1} 和 T_{n2} 的减压 p 值分别为 0.478 和 0.562, 所以原假设 (5.2.4) 不能拒绝 (图 5.2.3).

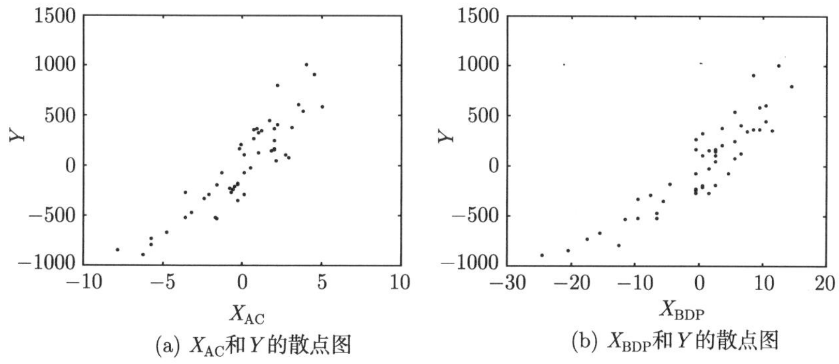

(a) X_{AC}和Y的散点图　(b) X_{BDP}和Y的散点图

图 5.2.3 实际数据的散点图

5.3 定理的证明

下面的条件是第 5.1 节中定理所需要的.

(1) Σ 和 Σ_α 是正定矩阵.

(2) $\pi(Z)$ 有最高 2 阶的有界偏导数.

(3) $\sup E(\varepsilon^2|X=x)<\infty$，$E|X|^4<\infty$，$E|Y|^4<\infty$.

(4) 当 $n\to\infty$ 时，$\sqrt{n}h^2\to 0$，$\sqrt{n}h\to\infty$.

(5) Z 的密度函数 $f(z)$，定义域为 $\mathcal{C}$，存在并且有最高二阶的有界导数，而且满足

$$0<\inf_{z\in\mathcal{C}} f(z)\leqslant \sup_{z\in\mathcal{C}} f(z)<\infty.$$

(6) 连续核函数 $K(\cdot)$ 满足：①$K(\cdot)$ 的定义域为 $[-1,1]$；②$K(\cdot)$ 关于 0 对称；

③ $\int_{-1}^{1} K(u)\mathrm{d}u = 1$，$\int_{-1}^{1} |u|K(u)\mathrm{d}u \neq 0$.

注 5.3.1　条件 (4) 和 (6) 是典型的运用非参数估计的时候为了得到收敛性而设定的条件. 条件 (2) 是在缺失数据研究中一个经常的假定，这个假定在 Sun 和 Wang(2009) 等的文献中也出现过. 条件 (1) 和 (3) 对于最小二乘估计量的渐近正态性是必要的. 设置条件 (5) 是为了避免定理的证明过于复杂，因为没有这个条件，一些分母就可能是 0，我们就需要诉诸于截断技术才能处理.

在证明定理之前，首先给出两个引理.

引理 5.3.1　当满足条件 (1)~(6) 时，在局部备择假设 H_{1n} 下，基于 $\hat{\pi}(z_i)$ 估计的 $\sqrt{n}(\hat{\beta}_N - \beta)$ 的渐近性质如下：

$$\begin{aligned}\sqrt{n}(\hat{\beta}_N - \beta) = & \frac{\Sigma^{-1}}{\sqrt{n}} \sum_{i=1}^{n} \Big(\frac{\delta_i}{\pi(z_i)} \phi(x_i)\eta_i + \frac{\pi(z_i) - \delta_i}{\pi(z_i)} E(\phi(X)\eta | z_j) \Big) \\ & + \Sigma^{-1} C_n \sqrt{n} E(\phi(X)G(X)) \\ & + \Big[\Big(\frac{1}{n} \sum_{i=1}^{n} \frac{\delta_i}{\hat{\pi}(z_i)} \phi(x_i)\phi^{\mathrm{T}}(x_i) \Big)^{-1} - \Sigma^{-1} \Big] C_n \sqrt{n} E(\phi(X)G(X)) \\ & + o_p(1).\end{aligned}$$

证明　注意到

$$\begin{aligned}\sqrt{n}(\hat{\beta}_N - \beta) = & \left\{ \frac{1}{n} \sum_{i=1}^{n} \frac{\delta_i}{\hat{\pi}(z_i)} \phi(x_i)\phi(x_i)^{\mathrm{T}} \right\}^{-1} \frac{1}{\sqrt{n}} \sum_{i=1}^{n} \frac{\delta_i}{\hat{\pi}(z_i)} \phi(x_i)(y_i - \phi(x_i)^{\mathrm{T}}\beta) \\ = & A_1^{-1} A_2,\end{aligned}$$

下面考虑 A_1 和 A_2 的性质. 对于 A_1, 有

$$\begin{aligned}A_1 = & \frac{1}{n} \sum_{i=1}^{n} \frac{\delta_i}{\pi(z_i)} \phi(x_i)\phi(x_i)^{\mathrm{T}} + \frac{1}{n} \sum_{i=1}^{n} \frac{\delta_i}{\pi^2(z_i)} (\pi(z_i) - \hat{\pi}(z_i))\phi(x_i)\phi(x_i)^{\mathrm{T}} \\ = & \Sigma + \frac{1}{n} \sum_{i=1}^{n} \frac{\delta_i}{\pi^2(z_i)} \frac{\sum_{j=1}^{n} (\pi(z_i) - \delta_j) K_h(z_i - z_j)}{nf(z_i)} \phi(x_i)\phi^{\mathrm{T}}(x_i) + o_p(1) \\ = & \Sigma + \frac{1}{n} \sum_{j=1}^{n} \frac{\pi(z_j) - \delta_j}{\pi(z_j)} E(\phi(X)\phi^{\mathrm{T}}(X) | z_j) + o_p(1) \\ = & \Sigma + o_p(1),\end{aligned}$$

其中 $\Sigma = E(\phi(X)\phi^{\mathrm{T}}(X))$.

对于 A_2, 有

$$\begin{aligned}A_2 &= \frac{1}{\sqrt{n}}\sum_{i=1}^n \frac{\delta_i}{\hat{\pi}(z_i)}\phi(x_i)(\eta_i + C_n G(x_i)) \\ &= \frac{1}{\sqrt{n}}\sum_{i=1}^n \frac{\delta_i}{\pi(z_i)}\phi(x_i)(\eta_i + C_n G(x_i)) + \frac{1}{\sqrt{n}}\sum_{i=1}^n \frac{\delta_i}{\pi^2(z_i)}(\pi(z_i) - \hat{\pi}(z_i))\phi(x_i)\eta_i \\ &\quad + \frac{1}{\sqrt{n}}\sum_{i=1}^n \frac{\delta_i}{\pi^2(z_i)}(\pi(z_i) - \hat{\pi}(z_i))\phi(x_i)C_n G(x_i) \\ &= B_1 + B_2 + B_3. \end{aligned} \tag{5.3.1}$$

对于 B_1，显然

$$B_1 = \frac{1}{\sqrt{n}}\sum_{i=1}^n \frac{\delta_i}{\pi(z_i)}\phi(x_i)\eta_i + C_n\sqrt{n}E(\phi(X)G(X)). \tag{5.3.2}$$

对于 B_2 和 B_3，可以得出

$$\begin{aligned}B_2 &= \frac{1}{\sqrt{n}}\sum_{i=1}^n \frac{\delta_i}{\pi^2(z_i)} \frac{\sum_{j=1}^n(\pi(z_i) - \delta_j)K_h(z_i - z_j)}{nf(z_i)}\phi(x_i)\eta_i + o_p(1) \\ &= \frac{1}{\sqrt{n}}\sum_{j=1}^n \frac{\pi(z_j) - \delta_j}{\pi(z_j)}E(\phi(X)\eta|z_j) + o_p(1)\end{aligned} \tag{5.3.3}$$

和

$$B_3 = \frac{C_n}{\sqrt{n}}\sum_{j=1}^n \frac{\pi(z_j) - \delta_j}{\pi(z_j)}E(\phi(X)G(X)|z_j) + o_p(1).$$

注意到以下事实:

$$\begin{aligned}E(B_3) &= C_n\sqrt{n}E\left(\frac{\pi(z_j) - \delta_j}{\pi(z_j)}E(\phi(X)G(X)|z_j)\right) + o_p(1) = o_p(1), \\ \mathrm{Var}(B_3) &= C_n^2 E\left(\frac{\pi(Z) - \delta}{\pi(Z)}E(\phi(X)G(X)|Z)\right)^2 \to 0,\end{aligned}$$

我们可以得出

$$B_3 = o_p(1). \tag{5.3.4}$$

结合式 (5.3.1)∼ 式 (5.3.4) 有

$$A_2 = C_n\sqrt{n}E(\phi(X)G(X)) + \frac{1}{\sqrt{n}}\sum_{i=1}^n \frac{\delta_i\phi(x_i)\eta_i + (\pi(z_i) - \delta_i)E(\phi(X)\eta|z_i)}{\pi(z_i)}.$$

结果就得到

$$\begin{aligned}
&\sqrt{n}(\hat{\beta}_N-\beta)\\
&=\left(\left\{\frac{1}{n}\sum_{i=1}^{n}\frac{\delta_i}{\hat{\pi}(z_i)}\phi(x_i)\phi(x_i)^{\mathrm{T}}\right\}^{-1}-\Sigma^{-1}\right)A_2+\Sigma^{-1}A_2\\
&=\Big(\Big\{\frac{1}{n}\sum_{i=1}^{n}\frac{\delta_i}{\hat{\pi}(z_i)}\phi(x_i)\phi(x_i)^{\mathrm{T}}\Big\}^{-1}-\Sigma^{-1}\Big)C_n\sqrt{n}E(\phi(X)G(X))\\
&\quad+\Sigma^{-1}C_n\sqrt{n}E(\phi(X)G(X))\\
&\quad+\frac{\Sigma^{-1}}{\sqrt{n}}\sum_{i=1}^{n}\left(\frac{\delta_i\phi(x_i)\eta_i+(\pi(z_i)-\delta_i)E(\phi(X)\eta|z_i)}{\pi(z_i)}\right),
\end{aligned}\tag{5.3.5}$$

式 (5.3.5) 中的最后一个等式是根据 $\{n^{-1}\sum_{i=1}^{n}\delta_i\phi(x_i)\phi(x_i)^{\mathrm{T}}/\hat{\pi}(z_i)\}^{-1}-\Sigma^{-1}=o_p(1)$ 和 $n^{-1/2}\sum_{i=1}^{n}\{\delta_i\phi(x_i)\eta_i+(\pi(z_i)-\delta_i)E(\phi(X)\eta|z_i)\}/\pi(z_i)=O_p(1)$ 得到的. 这样，引理 5.3.2 得证.

引理 5.3.2 当条件 (1)~(6) 满足时，在局部备择假设 H_{1n} 下，基于 $\pi(z_i,\hat{\alpha})$ 估计 $\sqrt{n}(\hat{\beta}_P-\beta)$ 的渐近性质满足

$$\begin{aligned}
\sqrt{n}(\hat{\beta}_P-\beta)=&\frac{\Sigma^{-1}}{\sqrt{n}}\sum_{i=1}^{n}\frac{\delta_i}{\pi(z_i,\alpha)}\phi(x_i)\eta_i+\Sigma^{-1}C_n\sqrt{n}E(\phi(X)G(X))\\
&-\Sigma^{-1}E\Big(1-\pi(Z,\alpha)\Gamma E(\phi(X)\eta|Z)\Big)\sqrt{n}(\hat{\alpha}-\alpha)\\
&+\Big[\Big(\frac{1}{n}\sum_{i=1}^{n}\frac{\delta_i}{\pi(z_i,\hat{\alpha})}\phi(x_i)\phi^{\mathrm{T}}(x_i)\Big)^{-1}-\Sigma^{-1}\Big]C_n\sqrt{n}E(\phi(X)G(X))\\
&+o_p(1).
\end{aligned}$$

证明 由于

$$\begin{aligned}
\sqrt{n}(\hat{\beta}_P-\beta)=&\left\{\frac{1}{n}\sum_{i=1}^{n}\frac{\delta_i}{\pi(z_i,\hat{\alpha})}\phi(x_i)\phi(x_i)^{\mathrm{T}}\right\}^{-1}\frac{1}{\sqrt{n}}\sum_{i=1}^{n}\frac{\delta_i}{\pi(z_i,\hat{\alpha})}\phi(x_i)(y_i-\phi(x_i)^{\mathrm{T}}\beta)\\
=&C_1^{-1}C_2,
\end{aligned}$$

我们仅仅需要考察 C_1 和 C_2 的性质. 对于 C_1，注意到 $\sqrt{n}(\hat{\alpha}-\alpha)=O_p(1)$ 和

$$\begin{aligned}
\pi(z_i,\hat{\alpha})-\pi(z_i,\alpha)&=\pi'(z_i,\alpha)(\hat{\alpha}-\alpha)+o_p(n^{-1/2})\\
&=\pi(z_i,\alpha)(1-\pi(z_i,\alpha))\Gamma_i(\hat{\alpha}-\alpha)+o_p(n^{-1/2}),
\end{aligned}$$

因此有

$$\begin{aligned}C_1 =& \frac{1}{n}\sum_{i=1}^{n}\frac{\delta_i}{\pi(z_i,\alpha)}\phi(x_i)\phi(x_i)^{\mathrm{T}}\\&-\frac{1}{n}\sum_{i=1}^{n}\frac{\delta_i}{\pi^2(z_i)}(\pi(z_i,\hat{\alpha})-\pi(z_i,\alpha))\phi(x_i)\phi(x_i)^{\mathrm{T}}+o_p(1)\\=&\Sigma-\frac{1}{n}\sum_{i=1}^{n}\frac{\delta_i}{\pi(z_i,\alpha)}(1-\pi(z_i,\alpha))\Gamma_i(\hat{\alpha}-\alpha)+o_p(1)\\=&\Sigma+o_p(1),\end{aligned}$$

对于 C_2，可以证明

$$\begin{aligned}C_2 =& \frac{1}{\sqrt{n}}\sum_{i=1}^{n}\frac{\delta_i}{\pi(z_i,\alpha)}\phi(x_i)(\eta_i+C_nG(x_i))\\&-\frac{1}{\sqrt{n}}\sum_{i=1}^{n}\frac{\delta_i}{\pi^2(z_i)}(\pi(z_i,\hat{\alpha})-\pi(z_i,\alpha))\phi(x_i)\eta_i\\&-\frac{1}{\sqrt{n}}\sum_{i=1}^{n}\frac{\delta_i}{\pi^2(z_i)}(\pi(z_i,\hat{\alpha})-\pi(z_i,\alpha))\phi(x_i)C_nG(x_i))+o_p(1)\\=&D_1+D_2+D_3+o_p(1).\end{aligned} \tag{5.3.6}$$

下面分别给出 D_1，D_2 和 D_3 的性质. 对于 D_1 有

$$D_1=\frac{1}{\sqrt{n}}\sum_{i=1}^{n}\frac{\delta_i}{\pi(z_i,\alpha)}\phi(x_i)\eta_i+C_n\sqrt{n}E(\phi(X)G(X)). \tag{5.3.7}$$

对于 D_2 有

$$\begin{aligned}D_2 =& \frac{1}{\sqrt{n}}\sum_{i=1}^{n}\frac{\delta_i}{\pi(z_i,\alpha)}(1-\pi(z_i,\alpha))\Gamma_i(\hat{\alpha}-\alpha)\phi(x_i)\eta_i+o_p(1)\\=&E\Big((1-\pi(Z))\Gamma E(\phi(X)\eta|Z)\Big)\sqrt{n}(\hat{\alpha}-\alpha)+o_p(1).\end{aligned} \tag{5.3.8}$$

对于 D_3，容易证明

$$D_3=\frac{C_n}{n}\sum_{i=1}^{n}\frac{\delta_i}{\pi(z_i,\alpha)}(1-\pi(z_i,\alpha))\Gamma_i\phi(x_i)G(x_i)\sqrt{n}(\hat{\alpha}-\alpha)+o_p(1)=o_p(1). \tag{5.3.9}$$

结合式 (5.3.6)~ 式 (5.3.9)，有

$$\begin{aligned}C_2 =& C_n\sqrt{n}E(\phi(X)G(X))+\frac{1}{\sqrt{n}}\sum_{i=1}^{n}\frac{\delta_i}{\pi(z_i,\alpha)}\phi(x_i)\eta_i\\&-E\Big((1-\pi(Z))\Gamma E(\phi(X)\eta|Z)\Big)\sqrt{n}(\hat{\alpha}-\alpha)+o_p(1).\end{aligned}$$

基于以上分析并且注意到 $\{n^{-1}\sum_{i=1}^n \delta_i\phi(x_i)\phi(x_i)^{\mathrm T}/\pi(z_i,\hat\alpha)\}^{-1}-\Sigma^{-1}=o_p(1)$ 和 $n^{-1/2}\sum_{i=1}^n\{\delta_i\phi(x_i)\eta_i/\pi(z_i,\alpha)\}=O_p(1)$，可以得出

$$\begin{aligned}\sqrt{n}(\hat\beta_P-\beta)=&\left[\left\{\frac{1}{n}\sum_{i=1}^n\frac{\delta_i}{\pi(z_i,\hat\alpha)}\phi(x_i)\phi(x_i)^{\mathrm T}\right\}^{-1}-\Sigma^{-1}\right]C_2+\Sigma^{-1}C_2\\=&\frac{\Sigma^{-1}}{\sqrt{n}}\sum_{i=1}^n\frac{\delta_i}{\pi(z_i,\alpha)}\phi(x_i)\eta_i+\Sigma^{-1}C_n\sqrt{n}E(\phi(X)G(X))\\&-\Sigma^{-1}E\Big(1-\pi(Z)\Gamma E(\phi(X)\eta|Z)\Big)\sqrt{n}(\hat\alpha-\alpha)\\&+\left[\left(\frac{1}{n}\sum_{i=1}^n\frac{\delta_i}{\pi(z_i,\hat\alpha)}\phi(x_i)\phi^{\mathrm T}(x_i)\right)^{-1}-\Sigma^{-1}\right]C_n\sqrt{n}E(\phi(X)G(X))\\&+o_p(1).\end{aligned}$$

引理 5.3.3 得证.

定理 5.2.1 的证明　对于 T_{n1}，可以证明

$$\begin{aligned}T_{n1}=&\frac{1}{\sqrt{n}}\sum_{i=1}^n\frac{\delta_i}{\pi(z_i)}(y_i-\phi^{\mathrm T}(x_i)\beta)-\frac{1}{\sqrt{n}}\sum_{i=1}^n\frac{\delta_i}{\pi(z_i)}\phi^{\mathrm T}(x_i)(\hat\beta_N-\beta)\\&+\frac{1}{\sqrt{n}}\sum_{i=1}^n\frac{\delta_i}{\pi^2(z_i)}(\pi(z_i)-\hat\pi(z_i))(y_i-\phi^{\mathrm T}(x_i)\beta)\\&-\frac{1}{\sqrt{n}}\sum_{i=1}^n\frac{\delta_i}{\pi^2(z_i)}(\pi(z_i)-\hat\pi(z_i))\phi^{\mathrm T}(x_i)(\hat\beta_N-\beta)+o_p(1)\\=&\frac{1}{\sqrt{n}}\sum_{i=1}^n\frac{\delta_i\varepsilon_i+(\pi(z_i)-\delta_i)E(\varepsilon|z_i)}{\pi(z_i)}-E(\phi^{\mathrm T}(X))\sqrt{n}(\hat\beta_N-\beta)+o_p(1).\end{aligned}$$

根据

$$\sqrt{n}(\hat\beta_N-\beta)=\frac{\Sigma^{-1}}{\sqrt{n}}\sum_{i=1}^n\frac{\delta_i\phi(x_i)\varepsilon_i+(\pi(z_i)-\delta_i)E(\phi(X)\varepsilon|z_i)}{\pi(z_i)}+o_p(1),$$

有

$$\begin{aligned}T_{n1}=&\frac{1}{\sqrt{n}}\sum_{i=1}^n\frac{\delta_i\varepsilon_i\{1-E(\phi^{\mathrm T}(X))\Sigma^{-1}\phi(x_i)\}}{\pi(z_i)}\\&+\frac{1}{\sqrt{n}}\sum_{i=1}^n\frac{(\pi(z_i)-\delta_i)\{E(\varepsilon|z_i)-E(\phi^{\mathrm T}(X))\Sigma^{-1}E(\phi(X)\varepsilon|z_i)\}}{\pi(z_i)}+o_p(1).\end{aligned}$$

然后通过中心极限定理就可以得到 T_{n1} 的渐近性质.

对于 T_{n2}, 有

$$T_{n2}=\frac{1}{\sqrt{n}}\sum_{i=1}^{n}\frac{\delta_i}{\pi(z_i,\alpha)}(y_i-\phi^{\mathrm{T}}(x_i)\beta)-\frac{1}{\sqrt{n}}\sum_{i=1}^{n}\frac{\delta_i}{\pi(z_i,\alpha)}\phi^{\mathrm{T}}(x_i)(\hat{\beta}_P-\beta)$$
$$-\frac{1}{\sqrt{n}}\sum_{i=1}^{n}\frac{\delta_i}{\pi^2(z_i)}(\pi(z_i,\hat{\alpha})-\pi(z_i,\alpha))(y_i-\phi^{\mathrm{T}}(x_i)\beta)$$
$$+\frac{1}{\sqrt{n}}\sum_{i=1}^{n}\frac{\delta_i}{\pi^2(z_i)}(\pi(z_i,\hat{\alpha})-\pi(z_i,\alpha))\phi^{\mathrm{T}}(x_i)(\hat{\beta}_P-\beta)$$
$$=\frac{1}{\sqrt{n}}\sum_{i=1}^{n}\frac{\delta_i\varepsilon_i}{\pi(z_i,\alpha)}-E(\phi^{\mathrm{T}}(X))\sqrt{n}(\hat{\beta}_P-\beta)$$
$$-E((1-\pi(Z))\mathit{\Gamma} E(\varepsilon|Z))\sqrt{n}(\hat{\alpha}-\alpha)+o_p(1).$$

根据以下等式:

$$\sqrt{n}(\hat{\beta}_P-\beta)=\frac{\mathit{\Sigma}^{-1}}{\sqrt{n}}\sum_{i=1}^{n}\frac{\delta_i\phi(x_i)\varepsilon_i}{\pi(z_i,\alpha)}$$
$$-\mathit{\Sigma}^{-1}E((1-\pi(Z))\mathit{\Gamma} E(\phi(X)\varepsilon|Z))\sqrt{n}(\hat{\alpha}-\alpha)+o_p(1),$$
$$\sqrt{n}(\hat{\alpha}-\alpha)=E(\pi'(Z,\alpha)^{\mathrm{T}}\pi'(Z,\alpha))^{-1}\frac{1}{\sqrt{n}}\sum_{i=1}^{n}\pi'(z_i,\alpha)^{\mathrm{T}}(\delta_i-\pi(z_i,\alpha))+o_p(1),$$

我们得到

$$T_{n2}=\frac{1}{\sqrt{n}}\sum_{i=1}^{n}\frac{\delta_i\varepsilon_i(1-E(\phi^{\mathrm{T}}(X))\mathit{\Sigma}^{-1}\phi(x_i))}{\pi(z_i,\alpha)}$$
$$+\left\{E(\phi^{\mathrm{T}}(X))\mathit{\Sigma}^{-1}M_2-M_1\right\}\mathit{\Sigma}_{\alpha}^{-1}\frac{1}{\sqrt{n}}\sum_{i=1}^{n}\pi'(z_i,\alpha)^{\mathrm{T}}(\delta_i-\pi(z_i,\alpha))+o_p(1).$$

然后通过中心极限定理就可以得到 T_{n2} 的渐近性质.

定理 5.2.2 的证明 在局部备择假设 H_{1n} 下对检验统计量 T_{n1}，有

$$T_{n1}=\frac{1}{\sqrt{n}}\sum_{i=1}^{n}\frac{\delta_i}{\pi(z_i)}\left(y_i-\phi^{\mathrm{T}}(x_i)\hat{\beta}_N\right)+\frac{1}{\sqrt{n}}\sum_{i=1}^{n}\left(\frac{\delta_i}{\hat{\pi}(z_i)}-\frac{\delta_i}{\pi(z_i)}\right)(y_i-\phi^{\mathrm{T}}(x_i)\hat{\beta}_N)$$
$$=I_1+I_2.$$

下面分别考察 I_1 和 I_2 的性质. 对于 I_1 有

$$I_1=\frac{1}{\sqrt{n}}\sum_{i=1}^{n}\frac{\delta_i}{\pi(z_i)}(y_i-\phi^{\mathrm{T}}(x_i)\beta)-\frac{1}{\sqrt{n}}\sum_{i=1}^{n}\frac{\delta_i}{\pi(z_i)}\phi^{\mathrm{T}}(x_i)(\hat{\beta}_N-\beta)$$
$$=\frac{1}{\sqrt{n}}\sum_{i=1}^{n}\frac{\delta_i}{\pi(z_i)}\eta_i+C_n\sqrt{n}E(G(X))-E(\phi^{\mathrm{T}}(X))\sqrt{n}(\hat{\beta}_N-\beta).\quad(5.3.10)$$

对于 I_2，可以证明

$$I_2 = \frac{1}{\sqrt{n}}\sum_{i=1}^{n}\left(\frac{\delta_i}{\hat{\pi}(z_i)} - \frac{\delta_i}{\pi(z_i)}\right)(y_i - \phi^{\mathrm{T}}(x_i)\beta) - \frac{1}{\sqrt{n}}\sum_{i=1}^{n}\left(\frac{\delta_i}{\hat{\pi}(z_i)} - \frac{\delta_i}{\pi(z_i)}\right)\phi^{\mathrm{T}}(x_i)(\hat{\beta}_N - \beta) = I_{21} - I_{22}. \tag{5.3.11}$$

可以证明 I_{21} 满足

$$\begin{aligned} I_{21} &= \frac{1}{\sqrt{n}}\sum_{i=1}^{n}\frac{\delta_i}{\pi^2(z_i)}\frac{\sum_{j=1}^{n}(\pi(z_i) - \delta_j)K_h(z_i - z_j)}{nf(z_i)}(\eta_i + C_nG(x_i)) + o_p(1) \\ &= \frac{1}{\sqrt{n}}\sum_{j=1}^{n}\frac{\pi(z_j) - \delta_j}{\pi(z_j)}E(\eta|z_j) + \frac{C_n}{\sqrt{n}}\sum_{j=1}^{n}\frac{\pi(z_j) - \delta_j}{\pi(z_j)}E(G(X)|z_j) + o_p(1) \\ &= \frac{1}{\sqrt{n}}\sum_{j=1}^{n}\frac{\pi(z_j) - \delta_j}{\pi(z_j)}E(\eta|z_j) + o_p(1), \end{aligned} \tag{5.3.12}$$

最后一个等式是由于第二项的期望和方差都趋于 0.

对于 I_{22}，根据引理 5.3.2 和以下等式

$$\frac{1}{n}\sum_{i=1}^{n}\frac{\delta_i}{\pi^2(z_i)}(\pi(z_i) - \hat{\pi}(z_i))\phi^{\mathrm{T}}(x_i) = \frac{1}{n}\sum_{i=1}^{n}\frac{\pi(z_i) - \delta_i}{\pi(z_i)}E(\phi^{\mathrm{T}}(X)|z_i) + o_p(1) = o_p(1),$$

我们有

$$\begin{aligned} I_{22} &= \frac{1}{n}\sum_{i=1}^{n}\frac{\delta_i}{\pi^2(z_i)}(\pi(z_i) - \hat{\pi}(z_i))\phi^{\mathrm{T}}(x_i)\sqrt{n}(\hat{\beta}_N - \beta) \\ &= \frac{\Sigma^{-1}C_n}{\sqrt{n}}E(\phi(X)G(X))\sum_{i=1}^{n}\frac{\pi(z_i) - \delta_i}{\pi(z_i)}E(\phi^{\mathrm{T}}(X)|z_i) + o_p(1) \\ &= o_p(1), \end{aligned} \tag{5.3.13}$$

其中最后一个等式是由于第一项的期望和方差都趋于 0.

结合式 (5.3.10)～ 式 (5.3.13)，有

$$T_{n1} = \frac{1}{\sqrt{n}}\sum_{i=1}^{n}\frac{\delta_i\eta_i + (\pi(z_i) - \delta_i)E(\eta|z_i)}{\pi(z_i)} + C_n\sqrt{n}E(G(X)) - E(\phi^{\mathrm{T}}(X))\sqrt{n}(\hat{\beta}_N - \beta).$$

如果 $n^{1/2}C_n \to 1$，那么根据引理 5.3.2 可以得到

$$
\begin{aligned}
T_{n1} = & \frac{1}{\sqrt{n}}\sum_{i=1}^{n}\frac{\delta_i\eta_i+(\pi(z_i)-\delta_i)E(\eta|z_i)}{\pi(z_i)}+E(G(X))-E(\phi^{\mathrm{T}}(X)) \\
& \times\left(\frac{\Sigma^{-1}}{\sqrt{n}}\sum_{i=1}^{n}\left(\frac{\delta_i}{\pi(z_i)}\phi(x_i)\eta_i+\frac{\pi(z_i)-\delta_i}{\pi(z_i)}E(\phi(X)\eta|z_i)\right)\right. \\
& \left.+\Sigma^{-1}E(\phi(X)G(X))\right)+o_p(1).
\end{aligned}
$$

如果 $n^rC_n \to a, 0<r<1/2$，那么就得到当 $n\to\infty$ 时，$\sqrt{n}C_n\to\infty$，所以就得到 $T_{n1}\to\infty$.

下面考察 T_{n2} 的渐近性质，注意到

$$
\begin{aligned}
T_{n2} = & \frac{1}{\sqrt{n}}\sum_{i=1}^{n}\frac{\delta_i}{\pi(z_i,\alpha)}(y_i-\phi^{\mathrm{T}}(x_i)\hat{\beta}_P) \\
& +\frac{1}{\sqrt{n}}\sum_{i=1}^{n}\left(\frac{\delta_i}{\pi(z_i,\hat{\alpha})}-\frac{\delta_i}{\pi(z_i,\alpha)}\right)(y_i-\phi^{\mathrm{T}}(x_i)\hat{\beta}_P) \\
= & J_1+J_2,
\end{aligned}
$$

我们只要研究 J_1 和 J_2 的性质即可.

对于 J_1，有

$$
\begin{aligned}
J_1 = & \frac{1}{\sqrt{n}}\sum_{i=1}^{n}\frac{\delta_i}{\pi(z_i,\alpha)}(y_i-\phi^{\mathrm{T}}(x_i)\beta)-\frac{1}{\sqrt{n}}\sum_{i=1}^{n}\frac{\delta_i}{\pi(z_i,\alpha)}\phi^{\mathrm{T}}(x_i)(\hat{\beta}_P-\beta) \\
= & \frac{1}{\sqrt{n}}\sum_{i=1}^{n}\frac{\delta_i}{\pi(z_i,\alpha)}\eta_i+C_n\sqrt{n}E(G(X))-E(\phi^{\mathrm{T}}(X))\sqrt{n}(\hat{\beta}_P-\beta). \quad (5.3.14)
\end{aligned}
$$

对于 J_2, 有

$$
\begin{aligned}
J_2 = & \frac{1}{\sqrt{n}}\sum_{i=1}^{n}\left(\frac{\delta_i}{\pi(z_i,\hat{\alpha})}-\frac{\delta_i}{\pi(z_i,\alpha)}\right)(y_i-\phi^{\mathrm{T}}(x_i)\beta) \\
& -\frac{1}{\sqrt{n}}\sum_{i=1}^{n}\left(\frac{\delta_i}{\pi(z_i,\hat{\alpha})}-\frac{\delta_i}{\pi(z_i,\alpha)}\right)\phi^{\mathrm{T}}(x_i)(\hat{\beta}_P-\beta) \\
= & J_{21}-J_{22}. \quad (5.3.15)
\end{aligned}
$$

可以证明 J_{21} 满足

$$\begin{aligned}J_{21}=&\frac{1}{n}\sum_{i=1}^{n}\frac{\delta_i}{\pi(z_i,\alpha)}(\pi(z_i,\alpha)-1)\Gamma_i\eta_i\sqrt{n}(\hat{\alpha}-\alpha)\\&+\frac{C_n}{n}\sum_{i=1}^{n}\frac{\delta_i}{\pi(z_i,\alpha)}(\pi(z_i,\alpha)-1)\Gamma_iG(x_i)\sqrt{n}(\hat{\alpha}-\alpha)+o_p(1)\\=&-E\Big((1-\pi(Z))\Gamma E(\eta|Z)\Big)\sqrt{n}(\hat{\alpha}-\alpha)+o_p(1),\end{aligned}\tag{5.3.16}$$

其中最后一个等式是由于第二项的期望和方差都趋于 0.

对于 J_{22}，根据引理 5.3.3 可以证明

$$\begin{aligned}J_{22}=&\frac{1}{n}\sum_{i=1}^{n}\frac{\delta_i}{\pi(z_i,\alpha)}(\pi(z_i,\alpha)-1)\Gamma_i\phi^{\mathrm{T}}(x_i)(\hat{\alpha}-\alpha)\sqrt{n}(\hat{\beta}_P-\beta)\\=&\frac{\Sigma^{-1}C_n}{\sqrt{n}}E(\phi(X)G(X))\sum_{i=1}^{n}\frac{\delta_i}{\pi(z_i,\alpha)}(\pi(z_i,\alpha)-1)\Gamma_i\phi^{\mathrm{T}}(x_i)\sqrt{n}(\hat{\alpha}-\alpha)+o_p(1)\\=&o_p(1),\end{aligned}\tag{5.3.17}$$

其中最后一个等式是由于第一项的期望和方差都趋于 0.

结合式 (5.3.14)~ 式 (5.3.17)，有

$$\begin{aligned}T_{n2}=&\frac{1}{\sqrt{n}}\sum_{i=1}^{n}\frac{\delta_i\eta_i}{\pi(z_i,\alpha)}+C_n\sqrt{n}E((G(X))-E(\phi^{\mathrm{T}}(X)))\sqrt{n}(\hat{\beta}_P-\beta)\\&-E\Big((1-\pi(Z))\Gamma E(\eta|Z)\Big)\sqrt{n}(\hat{\alpha}-\alpha)+o_p(1).\end{aligned}$$

如果 $n^{1/2}C_n\to 1$，根据引理 5.3.3 得到

$$\begin{aligned}T_{n2}=&\frac{1}{\sqrt{n}}\sum_{i=1}^{n}\frac{\delta_i\eta_i}{\pi(z_i,\alpha)}+E(G(X))\\&-E(\phi^{\mathrm{T}}(X))\Bigg(\frac{\Sigma^{-1}}{\sqrt{n}}\sum_{i=1}^{n}\frac{\delta_i}{\pi(z_i,\alpha)}\phi(x_i)\eta_i+\Sigma^{-1}E(\phi(X)G(X))\\&-\Sigma^{-1}E(1-\pi(Z,\alpha)\Gamma E(\phi(X)\eta|Z))\sqrt{n}(\hat{\alpha}-\alpha)\Bigg)\\&-E\Big((1-\pi(Z))\Gamma E(\eta|Z)\Big)\sqrt{n}(\hat{\alpha}-\alpha)+o_p(1).\end{aligned}$$

如果 $n^rC_n\to a, 0<r<1/2$，那么当 $n\to\infty$ 时，有 $\sqrt{n}C_n\to\infty$，所以就得到 $T_n\to\infty$. 定理 5.2.2 得证.

第 6 章　响应变量缺失时变系数模型的非参数检验

6.1 引　言

变系数模型是传统回归模型的一个很好的扩展，并且它是追踪动态过程的一个很有用的工具. 变系数模型的基本形式为

$$Y(t) = X(t)^{\mathrm{T}}\beta(t) + \varepsilon(t), \tag{6.1.1}$$

其中 $\{X(t)=(X^{(0)}(t),\cdots,X^{(k)}(t))^{\mathrm{T}}, t\geqslant 0\}$ 是一个 $\mathbf{R}^{k+1}$ 维的协变量过程, $\{Y(t), t\geqslant 0\}$ 是一个实值的结果过程. $\beta(t) = (\beta_0(t),\cdots,\beta_k(t))^{\mathrm{T}}$，其中 $\beta_r(t)$ 是 t 的光滑函数. 假定给定 $X(t)$ 和 t 时 $\varepsilon(t)$ 的条件期望为 0，也就是 $E(\varepsilon(t)|X(t),t) = 0$. 有很多方法可以估计模型 (6.1.1) 中的 $\beta(t)$，比如，Wu 等 (1998) 及 Fan 和 Zhang (1999) 提出的基于核局部多项式光滑法的估计量. Huang 等 (2002) 提出了基函数近似估计，而 Hastie 和 Tibshirani (1993) 提出了罚最小二乘估计. 本章的内容主要来自文献 Xu 和 Guo (2013).

关于所有变量的数据都是完整的时候变系数模型的拟合优度检验问题，许多文献都研究过. 比如，检验原假设：存在 $\beta(\cdot)$，使 $H_0: E(Y|X(t),t) = X(t)^{\mathrm{T}}\beta(t)$ 成立；对备择假设：对于任意的 $\beta(\cdot)$，有 $H_1: E(Y|X(t),t) \neq X(t)^{\mathrm{T}}\beta(t)$，Xu 和 Zhu (2008) 提出了检验 (6.1.1) 中的模型是否适用于拟合数据的方法. 为了检验模型 (6.1.1) 中的协变量效应是否是某种参数形式，也就是说检验原假设

$$H_0: \text{存在 } \theta\in\Theta, \text{使 } I_r^{\mathrm{T}}\beta(\cdot) = I_r^{\mathrm{T}}\beta(\cdot,\theta), \tag{6.1.2}$$

对饱和的备择假设

$$H_1: \text{对任意 } \theta_r\in\Theta, \text{有 } I_r^{\mathrm{T}}\beta(\cdot) \neq I_r^{\mathrm{T}}\beta(\cdot,\theta), \tag{6.1.3}$$

对于 $r = 0,1,\cdots,k$. 其中 I_r 是 $(k+1)\times 1$ 的向量，除了第 $r+1$ 个分量为 1 外，其余分量都为 0. $\beta(t,\theta) = (\beta_0(t,\theta_0),\cdots,\beta_k(t,\theta_k))^{\mathrm{T}}$. Fan 和 Zhang (2000) 基于估计的参数系数方程和非参数系数方程中的最大导数构造了检验 (6.1.2) 中原假设的统计量. Huang，Wu，Zhou (2002) 提出了当假设 (6.1.2) 中的 $\beta_r(t,\theta_r)(r = 0,1,\cdots,k)$ 是常数或 0 时的检验统计量. Xu 和 Zhu (2009) 构造了一个基于经验过程的统计量来检验拟合优度问题，他们的检验统计量对于所有的全局备择假设具有一致性，并且能在 $n^{-1/2}$ 的速率上区分原假设与局部备择假设.

然而由于各种各样的原因，如不可抗因素导致的信息丢失，一些被调查者不愿提供所需要的信息等，经常导致因变量的数据有缺失. 一些文献也已经研究过当因变量数据有缺失时模型的拟合优度检验问题. 比如，Sun (2009) 提出了两个基于经验过程的统计量来检验因变量缺失时部分线性模型是否适合用来拟合数据. Xu (2011) 用归因和边际逆概率加权方法构造了两个完整数据集，并且基于此提出了检验部分线性模型中非参数方程是否是某种参数形式的方法. Xu 和 Zhu (2012) 提出了一个在因变量缺失时变系数模型是否适合用来拟合数据的方法，也就是检验原假设 H_0 : 存在$\beta(t)$, 使$E(Y|X(t),t)=X(t)^{\mathrm{T}}\beta(t)$. 然而就我们所知，很少有文献研究检验 (6.1.2) 中的原假设对 (6.1.3) 中的备择假设问题.

检验模型 (6.1.1) 中的非参数部分是否是某种参数形式是一个很有意义的问题. Xu 和 Zhu (2009) 关于在完整数据情况下的检验方法不能直接应用于有缺失数据的情形. 为了解决这个问题，我们首先运用归因和逆概率加权法构造了两个完整的数据集，并且分别基于这两个数据集提出了两个基于经验过程的检验. 由于检验统计量在原假设下的分布是很难得出的，我们用蒙特卡罗方法来近似统计量在原假设下的分布. 蒙特卡罗方法的一个优点是: 不需要对统计量进行标准化因为它们是自不变的.

6.2 检验统计量的构造

假设相应变量 Y 是随机缺失 (MAR) 的. 具体地说，对于模型 (6.1.1)，MAR 机制的含义是 $P(\delta=1|Y,X,t)=P(\delta=1|X,t)$. 这里 δ 是一个指示变量，当 Y 观测到时，$\delta=1$，当 Y 缺失时，$\delta=0$. MAR 是分析缺失数据时一个通常的假定 (参考 Little 和 Rubin (1987) 及 Wang，Lindon，Härdle (2004)) 并且许多实际情况也都与这个假定吻合. 依模型 (6.1.1) 产生的一个有缺失数据的数据集表示为 $\{(y_i,x_i,t_i,\delta_i);i=1,\cdots,n\}$, 其中 t_i 是第 i 个个体的测量时间，$y_i\equiv Y(t_i)$，$x_i\equiv X(t_i)=(X^{(0)}(t_i),\cdots,X^{(k)}(t_i))^{\mathrm{T}}\equiv(X_i^{(0)},\cdots,X_i^{(k)})^{\mathrm{T}}$ 是时间为 t_i 时第 i 个个体的相应变量观测值和协变量观测值.

分别回归和逆概率加权的方法，我们构造了两个完整数据集:

$$(\hat{y}_{ik},\delta_i,x_i,t_i),\quad i=1,2,\cdots,n,\ k=1,2,$$

其中

$$\hat{y}_{i1}=\delta_i y_i+(1-\delta_i)x_i^{\mathrm{T}}\hat{\beta}(t_i), \tag{6.2.1}$$

$$\hat{y}_{i2}=\frac{\delta_i}{\hat{\Delta}_t(t_i)}y_i+\left(1-\frac{\delta_i}{\hat{\Delta}_t(t_i)}\right)x_i^{\mathrm{T}}\hat{\beta}(t_i), \tag{6.2.2}$$

这里 $\hat{\beta}(t)$ 是 $\beta(t)$ 的估计值，在后面会详细说明.

$\hat{\Delta}_t(t)=\sum_{j=1}^n\delta_jK_h(t-t_j)/\sum_{j=1}^nK_h(t-t_j)$，其中 $K_h(t-t_j)=K((t-t_j)/h)/h$ 是 $\Delta_t(t)=P(\delta=1|t)$ 的估计量. $K(\cdot)$ 是核函数，h 是带宽. 令 $Z(t)=\{E(XX^{\mathrm{T}}|T=t\}^{-1}XY$，那么对于模型 (6.1.1)，由于 $E(Z(t)|T=t)=\beta(t)$，所以系数的部分可以看成下面的模型中的回归量:

$$Z(t)=\beta(t)+\zeta,$$

其中 $E(\zeta|T)=0$. 在原假设下，

$$\beta(t)-\beta(t,\theta)=E[(Z(t)-\beta(t,\theta))|t]=0. \tag{6.2.3}$$

根据式 (6.2.3)，原假设成立当且仅当对于任意的 t，有

$$E[(Z(t)-\beta(t,\theta))I(T\leqslant t)]=0, \tag{6.2.4}$$

令 $S(t)=E(XX^{\mathrm{T}}|T=t)$，$\hat{S}(t)$ 和 $\hat{\theta}$ 分别表示 $S(t)$ 和 θ 的估计量，其形式会在后面详细说明. 另外，定义 $\hat{Z}_{ik}=\hat{S}^{-1}(t_i)x_i\hat{y}_{ik}$ 和 $Z_i=S^{-1}(t_i)x_ix_i^{\mathrm{T}}\beta(t_i)$. 式 (6.2.4) 等号左边的经验形式可以表示为

$$R_{nk}=\frac{1}{\sqrt{n}}\sum_{i=1}^n(\hat{Z}_{ik}-\beta(t_i,\hat{\theta}))I(t_i\leqslant t),\quad k=1,2. \tag{6.2.5}$$

基于式 (6.2.5)，可以构造检验统计量为

$$T_{nk}=\int(R_{nk}(T))^2\mathrm{d}F_n(t),\quad k=1,2,$$

其中 F_n 是基于 $\{t_1,\cdots,t_n\}$ 的经验分布. 当 $T_{nk}(k=1,2)$ 足够大时，我们就可以拒绝原假设.

下面给出 $\beta(t)$ 和 $\hat{\beta}(t)$ 的估计量. 对于缺失响应变量的模型 (6.1.1)，$\beta(T)=(E(\delta XX^{\mathrm{T}}|T))^{-1}E(\delta XY|T)$，这个式子是建立在 $E(\delta XX^{\mathrm{T}}|T=t)$ 对于任意 t 的是可逆的的假设基础上. 为了表述方便，定义 $S_1(t)=E(\delta XX^{\mathrm{T}}|T=t)$，$G_1(t)=E(\delta XY|T=t)$. 用 $\hat{S}_1(t)$ 和 $\hat{G}_1(t)$ 分别表示 $S_1(t)$ 和 $G_1(t)$ 的估计量，那么它们的具体形式分别为

$$\hat{f}(t_i)=\frac{1}{n}\sum_{j=1}^nK_h(t_i-t_j),$$

$$\hat{S}_1(t_i)=\frac{1}{n}\sum_{j=1}^n\delta_jx_jx_j^{\mathrm{T}}K_h(t_i-t_j)/\hat{f}(t_i),$$

$$\hat{G}_1(t_i)=\frac{1}{n}\sum_{j=1}^n\delta_jx_jy_jK_h(t_i-t_j)/\hat{f}(t_i),$$

对于 $i=1,\cdots,n$. 因此最后得到的估计量就是，对于 $i=1,\cdots,n$，

$$\hat{\beta}(t_i)=(\hat{S}_1(t_i))^{-1}\hat{G}_1(t_i).$$

估计量 $\hat{S}(t)$ 可以表示为

$$\hat{S}(t_i)=\frac{1}{n}\sum_{j=1}^{n}x_jx_j^{\mathrm{T}}K_h(t_i-t_j)/\hat{f}(t_i).$$

θ 的最小二乘估计量 $\hat{\theta}$ 定义为

$$\hat{\theta}=\arg\min_{\theta}\frac{1}{n}\sum_{i=1}^{n}(\hat{Z}_{ik}-\beta(t_i,\theta))^{\mathrm{T}}(\hat{Z}_{ik}-\beta(t_i,\theta)),$$

其中 $\hat{\theta}$ 对于 $k=1$，2 可能不同但是为了不失一般性，我们仍用同一个符号 $\hat{\theta}$ 表示.

6.3 统计量的渐近性质

我们下面给出 $R_{nk}(t)$ 和 $T_{nk}(k=1,2)$ 的渐近性质. 定义

$$\begin{aligned}
&\Gamma_1(\tilde{\delta},\tilde{t},\tilde{y},\tilde{x})=S_1^{-1}(\tilde{t})\tilde{\delta}\tilde{x}(\tilde{y}-\tilde{x}^{\mathrm{T}}\beta(\tilde{t})),\\
&\Gamma_2(\tilde{\delta},\tilde{t},\tilde{y},\tilde{x})=\left(S_1^{-1}(\tilde{t})-S^{-1}(\tilde{t})S_2(\tilde{t})S_1^{-1}(\tilde{t})+\frac{S^{-1}(\tilde{t})}{\Delta_t(\tilde{t})}\right)\tilde{\delta}\tilde{x}(\tilde{y}-\tilde{x}^{\mathrm{T}}\beta(\tilde{t})),\\
&J_1(\tilde{\delta},\tilde{t},\tilde{y},\tilde{x};t)=\Gamma_1(\tilde{\delta},\tilde{t},\tilde{y},\tilde{x})I(\tilde{t}\leqslant t),\\
&J_2(\tilde{\delta},\tilde{t},\tilde{y},\tilde{x};t)=\Gamma_2(\tilde{\delta},\tilde{t},\tilde{y},\tilde{x})I(\tilde{t}\leqslant t),\\
&L_1(\tilde{\delta},\tilde{t},\tilde{y},\tilde{x};t)=J_1(\delta_j,t_j,y_j,x_j;t)-U(t)\Sigma_\theta^{-1}g^{\mathrm{T}}(\tilde{t},\theta)\Gamma_1(\tilde{\delta},\tilde{t},\tilde{y},\tilde{x}),\\
&L_2(\tilde{\delta},\tilde{t},\tilde{y},\tilde{x};t)=J_2(\delta_j,t_j,y_j,x_j;t)-U(t)\Sigma_\theta^{-1}g^{\mathrm{T}}(\tilde{t},\theta)\Gamma_2(\tilde{\delta},\tilde{t},\tilde{y},\tilde{x}),
\end{aligned}$$

这里的 $S_2(t)=E(\delta XX^{\mathrm{T}}/\Delta_t(t)|T=t)$, $U(t)=E(g(T,\theta)I(T\leqslant t))$，其中 $g(t,\theta)=\mathrm{grad}_\theta(\beta(t,\theta))$，$\Sigma_\theta=E(g^{\mathrm{T}}(T,\theta)g(T,\theta))$.

定理 6.3.1 当 6.6 节中条件成立，在原假设下有：在 Skorohod 空间 $D[-\infty,+\infty]$ 上，

$$R_{nk}(t)=\frac{1}{\sqrt{n}}\sum_{j=1}^{n}L_k(\delta_j,t_j,y_j,x_j;t)+o_p(1),\quad k=1,2$$

依分布收敛于 $R_k(t)$，其中 $R_k(t)$ 是一个中心化的连续高斯过程，并且对于任意的 t_1 和 t_2 具有如下的协方差方程：

$$\mathrm{Cov}(R_k(t_1),R_k(t_2))=E(L_k(\delta,Y,X,T;t_1)L_k(\delta,Y,X,T;t_2)),\quad k=1,2.$$

因此，T_{nk} 依分布收敛与 $T_k := \int (R_k(t))^2 \mathrm{d}F(t)(k=1,2)$，其中 $F(\cdot)$ 是 T 的分布函数.

我们下面考察检验统计量对于一系列具有如下形式的局部备择假设的敏感性:

$$H_{1n}: \beta(t) = \beta(t,\theta) + C_n G(t),$$

其中方程 $G(\cdot)$ 满足 $E(G^2(T)) < \infty$. 定义

$$\tilde{f}(t) = E(G(T)I(T \leqslant t)) - U(t)\Sigma_\theta^{-1}E(g^{\mathrm{T}}(T,\theta)G(T)),$$

我们有如下定理.

定理 6.3.2 当 6.6 节中条件成立时，在局部备择假设 H_{1n} 下，如果 $C_n\sqrt{n} \to 1$，那么 R_{nk} 依分布收敛于 $R_k(t) + \tilde{f}(t)(k=1,2)$，其中 $\tilde{f}(t)$ 是一个非随机的转换方程; T_{nk} 依分布收敛于 $\int (R_k(t) + \tilde{f}(t))^2 \mathrm{d}F(t)$. 如果 $n^r C_n \to a$, $0 < r < 1/2$，那么 T_{nk} 收敛于 ∞.

定理 6.3.2 表明我们的检验统计量具有如下特征: ①对于以速率 $n^{-r}(0 < r < 1/2)$ 趋近于原假设的局部备择假设，检验统计量的渐近功效为 1; ②对于以速率 $n^{-1/2}$ 趋近于原假设的局部备择假设，这个检验同样可以区分，这是失拟检验中能达到的最快速率.

6.4 蒙特卡罗近似

从定理 6.3.1 知 $R_{nk}(t)$ 的渐近协方差阵是存在的，但是计算 T_{nk} 的协方差却很复杂. Zhu (2005) 和 Zhu，Neuhaus (2000) 提出的非参数的蒙特卡罗方法是一种近似这种统计量在原假设下的渐近分布的很好的方法. 这种近似有一个好的性质就是: 检验过程是自尺度不变的，因此不需要通过标准化就能够得到检验的 p 值.

用蒙特卡罗方法得到检验 p 值的过程如下.

算法 6.4.1

(1) 产生独立的均值为 0 方差为 1 的随机变量 $e_i(i=1,2,\cdots,n)$. 令 $E_n := (e_1,\cdots,e_n)$ ，定义 R_{nk} 的条件表达式为

$$\tilde{R}_{nk}(E_n,t) = \frac{1}{\sqrt{n}}\sum_{i=1}^{n} e_i \hat{L}_k(\delta_i,t_i,y_i,x_i;t),$$

其中 $\hat{L}_k(\delta_i,Y_i,X_i,T_i;t)$ 是 $L_k(\delta_i,t_i,y_i,x_i;t)$ 的估计量，可以具体表示为

$$\hat{L}_k(\delta_i,t_i,y_i,x_i;t) = \hat{\varGamma}_k(\delta_i,t_i,y_i,x_i)I(t_i \leqslant t) - \hat{U}(t_i)\hat{\Sigma}_\theta^{-1}\hat{\varGamma}_k(\delta_i,t_i,y_i,x_i),$$

其中 $\hat{U}(t_i)$, $\hat{\Sigma}$ 和 $\hat{\Gamma}_k(\delta_i, t_i, y_i, x_i)$ 分别是 $U(t_i)$，Σ 和 $\Gamma_k(\delta_i, t_i, y_i, x_i)(k=1,2)$ 的估计量，也就是

$$
\begin{aligned}
\hat{U}(t_i) &= \frac{1}{n}\sum_{j=1}^{n} g(t_j, \hat{\theta}) I(t_j \leqslant t_i), \\
\hat{\Sigma}_\theta &= \frac{1}{n}\sum_{j=1}^{n} g^{\mathrm{T}}(t_j, \hat{\theta}) g(t_j, \hat{\theta}), \\
\hat{\Gamma}_1(\delta_i, t_i, y_i, x_i) &= \hat{S}_1^{-1}(t_i)\delta_i x_i (y_i - x_i^{\mathrm{T}}\hat{\beta}(t_i)), \\
\hat{\Gamma}_2(\delta_i, t_i, y_i, x_i) &= \left(\hat{S}_1^{-1}(t_i) - \hat{S}^{-1}(t_i)\hat{S}_2(t_i)\hat{S}_1^{-1}(t_i) + \frac{\hat{S}^{-1}(t_i)}{\hat{\Delta}_t(t_i)}\right) \\
&\quad \times \delta_i x_i (y_i - x_i^{\mathrm{T}}\hat{\beta}(t_i)).
\end{aligned}
$$

那么得到的条件检验统计量为

$$
\tilde{T}_{nk}(E_n) = \int \tilde{R}_{nk}(E_n, t)^2 \mathrm{d}F_n(t).
$$

(2) 产生 m 个 E_n 这样的集合，表示为 $E_n^{(i)}, i = 1, \cdots, m$ 并且得到 m 个 $\widetilde{T}_{nk}^{E}(E_n)$ 的值，表示为 $\widetilde{T}_{nk}^{E}(E_n^{(i)}), i = 1, \cdots, m, k = 1, 2$.

(3) 检验的 p 就可以用 $\hat{p}_k = n_k/(m+1)$ 来估计了，其中 n_k 是 $\widetilde{T}_{nk}(E_n^{(i)})$ 的个数，它大于或者等于 T_{nk}. 给定显著性水平 α，当 $\hat{p}_k \leqslant \alpha$ 时，就可以拒绝原假设.

Zhu (2005) 给出了非参数蒙特卡罗检验的详细讨论. 在以上计算原假设下的极限分布的算法当中，我们确实希望不管数据是从原假设还是备择假设的模型中产生，$\widetilde{T}_{nk}(E_n)$ 的条件分布都可以很好地近似检验 p 值. 但是由于数据背后的分布是未知的，用蒙特卡罗方法算出来的条件分布可能跟统计量在原假设下的实际分布相差很大. 如果这样，蒙特卡罗方法得到的检验 p 值就是不准确的，检验的效率也会很低. 然而下面的定理 6.4.1 表明基于蒙特卡罗近似的条件分布可以在一定程度上避免这个问题.

定理 6.4.1　当定理 6.3.1 中条件满足时，不管是在原假设还是局部备择假设下，我们有对于几乎所有的序列

$$
\{(y_1, \delta_1, x_1, t_1), \cdots, (y_n, \delta_n, x_n, t_n), \cdots\},
$$

$\tilde{T}_{nk}(E_n)$ 的条件分布收敛于 $T_{nk}(k=1,2)$ 在原假设下的极限分布.

从构造式 (6.2.1) 和式 (6.2.2) 中的完整数据集的过程可以看出，二者的区别在于使用的 $\Delta_t(t)$ 的估计量不同. 由于式 (6.2.2) 中的 $\hat{y}_{i2}$ 包含了 $\Delta_t(\cdot)$ 的估计，所以数据集 $\hat{y}_{i2}$ 在 t 的支撑的边缘上可能不太稳定. 此外，式 (6.2.1) 中的数据集 $\hat{y}_{i1}$ 可能用了比 $\hat{y}_{i2}$ 更少的有关缺失数据的信息. 当 $\Delta_t(t) = 1$ 并且不需要进行估计时，

式 (6.2.1) 中产生的完整数据集在总体水平上和式 (6.2.2) 是相同的，在其他情况下二者都是不同的. 根据定理 6.3.1∼ 定理 6.4.1 中有关 $T_{nk}(k=1,2)$ 的性质，我们可以很清楚地看到即使在 $\Delta_t(t)=1$ 并且需要估计时，这两个统计量的渐近性质都是相同的. 模拟研究也表明这两个统计量的表现是很类似的.

6.5 数据分析

6.5.1 模拟研究

为了检验统计量的经验功效，我们用的核函数是 Epanechnikov 核函数，它的形式为 $K(u)=(15/16)(1-u^2)^2I_{|u|\leqslant 1}$ (Härdle，Mammen，1993) 为了选择一个满足 6.6 节中条件 (4) 的带宽，我们用 $h=\hat{\sigma}(T)n^{-1/3}$，其中 $\hat{\sigma}(T)$ 是 T 的标准差的估计. 显然这个带宽 h 具有 $n^{-1/3}$ 的速率，然而就像 Stute 和 Zhu (2005) 指出的那样，统计检验中的最佳带宽选择问题仍然是一个开放式问题，并且值得进一步研究.

从以下模型中产生数据

$$Y_i=\beta_0(t_i)+\beta_1(t_i)X^{(1)}(t_i)+\varepsilon_i\ (i=1,\cdots,n).$$

这里变量 T 是一个 $[0,1]$ 上均匀分布的变量，协方差函数 $X^{(1)}(t)$ 是一个均值为 0 方差为 $1+t/10$ 的正态随机变量，误差项 ε 服从均值为 0 方差为 0.40 的正态分布. 对于 $\beta_0(t)$ 和 $\beta_1(t)$，我们用下面的系数曲线

$$\beta_0(t)=\exp(-t)+a_1\cos(2\pi t),\quad \beta_1(t)=t+a_2\sin(2\pi t).$$

考虑以下三种缺失机制.

情形 1 $\pi_1(X,t)=P(\delta=1|X(t)=x(t),T=t)=0.70+0.25(||x(t)-1||+|t-0.5|)$, 如果 $||x(t)-1||+|t-0.5|\leqslant 1.5$；$\pi_1(X,t)=0.90$，其他.

情形 2 $\pi_2(X,t)=P(\delta=1|X(t)=x(t),T=t)=0.93-0.12(||x(t)-1||+|t-0.5|)$, 如果 $||x(t)-1||+|t-0.5|\leqslant 3.5$；$\pi_2(X,t)=0.20$，其他.

情形 3 $\pi_3(X,t)=P(\delta=1|X(t)=x(t),T=t)=0.60$ 对于所有的 $x(t)$ 和 t.

以上三种不同缺失机制的数据完整率分别为 0.90，0.74 和 0.60.

令 $\Phi_1=\{\beta_0(\cdot)\equiv\exp(-\theta_1 t)\}$，$\Phi_2=\{\beta_0(\cdot)\equiv\theta_2 t\}$ 分别表示指数方程族和线性方程族. 考虑检验如下三个原假设：

$H_{\rm a}:\beta_0(t)=\exp(-\theta_1 t)\in\Phi_1$ 和 $\beta_1(t)=\theta_1 t\in\Phi_2$;

$H_{\rm b}:\beta_0(t)=\exp(-\theta_1 t)\in\Phi_1$;

$H_{\rm c}:\ \beta_1(t)=\theta_1 t\in\Phi_2$.

显然原假设 $H_{\rm a}$ 成立当且仅当 $a_1 = 0$ 并且 $a_2 = 0$，$H_{\rm b}$ 成立当且仅当 $a_1 = 0$，$H_{\rm c}$ 成立当且仅当 $a_2 = 0$. 我们考察在 a_1 和 a_2 取不同值时检验的功效：对于 $H_{\rm a}$，分别取 $(a_1, a_2) = \{(0.0, 0.0), (0.1, 0.1), \cdots, (1.0, 1.0)\}$；对于 $H_{\rm b}$，分别取 $a_1 = 0.0, 0.1, \cdots, 1.0$；对于 $H_{\rm c}$，分别取 $a_2 = 0.0, 0.1, \cdots, 1.0$. 每一个结果都是通过 1000 个模拟样本得到的，对每一个样本，通过蒙特卡罗方法产生 500 个参考数据集，并进一步得到近似分布. 检验的显著性水平为 $\alpha = 0.05$.

所有的模拟结果都画在图 6.5.1～ 图 6.5.3 中，这三幅图分别对应关于 $H_{\rm a}$, $H_{\rm b}$ 和 $H_{\rm c}$ 的检验. 为了能更清楚地看到检验统计量的模拟结果，检验在原假设和备择假设下的功效列在表 6.5.1 中. 我们可以看到统计量可以维持需要的显著性水平，检验的功效很好并且对备择假设也很敏感. 从这些图中还可以看出，$n = 200$ 时的检验功效普遍高于 $n = 100$；a_1 和 a_2 的值越大，检验的效率也就越高. 另外，从第一种缺失机制到第二种再到第三种，检验的效率是依次递减的.

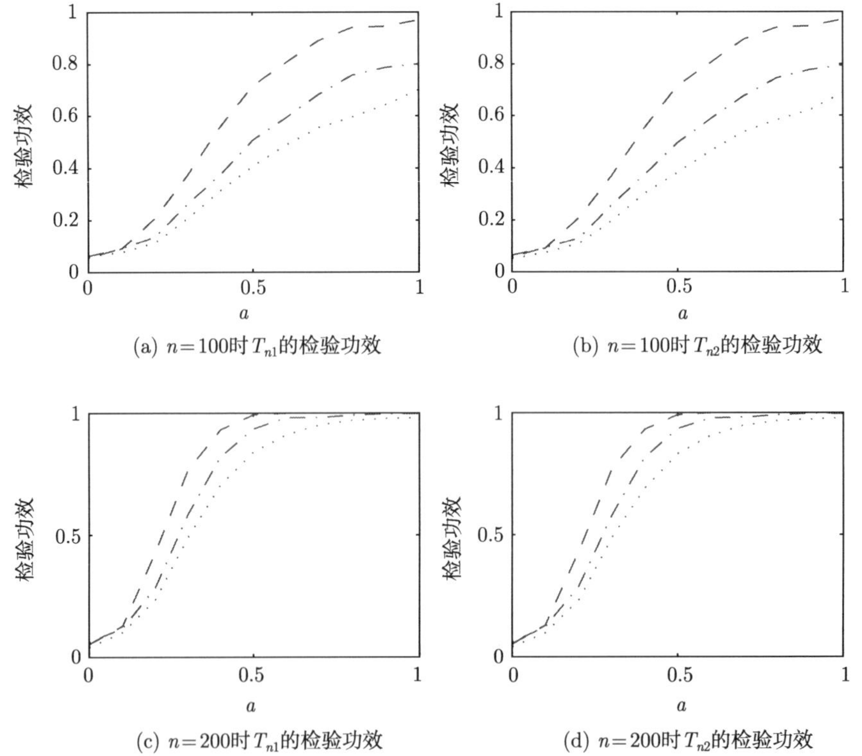

(a) $n=100$时T_{n1}的检验功效　(b) $n=100$时T_{n2}的检验功效

(c) $n=200$时T_{n1}的检验功效　(d) $n=200$时T_{n2}的检验功效

图 6.5.1　$n = 100$ 和 $n = 200$ 时，统计量检验原假设 $H_{\rm a}$ 的检验功效

双画线表示第一种缺失机制，点画线表示第二种缺失机制，虚线表示第三种缺失机制. 检验的原假设是

$$H_{\rm a} : \beta_0(t) = \exp(-\theta_1 t) \in \varPhi_1 \text{并且} \beta_1(t) = \theta_1 t \in \varPhi_2$$

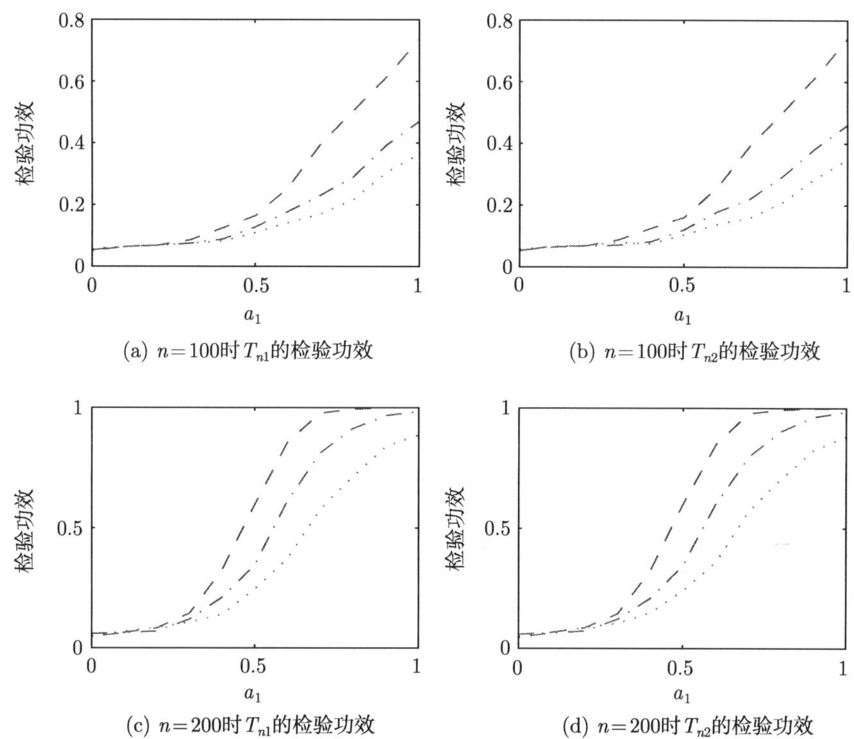

(a) $n=100$时T_{n1}的检验功效 (b) $n=100$时T_{n2}的检验功效

(c) $n=200$时T_{n1}的检验功效 (d) $n=200$时T_{n2}的检验功效

图 6.5.2 $n = 100$ 和 $n = 200$ 时，统计量检验原假设 H_{b} 的检验功效

双画线表示第一种缺失机制，点画线表示第二种缺失机制，虚线表示第三种缺失机制. 检验的原假设是

$$H_{\mathrm{b}}: \beta_0(t) = \exp(-\theta_1 t) \in \varPhi_1$$

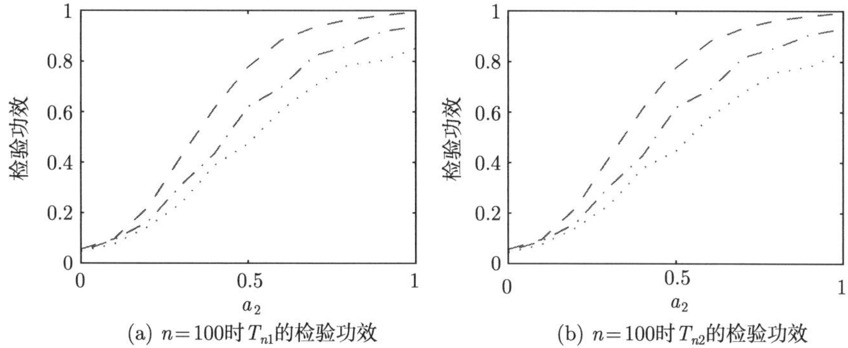

(a) $n=100$时T_{n1}的检验功效 (b) $n=100$时T_{n2}的检验功效

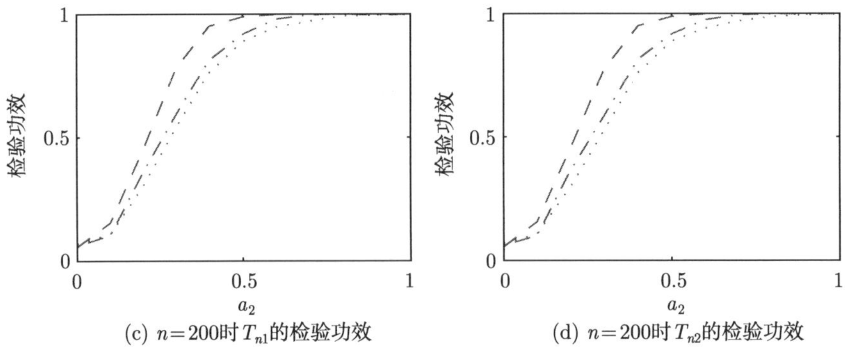

(c) $n=200$时T_{n1}的检验功效　(d) $n=200$时T_{n2}的检验功效

图 6.5.3　$n=100$ 和 $n=200$ 时，统计量检验原假设 H_c 的检验功效

双画线表示第一种缺失机制，点画线表示第二种缺失机制，虚线表示第三种缺失机制. 检验的原假设是

$$H_c:\beta_1(t)=\theta_1 t\in\Phi_2$$

表 6.5.1　检验统计量分布在原假设 H_a，H_b 和 H_c 下的功效

		$n=100$			$n=200$		
		$\pi_1(X,t)$	$\pi_2(X,t)$	$\pi_3(X,t)$	$\pi_1(X,t)$	$\pi_2(X,t)$	$\pi_3(X,t)$
H_a	T_{n1}	0.062	0.055	0.060	0.053	0.062	0.040
	T_{n2}	0.064	0.056	0.050	0.053	0.061	0.042
H_b	T_{n1}	0.052	0.049	0.056	0.060	0.046	0.049
	T_{n2}	0.052	0.050	0.056	0.059	0.045	0.049
H_c	T_{n1}	0.057	0.048	0.048	0.056	0.060	0.069
	T_{n2}	0.058	0.051	0.045	0.055	0.061	0.070

我们对 T 为自由度为 1 的卡方分布 $\chi^2(1)$，和均值为 1 的指数分布 $\exp(1)$ 时的情况进行模拟研究. 在第一种缺失机制 $\pi_1(X,t)$ 下，检验 H_c : $\beta_1(t)=\theta_1 t\in\Phi_2$，检验的结果呈现在表 6.5.2 中. 我们可以看到 T_{n1} 和 T_{n2} 的表现是很类似的，不管 T 是从 $\chi^2(1)$ 还是 $\exp(1)$ 中产生的，两个统计量都能很好地区分备择假设. 另外当 T 服从 $\chi^2(1)$ 时的检验效果比 $\exp(1)$ 时好.

表 6.5.2　原假设为 H_c，缺失机制为 $\pi_1(X,t)$ 时的模拟结果

a	$T\sim\chi^2(1)$				$T\sim\exp(1)$			
	$n=100$		$n=200$		$n=100$		$n=200$	
	T_{n1}	T_{n2}	T_{n1}	T_{n2}	T_{n1}	T_{n2}	T_{n1}	T_{n2}
0.00	0.068	0.067	0.064	0.065	0.060	0.058	0.057	0.058
0.10	0.172	0.170	0.230	0.230	0.139	0.136	0.230	0.230
0.20	0.249	0.253	0.360	0.365	0.209	0.211	0.315	0.323
0.30	0.363	0.362	0.470	0.471	0.292	0.289	0.386	0.387
0.40	0.398	0.398	0.582	0.586	0.364	0.361	0.424	0.422

续表

a	$T\sim\chi^2(1)$				$T\sim\exp(1)$			
	$n=100$		$n=200$		$n=100$		$n=200$	
	T_{n1}	T_{n2}	T_{n1}	T_{n2}	T_{n1}	T_{n2}	T_{n1}	T_{n2}
0.50	0.476	0.477	0.658	0.661	0.425	0.424	0.557	0.556
0.60	0.558	0.561	0.732	0.742	0.442	0.442	0.570	0.575
0.70	0.591	0.590	0.784	0.782	0.449	0.452	0.649	0.641
0.80	0.650	0.653	0.826	0.827	0.528	0.520	0.674	0.675
0.90	0.655	0.662	0.850	0.830	0.566	0.567	0.716	0.712
1.00	0.660	0.663	0.852	0.854	0.568	0.576	0.762	0.760

6.5.2 应用于一个环境数据

我们将检验方法应用于一个环境数据. 这个数据集包括的变量有：香港 1994 年 1 月 1 日到 1995 年 12 月 31 日之间医院日接待人次 (Y)，污染物二氧化硫水平 X_1 (单位 μg/m^3)，二氧化氮水平 X_2(单位 μg/m^3) 和粉尘水平 X_3(单位 μg/m^3). 一些文献中，比如，Fan 和 Zhang (2000) 研究过污染物水平和医院日接待人次之间的关系以及这种关系随时间有多大程度的变化. 他们考虑因变量 Y 和协变量 X_1，X_2，X_3 之间的关系. 用 $X_0\equiv 1$ 表示截距项，t 表示时间. 将三个污染物水平变量中心化，并且为了表述方便，标准化之后的变量仍用 X_2，X_3，X_4 表示. 考虑用下面的模型来拟合数据：

$$Y=\beta_0(t)+\beta_1(t)X_1+\beta_2(t)X_2+\beta_3(t)X_3+\varepsilon. \tag{6.5.1}$$

由于已经中心化，所以截距可以解释为当污染物都处于它们的均值水平时，医院每天接待人次的期望.

在这里通过以下三种不同的机制来使相应变量缺失，并以此来验证我们的方法.

情形 1 $\tilde{\pi}_1(X,t)=0.70+0.25(||x(t)-1||+|t-0.5|)$，如果 $||x(t)-1||+|t-0.5|\leqslant 1.5$；$\tilde{\pi}_1(X,t)=0.90$，其他.

情形 2 $\tilde{\pi}_2(X,t)=0.73-0.52(||x(t)-1||+|t-0.5|)$，如果 $||x(t)-1||+|t-0.5|\leqslant 3.5$；$\tilde{\pi}_2(X,t)=0.80$，其他.

情形 3 $\tilde{\pi}_3(X,t)=0.80$ 对于所有的 $x(t)$ 和 t.

我们的目标是检验 (6.5.1) 中的 $\beta_i(t)(i=0,1,2,3)$ 是否会随时间变化，也就是检验存在常数 a_i (i=0, 1, 2, 3)，使 $H_{i0}:\beta_i(t)=a_i$ 成立. 计算结果归纳在表 6.5.3 中这个结果和 Fan 和 Zhang (2000) 基本类似. 另外可以看出，对于三个不同的缺失机制都有如下结论：在 0.05 的显著性水平上，X_1 和 X_3 是不显著的，而 X_2 具有统计上的显著性.

表 6.5.3 当系数方程实际上是随时间变化时检验的 p 值

	检验	$\beta_0(t)$	$\beta_1(t)$	$\beta_2(t)$	$\beta_3(t)$
$\tilde{\pi}_1(X,t)$	T_{n1}	0.000	0.366	0.026	0.106
	T_{n2}	0.000	0.368	0.027	0.110
$\tilde{\pi}_2(X,t)$	T_{n1}	0.000	0.347	0.022	0.110
	T_{n2}	0.000	0.346	0.022	0.110
$\tilde{\pi}_3(X,t)$	T_{n1}	0.000	0.348	0.022	0.111
	T_{n2}	0.000	0.346	0.022	0.113

6.6 定理的证明

下面的条件是本章中定理所需要的.

(1) 观测的时间点服从一种随机设计，具体含义就是 t_i $(i=1,\cdots,n)$ 是独立地抽取自一个未知的分布 $F(\cdot)$，其密度函数是定义在有限区间上的 $f(\cdot)$，这个密度函数是有界远离 0 的并且在它的定义域 $(a,b)(-\infty<a<b<\infty)$ 上是连续的.

(2) $E|Y|^4<\infty$，$E|X|^4<\infty$.

(3) 连续的核函数 $K(\cdot)$ 满足以下性质:

① $K(\cdot)$ 的定义域为 $[-1,1]$;

② $K(\cdot)$ 关于 0 对称;

③ $\int_{-1}^{1}K(u)\mathrm{d}u=1$，并且 $\int_{-1}^{1}|u|K(u)\mathrm{d}u\neq 0$.

(4) 当 $n\to\infty$ 时，$\sqrt{n}h^2\to 0$，$\sqrt{n}h\to\infty$.

(5) 存在 c_1，使对于所有的 x 和 t，有 $E(\varepsilon^2|X=x,T=t)\leqslant c_1$.

(6) $\beta_r(\cdot,\theta)$ 在开集 Θ_r 上是关于 θ 连续可导的.

注 6.6.1 关于以上条件，我们可以看到条件 (1) 是在使用非参数平滑法时经常设定的用来避免边界效应的条件. 就设计观测的时间点而言，Huang，Wu，Zhou (2002) 也设定了这样一个假设. 条件 (2) 和 (3) 也是典型的条件：参考 Härdle 和 Mammen (1993). 条件 (4) 保证了统计量能够收敛. 这个条件说明使用过拟合条件保证统计量的收敛性.

定理 6.3.1 的证明 首先证明 $R_{n1}(t)$ 和 T_{n1} 的渐近性质. 对于 $R_{n1}(t)$，有

$$
\begin{aligned}
R_{n1}(t)&=\frac{1}{\sqrt{n}}\sum_{i=1}^{n}(\hat{Z}_{i1}-Z_i)I(t_i\leqslant t)-\frac{1}{\sqrt{n}}\sum_{i=1}^{n}(\beta(t_i,\hat{\theta})-\beta(t_i,\theta))I(t_i\leqslant t)\\
&\quad+\frac{1}{\sqrt{n}}\sum_{i=1}^{n}(Z_i-\beta(t_i,\theta))I(t_i\leqslant t)\\
&=:I_{n1}-I_{n2}+I_{n3}.
\end{aligned}
\tag{6.6.1}
$$

下面我们考察式 (6.6.1) 中的 I_{n1}. 注意到对于任意的子区间 $(a_1,b_1)(a<a_1<b_1<b)$，有

$$\max_{a\leqslant t_i\leqslant b}|\hat{S}^{-1}(t_i)-S^{-1}(t_i)|=O_p(1/\sqrt{nh}+h),$$

$$\max_{a\leqslant t_i\leqslant b}|\hat{\beta}(t_i)-\beta(t_i)|=O_p(1/\sqrt{nh}+h),$$

然后参考文献 (Zhu，Ng，2003)，有

$$\begin{aligned}\hat{Z}_{i1}-Z_i&=\hat{S}^{-1}(t_i)x_i\hat{y}_{i1}-S^{-1}(t_i)x_ix_i^{\mathrm{T}}\beta(t_i)\\&=\hat{S}^{-1}(t_i)x_i(\hat{y}_{i1}-x_i^{\mathrm{T}}\hat{\beta}(t_i))+\hat{S}^{-1}(t_i)x_ix_i^{\mathrm{T}}(\hat{\beta}(t_i)-\beta(t_i))\\&\quad+(\hat{S}^{-1}(t_i)-S^{-1}(t_i))x_ix_i^{\mathrm{T}}\beta(t_i)\\&=\delta_i(\hat{S}^{-1}(t_i)-S^{-1}(t_i))x_i\varepsilon_i+(1-\delta_i)S^{-1}(t_i)x_ix_i^{\mathrm{T}}(\hat{\beta}(t_i)-\beta(t_i))\\&\quad+\delta_iS^{-1}(t_i)x_i\varepsilon_i+(\hat{S}^{-1}(t_i)-S^{-1}(t_i))x_ix_i^{\mathrm{T}}\beta(t_i)+O_p\left(\frac{1}{nh}+h^2\right).\end{aligned}\tag{6.6.2}$$

于是就得到

$$\begin{aligned}I_{n1}&=\frac{1}{\sqrt{n}}\sum_{i=1}^{n}\delta_i(\hat{S}^{-1}(t_i)-S^{-1}(t_i))x_i\varepsilon_iI(t_i\leqslant t)\\&\quad+\frac{1}{\sqrt{n}}\sum_{i=1}^{n}(\hat{S}^{-1}(t_i)-S^{-1}(t_i))x_ix_i^{\mathrm{T}}\beta(t_i)I(t_i\leqslant t)+o_p(1)\\&\quad+\frac{1}{\sqrt{n}}\sum_{i=1}^{n}(1-\delta_i)S^{-1}(t_i)x_ix_i^{\mathrm{T}}(\hat{\beta}(t_i)-\beta(t_i))I(t_i\leqslant t)\\&\quad+\frac{1}{\sqrt{n}}\sum_{i=1}^{n}\delta_iS^{-1}(t_i)x_i\varepsilon_iI(t_i\leqslant t)\\&=I_{n1,1}+I_{n1,2}+I_{n1,3}+I_{n1,4}+o_p(1).\end{aligned}\tag{6.6.3}$$

下面考察式 (6.6.3) 中的 $I_{n1,1}$，$I_{n1,2}$，$I_{n1,3}$ 和 $I_{n1,4}$ 的性质. 定义 $s(t)=\int XX^{\mathrm{T}}f_{X,t}(X,t)\mathrm{d}X$，那么估计量 $\hat{s}(t_i)=n^{-1}\sum_{j=1}^{n}x_jx_j^{\mathrm{T}}K_h(t_i-t_j)$. 可以得出

$$\begin{aligned}\hat{S}^{-1}(t_i)-S^{-1}(t_i)&=\hat{s}^{-1}(t_i)\hat{f}(t_i)-s^{-1}(t_i)f(t_i)\\&=s^{-1}(t_i)\hat{f}(t_i)-s^{-1}(t_i)\hat{s}(t_i)s^{-1}(t_i)f(t_i)+O_p\left(\frac{1}{nh}+h^2\right).\end{aligned}$$

借助于这个事实，有

$$
\begin{aligned}
I_{n1,1} &= \frac{1}{\sqrt{n}}\sum_{i=1}^{n}\delta_i\Big(s^{-1}(t_i)\hat{f}(t_i)-s^{-1}(t_i)\hat{s}(t_i)s^{-1}(t_i)f(t_i)\Big)x_i\varepsilon_i I(t_i\leqslant t)\\
&= \frac{1}{\sqrt{n}}\sum_{i=1}^{n}\delta_i s^{-1}(t_i)\frac{1}{n}\sum_{j=1}^{n}K_h(t_i-t_j)x_i\varepsilon_i I(t_i\leqslant t)\\
&\quad -\frac{1}{\sqrt{n}}\sum_{i=1}^{n}\delta_i s^{-1}(t_i)\frac{1}{n}\sum_{j=1}^{n}x_jx_j^{\mathrm{T}}K_h(t_i-t_j)s^{-1}(t_i)f(t_i)x_i\varepsilon_i I(t_i\leqslant t)+o_p(1)\\
&= \frac{1}{\sqrt{n}}\sum_{j=1}^{n}s^{-1}(t_j)f(t_j)I(t_j\leqslant t)E(\delta X\varepsilon|T=t_j)\\
&\quad -\frac{1}{\sqrt{n}}\sum_{j=1}^{n}s^{-1}(t_j)f(t_j)x_jx_j^{\mathrm{T}}s^{-1}(t_j)f(t_j)I(t_j\leqslant t)E(\delta X\varepsilon|T=t_j)+o_p(1)\\
&= o_p(1).
\end{aligned}
\tag{6.6.4}
$$

式 (6.6.4) 中的最后一个等式是由于

$$
E(\delta X\varepsilon|T)=E(E(\delta X\varepsilon|X,T)|T)=E(X\Delta(X,T)\quad E(\varepsilon|X,T)|T)=0.
$$

类似地，对于 $I_{n1,2}$，可以得出

$$
\begin{aligned}
I_{n1,2} &= \frac{1}{\sqrt{n}}\sum_{i=1}^{n}\Big(s^{-1}(t_i)\hat{f}(t_i)-s^{-1}(t_i)\hat{s}(t_i)s^{-1}(t_i)f(t_i)\Big)x_ix_i^{\mathrm{T}}\beta(t_i)I(t_i\leqslant t)+o_p(1)\\
&= \frac{1}{\sqrt{n}}\sum_{j=1}^{n}s^{-1}(t_j)f(t_j)E(XX^{\mathrm{T}}|T=t_j)\beta(t_j)I(t_j\leqslant t)+o_p(1)\\
&\quad -\frac{1}{\sqrt{n}}\sum_{j=1}^{n}s^{-1}(t_j)f(t_j)x_jx_j^{\mathrm{T}}s^{-1}(t_j)f(t_j)E(XX^{\mathrm{T}}|T=t_j)\beta(t_j)I(t_j\leqslant t).
\end{aligned}
$$

注意到 $S^{-1}(t_j)=s^{-1}(t_j)f(t_j)$, $S(t_j)=E(XX^{\mathrm{T}}|T=t_j)$ 和 $Z_j=S^{-1}(t_j)x_jx_j^{\mathrm{T}}\beta(t_j)$，有

$$
I_{n1,2}=\frac{1}{\sqrt{n}}\sum_{j=1}^{n}(\beta(t_j)-Z_j)I(t_j\leqslant t)+o_p(1).
\tag{6.6.5}
$$

下面给出式 (6.6.3) 中的 $I_{n1,3}$ 的性质，容易得到

$$
\begin{aligned}
\hat{\beta}(t_i)-\beta(t_i) &= -S_1^{-1}(t_i)(\hat{S}_1(t_i)-S_1(t_i))S_1^{-1}(t_i)G_1(t_i)\\
&\quad +S_1^{-1}(t_i)(\hat{G}_1(t_i)-G_1(t_i))+O_p\left(\frac{1}{nh}+h^2\right).
\end{aligned}
$$

另外，注意到 $\hat{s}_1(t_i)=n^{-1}\sum_{j=1}^{n}\delta_jx_jx_j^{\mathrm{T}}K_h(t_i-t_j)$ 和

$$
\hat{g}_1(t_i)=n^{-1}\sum_{j=1}^{n}\delta_jx_j\quad y_jK_h(t_i-t_j),
$$

有

$$\hat{S}_1(t_i) - S_1(t_i) = f^{-1}(t_i)\hat{s}_1(t_i) - f^{-2}(t_i)\hat{f}(t_i)s_1(t_i) + O_p\left(\frac{1}{nh} + h^2\right),$$

$$\hat{G}_1(t_i) - G_1(t_i) = f^{-1}(t_i)\hat{g}_1(t_i) - f^{-2}(t_i)\hat{f}(t_i)g_1(t_i) + O_p\left(\frac{1}{nh} + h^2\right).$$

因此

$$\begin{aligned}\hat{\beta}(t_i) - \beta(t_i) = & -S_1^{-1}(t_i)\Big(f^{-1}(t_i)\hat{s}_1(t_i) - f^{-2}(t_i)\hat{f}(t_i)s_1(t_i)\Big)S_1^{-1}(t_i)G_1(t_i) \\ & + S_1^{-1}(t_i)\Big(f^{-1}(t_i)\hat{g}_1(t_i) - f^{-2}(t_i)\hat{f}(t_i)g_1(t_i)\Big) + O_p\left(\frac{1}{nh} + h^2\right).\end{aligned}$$

对于式 (6.6.3) 中的 $I_{n1,3}$，基于以上分析，有

$$\begin{aligned}I_{n1,3} = & -\frac{1}{\sqrt{n}}\sum_{i=1}^{n}(1-\delta_i)S^{-1}(t_i)x_ix_i^{\mathrm{T}}S_1^{-1}(t_i)f^{-1}(t_i)\hat{s}_1(t_i)S_1^{-1}(t_i)G_1(t_i)I(t_i \leqslant t) \\ & + \frac{1}{\sqrt{n}}\sum_{i=1}^{n}(1-\delta_i)S^{-1}(t_i)x_ix_i^{\mathrm{T}}S_1^{-1}(t_i)f^{-2}(t_i)\hat{f}(t_i)s_1(t_i)S_1^{-1}(t_i)G_1(t_i)I(t_i \leqslant t) \\ & + \frac{1}{\sqrt{n}}\sum_{i=1}^{n}(1-\delta_i)S^{-1}(t_i)x_ix_i^{\mathrm{T}}S_1^{-1}(t_i)f^{-1}(t_i)\hat{g}_1(t_i)I(t_i \leqslant t) \\ & - \frac{1}{\sqrt{n}}\sum_{i=1}^{n}(1-\delta_i)S^{-1}(t_i)x_ix_i^{\mathrm{T}}S_1^{-1}(t_i)f^{-2}(t_i)\hat{f}(t_i)g_1(t_i)I(t_i \leqslant t) + o_p(1).\end{aligned}$$

注意到 $\beta(t_i) = S_1^{-1}(t_i)G_1(t_i), S_1(t_i) = f^{-1}(t_i)s_1(t_i)$ 和 $G_1(t_i) = f^{-1}(t_i)g_1(t_i)$，我们得到

$$\begin{aligned}I_{n1,3} = & \frac{1}{\sqrt{n}}\sum_{i=1}^{n}\Big\{(1-\delta_i)S^{-1}(t_i)x_ix_i^{\mathrm{T}}S_1^{-1}(t_i)f^{-1}(t_i)I(t_i \leqslant t) \\ & \times \frac{1}{n}\sum_{j=1}^{n}\delta_jx_j\varepsilon_jK_h(t_i - t_j)\Big\} + o_p(1) \\ = & \frac{1}{\sqrt{n}}\sum_{j=1}^{n}S^{-1}(t_j)E\{(1-\delta)XX^{\mathrm{T}}|T = t_j\}S_1^{-1}(t_j)I(t_j \leqslant t)\delta_jx_j\varepsilon_j + o_p(1) \\ = & \frac{1}{\sqrt{n}}\sum_{j=1}^{n}\{S_1^{-1}(t_j) - S^{-1}(t_j)\}I(t_j \leqslant t)\delta_jx_j\varepsilon_j + o_p(1). \qquad (6.6.6)\end{aligned}$$

根据式 (6.6.3)∼ 式 (6.6.6)，我们得到 I_{n1} 的性质:

$$
\begin{aligned}
I_{n1}=&\frac{1}{\sqrt{n}}\sum_{j=1}^{n}\{S_1^{-1}(t_j)-S^{-1}(t_j)\}I(t_j\leqslant t)\delta_j x_j\varepsilon_j+\frac{1}{\sqrt{n}}\sum_{j=1}^{n}(\beta(t_j)-Z_j)I(t_j\leqslant t)\\
&+\frac{1}{\sqrt{n}}\sum_{i=1}^{n}\delta_i S^{-1}(t_i)x_i\varepsilon_i I(t_i\leqslant t)+o_p(1)\\
=&\frac{1}{\sqrt{n}}\sum_{j=1}^{n}S_1^{-1}(t_j)I(t_j\leqslant t)\delta_j x_j\varepsilon_j+\frac{1}{\sqrt{n}}\sum_{j=1}^{n}(\beta(t_j)-Z_j)I(t_j\leqslant t)+o_p(1).
\end{aligned}\tag{6.6.7}
$$

对于 I_{n2}，在一般的条件下 (Jennrich，1969)，有

$$
\begin{aligned}
I_{n2}=&E(g(T,\theta)I(T\leqslant t))E(g^{\mathrm{T}}(T,\theta)g(T,\theta))^{-1}\\
&\times\frac{1}{\sqrt{n}}\sum_{j=1}^{n}g^{\mathrm{T}}(t_j,\theta)(\hat{Z}_{j1}-\beta(t_j,\theta))+o_p(1)\\
=&E(g(T,\theta)I(T\leqslant t))E(g^{\mathrm{T}}(T,\theta)g(T,\theta))^{-1}\\
&\times\Big(\frac{1}{\sqrt{n}}\sum_{j=1}^{n}g^{\mathrm{T}}(t_j,\theta)(\hat{Z}_{j1}-Z_j)+\frac{1}{\sqrt{n}}\sum_{j=1}^{n}g^{\mathrm{T}}(t_j,\theta)(Z_j-\beta(t_j,\theta))\Big)+o_p(1).
\end{aligned}
$$

这里 $g(t_i,\theta)=\mathrm{grad}_\theta(\beta(t_i,\theta))$. 与分析 I_{n1} 的步骤类似，有

$$
\frac{1}{\sqrt{n}}\sum_{j=1}^{n}g^{\mathrm{T}}(t_j,\theta)(\hat{Z}_{i1}-Z_i)=\frac{1}{\sqrt{n}}\sum_{j=1}^{n}g^{\mathrm{T}}(t_j,\theta)(S_1^{-1}(t_j)\delta_j x_j\varepsilon_j+(\beta(t_j)-Z_j))+o_p(1).
$$

因此

$$
\begin{aligned}
I_{n2}=&E(g(T,\theta)I(T\leqslant t))E(g^{\mathrm{T}}(T,\theta)g(T,\theta))^{-1}\\
&\times\frac{1}{\sqrt{n}}\sum_{j=1}^{n}g^{\mathrm{T}}(t_j,\theta)S_1^{-1}(t_j)\delta_j x_j\varepsilon_j+o_p(1).
\end{aligned}\tag{6.6.8}
$$

对于式 (6.6.1) 中的 $R_{n1}(t)$，根据式 (6.6.7) 中的 I_{n1} 和式 (6.6.8) 中的 I_{n2} 的渐近表达式，有

$$
\begin{aligned}
R_{n1}(t)=&-E(g(T,\theta)I(T\leqslant t))E(g^{\mathrm{T}}(T,\theta)g(T,\theta))^{-1}\frac{1}{\sqrt{n}}\sum_{j=1}^{n}g^{\mathrm{T}}(t_j,\theta)S_1^{-1}(t_j)\delta_j x_j\varepsilon_j\\
&+\frac{1}{\sqrt{n}}\sum_{j=1}^{n}S_1^{-1}(t_j)I(t_j\leqslant t)\delta_j x_j\varepsilon_j+o_p(1)\\
=&\frac{1}{\sqrt{n}}\sum_{j=1}^{n}L_1(\delta_j,t_j,y_j,x_j;t)+o_p(1).
\end{aligned}
$$

注意到对于所有的 t，方程 $L_1(\tilde{\delta},\tilde{t},\tilde{y},\tilde{x};t)$ 都是 VC 类方程. 根据 Pollard (1984) 中的定理 VII 21, $R_{n1}(t)$ 依分布收敛与高斯过程 $R_1(t)$. 用连续映射定理，我们就得到了定理 6.3.1 中 T_{n1} 的极限分布.

下面证明 $R_{n2}(t)$ 和 T_{n2} 的收敛性. 首先容易得到

$$
\begin{aligned}
R_{n2}(t) = & \frac{1}{\sqrt{n}}\sum_{i=1}^{n}(\hat{Z}_{i2}-Z_i)I(t_i\leqslant t)-\frac{1}{\sqrt{n}}\sum_{i=1}^{n}(\beta(t_i,\hat{\theta})-\beta(t_i,\theta))I(t_i\leqslant t)\\
& +\frac{1}{\sqrt{n}}\sum_{i=1}^{n}(Z_i-\beta(t_i,\theta))I(t_i\leqslant t)\\
=: & J_{n1}-J_{n2}+J_{n3}.
\end{aligned}
\tag{6.6.9}
$$

我们首先考察式 (6.6.9) 中的 J_{n1}，与推导 (6.6.2) 中的 $\hat{Z}_{i1}-Z_i$ 类似，得到

$$
\begin{aligned}
\hat{Z}_{i2}-Z_i = & \frac{\delta_i}{\Delta_t(t_i)}(\hat{S}^{-1}(t_i)-S^{-1}(t_i))x_i\varepsilon_i\\
& +\left(1-\frac{\delta_i}{\Delta_t(t_i)}\right)S^{-1}(t_i)x_ix_i^{\mathrm{T}}(\hat{\beta}(t_i)-\beta(t_i))\\
& +\frac{\delta_i}{\hat{\Delta}_t(t_i)}S^{-1}(t_i)x_i\varepsilon_i+(\hat{S}^{-1}(t_i)-S^{-1}(t_i))x_ix_i^{\mathrm{T}}\beta(t_i)+O_p\left(\frac{1}{nh}+h^2\right).
\end{aligned}
$$

因此 J_{n1} 就可以写成如下形式:

$$
\begin{aligned}
J_{n1} = & \frac{1}{\sqrt{n}}\sum_{i=1}^{n}\frac{\delta_i}{\Delta_t(t_i)}(\hat{S}^{-1}(t_i)-S^{-1}(t_i))x_i\varepsilon_iI(t_i\leqslant t)\\
& +\frac{1}{\sqrt{n}}\sum_{i=1}^{n}(\hat{S}^{-1}(t_i)-S^{-1}(t_i))x_ix_i^{\mathrm{T}}\beta(t_i)I(t_i\leqslant t)\\
& +\frac{1}{\sqrt{n}}\sum_{i=1}^{n}\left(1-\frac{\delta_i}{\Delta_t(t_i)}\right)S^{-1}(t_i)x_ix_i^{\mathrm{T}}(\hat{\beta}(t_i)-\beta(t_i))I(t_i\leqslant t)\\
& +\frac{1}{\sqrt{n}}\sum_{i=1}^{n}\frac{\delta_i}{\hat{\Delta}_t(t_i)}S^{-1}(t_i)x_i\varepsilon_iI(t_i\leqslant t)+o_p(1)\\
= & J_{n1,1}+J_{n1,2}+J_{n1,3}+J_{n1,4}+o_p(1).
\end{aligned}
\tag{6.6.10}
$$

对于式 (6.6.10) 中的 $J_{n1,1}$，与推导式 (6.6.4) 中的 $I_{n1,1}$ 过程类似，有

$$
\begin{aligned}
J_{n1,1} = & \frac{1}{\sqrt{n}}\sum_{j=1}^{n}s^{-1}(t_j)f(t_j)I(t_j\leqslant t)E\left(\frac{\delta}{\Delta_t(t)}X\varepsilon|T=t_j\right)\\
& -\frac{1}{\sqrt{n}}\sum_{j=1}^{n}s^{-1}(t_j)f(t_j)x_jx_j^{\mathrm{T}}s^{-1}(t_j)f(t_j)I(t_j\leqslant t)E\left(\frac{\delta}{\Delta_t(t)}X\varepsilon|T=t_j\right)+o_p(1)\\
= & o_p(1).
\end{aligned}
\tag{6.6.11}
$$

注意到式 (6.6.10) 中的 $J_{n1,2}$ 与式 (6.6.3) 中的 $I_{n1,2}$ 是相等的，因此有

$$
J_{n1,2}=\frac{1}{\sqrt{n}}\sum_{j=1}^{n}(\beta(t_j)-Z_j)I(t_j\leqslant t)+o_p(1).
\tag{6.6.12}
$$

对于 $J_{n1,3}$ 项，可以证明

$$\begin{aligned}J_{n1,3}=&\frac{1}{\sqrt{n}}\sum_{i=1}^{n}\left(\left(1-\frac{\delta_i}{\Delta_t(t_i)}\right)S^{-1}(t_i)x_ix_i^{\mathrm{T}}S_1^{-1}(t_i)f^{-1}(t_i)I(t_i\leqslant t)\right.\\&\left.\times\frac{1}{n}\sum_{j=1}^{n}\delta_jx_j\varepsilon_jK_h(t_i-t_j)\right)+o_p(1)\\=&\frac{1}{\sqrt{n}}\sum_{j=1}^{n}S^{-1}(t_j)E\left(\left(1-\frac{\delta}{\Delta_t(T)}\right)XX^{\mathrm{T}}|T=t_j\right)S_1^{-1}(t_j)I(t_j\leqslant t)\delta_jx_j\varepsilon_j+o_p(1)\\=&\frac{1}{\sqrt{n}}\sum_{j=1}^{n}\left(S_1^{-1}(t_j)-S^{-1}(t_j)S_2(t_j)S_1^{-1}(t_j)\right)I(t_j\leqslant t)\delta_jx_j\varepsilon_j+o_p(1),\end{aligned}\tag{6.6.13}$$

其中 $S_2(t_j)=E\{(\delta/\Delta_t(T))XX^{\mathrm{T}}|T=t_j\}$.

对于 $J_{n1,4}$，可以证明

$$\begin{aligned}J_{n1,4}=&\frac{1}{\sqrt{n}}\sum_{i=1}^{n}\frac{\delta_i}{\Delta_t(t_i)}S^{-1}(t_i)x_i\varepsilon_iI(t_i\leqslant t)\\&+\frac{1}{\sqrt{n}}\sum_{i=1}^{n}\frac{\Delta_t(t_i)-\hat{\Delta}_t(t_i)}{\Delta_t^2(t_i)}\delta_iS^{-1}(t_i)x_i\varepsilon_iI(t_i\leqslant t)+o_p(1)\\=&\frac{1}{\sqrt{n}}\sum_{i=1}^{n}\frac{\delta_i}{\Delta_t(t_i)}S^{-1}(t_i)x_i\varepsilon_iI(t_i\leqslant t)+o_p(1),\end{aligned}\tag{6.6.14}$$

其中最后一个等式是根据以下事实：

$$\begin{aligned}&\frac{1}{\sqrt{n}}\sum_{i=1}^{n}\frac{\Delta_t(t_i)-\hat{\Delta}_t(t_i)}{\Delta_t^2(t_i)}\delta_iS^{-1}(t_i)x_i\varepsilon_iI(t_i\leqslant t)\\=&\frac{1}{\sqrt{n}}\sum_{i=1}^{n}\frac{\sum_{j=1}^{n}(\Delta_t(t_i)-\delta_j)K_h(t_i-t_j)}{nf(t_i)\Delta_t^2(t_i)}\delta_iS^{-1}(t_i)x_i\varepsilon_iI(t_i\leqslant t)+o_p(1)\\=&\frac{1}{\sqrt{n}}\sum_{j=1}^{n}\frac{(\Delta_t(t_j)-\delta_j)}{\Delta_t(t_j)}S^{-1}(t_j)I(t_j\leqslant t)E(X\varepsilon|T=t_j)+o_p(1)\\=&o_p(1),\end{aligned}$$

其中最后一个等式成立又是由于

$$E(X\varepsilon|T)=E(E(X\varepsilon|X,T)|T)=E(XE(\varepsilon|X,T)|T)=0.$$

结合式 (6.6.10)~ 式 (6.6.14)，就得到

$$\begin{aligned}J_{n1}=&\frac{1}{\sqrt{n}}\sum_{j=1}^{n}\left[\left(S_1^{-1}(t_j)-S^{-1}(t_j)S_2(t_j)S_1^{-1}(t_j)+\frac{S^{-1}(t_j)}{\Delta_t(t_j)}\right)I(t_j\leqslant t)\delta_jx_j\varepsilon_j\right]\\&+\frac{1}{\sqrt{n}}\sum_{j=1}^{n}(\beta(t_j)-Z_j)I(t_j\leqslant t)+o_p(1).\end{aligned}\tag{6.6.15}$$

现在我们要分析式 (6.6.9) 中的 J_{n2}. 首先可以得到

$$\begin{aligned}J_{n2}=&E(g(T,\theta)I(T\leqslant t))E(g^{\mathrm{T}}(T,\theta)g(T,\theta))^{-1}\\&\times\frac{1}{\sqrt{n}}\sum_{j=1}^{n}g^{\mathrm{T}}(t_j,\theta)(\hat{Z}_{j2}-\beta(t_j,\theta))+o_p(1)\\=&E(g(T,\theta)I(T\leqslant t))E(g^{\mathrm{T}}(T,\theta)g(T,\theta))^{-1}\\&\times\Big(\frac{1}{\sqrt{n}}\sum_{j=1}^{n}g^{\mathrm{T}}(t_j,\theta)(\hat{Z}_{j2}-Z_j)+\frac{1}{\sqrt{n}}\sum_{j=1}^{n}g^{\mathrm{T}}(t_j,\theta)(Z_j-\beta(t_j,\theta))\Big)+o_p(1).\end{aligned}$$

注意到

$$\begin{aligned}&\frac{1}{\sqrt{n}}\sum_{j=1}^{n}g^{\mathrm{T}}(t_j,\theta)(\hat{Z}_{i2}-Z_i)\\=&\frac{1}{\sqrt{n}}\sum_{j=1}^{n}g^{\mathrm{T}}(t_j,\theta)\Big[\Big(S_1^{-1}(t_j)-S^{-1}(t_j)S_2(t_j)S_1^{-1}(t_j)+\frac{S^{-1}(t_j)}{\Delta_t(t_j)}\Big)\\&\times\delta_jx_j\varepsilon_j\Big]+\frac{1}{\sqrt{n}}\sum_{j=1}^{n}g^{\mathrm{T}}(t_j,\theta)(\beta(t_j)-Z_j)+o_p(1),\end{aligned}$$

我们有

$$\begin{aligned}J_{n2}=&E(g(T,\theta)I(T\leqslant t))E(g^{\mathrm{T}}(T,\theta)g(T,\theta))^{-1}\\&\times\frac{1}{\sqrt{n}}\sum_{j=1}^{n}g^{\mathrm{T}}(t_j,\theta)\Big[\Big(S_1^{-1}(t_j)-S^{-1}(t_j)S_2(t_j)S_1^{-1}(t_j)+\frac{S^{-1}(t_j)}{\Delta_t(t_j)}\Big)\delta_jx_j\varepsilon_j\Big]\\&+o_p(1).\end{aligned}\tag{6.6.16}$$

这样，根据式 (6.6.9)，式 (6.6.15) 和式 (6.6.16)，我们就有

$$\begin{aligned}R_{n2}(t)=&\frac{1}{\sqrt{n}}\sum_{j=1}^{n}\Big[\Big(S_1^{-1}(t_j)-S^{-1}(t_j)S_2(t_j)S_1^{-1}(t_j)+\frac{S^{-1}(t_j)}{\Delta_t(t_j)}\Big)I(t_j\leqslant t)\delta_jx_j\varepsilon_j\Big]\\&-E(g(T,\theta)I(T\leqslant t))E(g^{\mathrm{T}}(T,\theta)g(T,\theta))^{-1}\\&\times\frac{1}{\sqrt{n}}\sum_{j=1}^{n}g^{\mathrm{T}}(t_j,\theta)\Big[\Big(S_1^{-1}(t_j)-S^{-1}(t_j)S_2(t_j)S_1^{-1}(t_j)+\frac{S^{-1}(t_j)}{\Delta_t(t_j)}\Big)\delta_jx_j\varepsilon_j\Big]\\&+o_p(1)\\=&\frac{1}{\sqrt{n}}\sum_{j=1}^{n}L_2(\delta_j,t_j,y_j,x_j;t)+o_p(1),\end{aligned}$$

这就表明 $R_{n2}(t)$ 收敛于高斯过程 $R_2(t)$. 再用连续映射定理，定理 6.3.1 中 T_{n2} 的性质就得到了.

定理 6.3.2 的证明 对于 $R_{n1}(t)$，在备择假设下有

$$
\begin{aligned}
R_{n1}(t) &= \frac{1}{\sqrt{n}}\sum_{i=1}^{n}(\hat{Z}_{i1}-Z_i)I(t_i\leqslant t)-\frac{1}{\sqrt{n}}\sum_{i=1}^{n}(\beta(t_i,\hat{\theta})-\beta(t_i,\theta))I(t_i\leqslant t)\\
&\quad+\frac{1}{\sqrt{n}}\sum_{i=1}^{n}(Z_i-\beta(t_i,\theta))I(t_i\leqslant t)\\
&=: \tilde{I}_{n1}-\tilde{I}_{n2}+\tilde{I}_{n3}.
\end{aligned}
\tag{6.6.17}
$$

注意到 $\beta(t)=\beta(t,\theta)+C_nG(t)$，与推导式 (6.6.1) 中的 I_{n1}，I_{n2} 和 I_{n3} 性质的过程类似，有

$$
\begin{aligned}
\tilde{I}_{n1}+\tilde{I}_{n3} &= \frac{1}{\sqrt{n}}\sum_{j=1}^{n}S_1^{-1}(t_j)I(t_j\leqslant t)\delta_jx_j\varepsilon_j+\frac{1}{\sqrt{n}}\sum_{j=1}^{n}(\beta(t_j)-Z_j)I(t_j\leqslant t)\\
&\quad+\frac{1}{\sqrt{n}}\sum_{j=1}^{n}(Z_j-\beta(t_j,\theta))I(t_j\leqslant t)\\
&= \frac{1}{\sqrt{n}}\sum_{j=1}^{n}S_1^{-1}(t_j)I(t_j\leqslant t)\delta_jx_j\varepsilon_j+\frac{C_n}{\sqrt{n}}\sum_{j=1}^{n}G(t_j)I(t_j\leqslant t).
\end{aligned}
\tag{6.6.18}
$$

对于 $\tilde{I}_{n2}$ 项，有

$$
\begin{aligned}
\tilde{I}_{n2} &= E(g(T,\theta)I(T\leqslant t))E(g^{\mathrm{T}}(T,\theta)g(T,\theta))^{-1}\\
&\quad\times\frac{1}{\sqrt{n}}\sum_{j=1}^{n}g^{\mathrm{T}}(t_j,\theta)\Big(S_1^{-1}(t_j)\delta_jx_j\varepsilon_j+(\beta(t_j)-Z_j)\Big)\\
&\quad+E(g(T,\theta)I(T\leqslant t))E(g^{\mathrm{T}}(T,\theta)g(T,\theta))^{-1}\\
&\quad\times\frac{1}{\sqrt{n}}\sum_{j=1}^{n}g^{\mathrm{T}}(t_j,\theta)(Z_j-\beta(t_j,\theta))+o_p(1)\\
&= E(g(T,\theta)I(T\leqslant t))E(g^{\mathrm{T}}(T,\theta)g(T,\theta))^{-1}\\
&\quad\times\frac{1}{\sqrt{n}}\sum_{j=1}^{n}g^{\mathrm{T}}(t_j,\theta)\Big(S_1^{-1}(t_j)\delta_jx_j\varepsilon_j+C_nG(t_j)\Big)+o_p(1).
\end{aligned}
\tag{6.6.19}
$$

这样，结合式 (6.6.17)~ 式 (6.6.19)，有

$$
\begin{aligned}
R_{n1}(t) &= -E(g(T,\theta)I(T\leqslant t))E(g^{\mathrm{T}}(T,\theta)g(T,\theta))^{-1}\frac{1}{\sqrt{n}}\sum_{j=1}^{n}g^{\mathrm{T}}(t_j,\theta)S_1^{-1}(t_j)\delta_jx_j\varepsilon_j\\
&\quad-E(g(T,\theta)I(T\leqslant t))E(g^{\mathrm{T}}(T,\theta)g(T,\theta))^{-1}\frac{C_n}{\sqrt{n}}\sum_{j=1}^{n}g^{\mathrm{T}}(t_j,\theta)G(t_j)\\
&\quad+\frac{1}{\sqrt{n}}\sum_{j=1}^{n}S_1^{-1}(t_j)I(t_j\leqslant t)\delta_jx_j\varepsilon_j+\frac{C_n}{\sqrt{n}}\sum_{j=1}^{n}G(t_j)I(t_j\leqslant t)+o_p(1).
\end{aligned}
$$

当 $\sqrt{n}C_n$ 收敛于 $C(C\neq 0)$ 时，有

$$\frac{C_n}{\sqrt{n}}\sum_{j=1}^{n}G(t_j)I(t_j\leqslant t)\text{ 收敛于 }CE(G(T)I(T\leqslant t)),$$

$$\frac{C_n}{\sqrt{n}}\sum_{j=1}^{n}g^{\mathrm{T}}(t_j,\theta)G(t_j)\text{ 收敛于 }CE(g^{\mathrm{T}}(T,\theta)G(T)).$$

当 n^rC_n 收敛于 $C\ (C\neq 0)$ 并且 $0<r<1/2$ 时，容易得到检验统计量依概率收敛到无穷. 基于以上关于 $R_{n1}(t)$ 在备择假设下性质的分析，我们就可以根据连续映射定理得到 T_{n1} 的收敛性.

下面证明 $R_{n2}(t)$ 在局部备择假设下的收敛性. 与推导 $R_{n1}(t)$ 的过程类似，有

$$\begin{aligned}
&R_{n2}(t)\\
=&\frac{1}{\sqrt{n}}\sum_{j=1}^{n}\left[\left(S_1^{-1}(t_j)-S^{-1}(t_j)S_2(t_j)S_1^{-1}(t_j)+\frac{S^{-1}(t_i)}{\Delta_t(t_i)}\right)I(t_j\leqslant t)\delta_jx_j\varepsilon_j\right]\\
&-E(g(T,\theta)I(T\leqslant t))E(g^{\mathrm{T}}(T,\theta)g(T,\theta))^{-1}\frac{1}{\sqrt{n}}\sum_{j=1}^{n}g^{\mathrm{T}}(t_j,\theta)\left[\left(S_1^{-1}(t_j)\right.\right.\\
&\left.\left.-S^{-1}(t_j)S_2(t_j)S_1^{-1}(t_j)+\frac{S^{-1}(t_j)}{\Delta_t(t_j)}\right)I(t_j\leqslant t)\delta_jx_j\varepsilon_j\right]+\frac{C_n}{\sqrt{n}}\sum_{j=1}^{n}G(t_j)I(t_j\leqslant t)\\
&-E(g(T,\theta)I(T\leqslant t))E(g^{\mathrm{T}}(T,\theta)g(T,\theta))^{-1}\frac{C_n}{\sqrt{n}}\sum_{j=1}^{n}g^{\mathrm{T}}(t_j,\theta)G(t_j)+o_p(1).
\end{aligned}$$

这样关于 $R_{n2}(t)$ 和 T_{n2} 的证明也完成了，定理 6.3.2 得证.

定理 6.4.1 的证明 对于 $\tilde{R}_{nk}$，可以得到

$$\tilde{R}_{nk}=\frac{1}{\sqrt{n}}\sum_{i=1}^{n}e_iL_k(\delta_i,t_i,y_i,x_i;t)+o_p(1).$$

类似于定理 6.3.1 中的推导方法，我们可以得到 $\tilde{R}_{nk}$ 依分布收敛于一个高斯过程. 可以证明 $E(\tilde{R}_{nk})=0$，并且 $\mathrm{Cov}(\tilde{R}_{nk}(t_1),\tilde{R}_{nk}(t_2))$ 收敛于 $\mathrm{Cov}(R_k(t_1),\ R_k(t_2))$. 根据 Pollard (1984) 的定理 VII 21，就可以得到定理 6.4.1 的结论.

第 7 章 协变量随机缺失时部分线性模型的拟合优度检验

7.1 引 言

假设用 Y 表示一个连续的因变量，X 和 T 分别表示 p 维和 q 维的自变量，那么部分线性模型可以表示为

$$Y = X^{\mathrm{T}}\beta + g(T) + \varepsilon, \tag{7.1.1}$$

其中 β 是一个 p 维未知的参数向量，$g(\cdot)$ 是一个未知的可测函数，ε 是误差项并且满足 $E(\varepsilon|X,T)=0$，$E(\varepsilon^2|X,T)=\sigma^2(X,T)<\infty$. 式 (7.1.1) 中 X 右上角的 T 表示转置. 在这里我们只讨论 T 为标量的简单情况. 但是这篇论文中提出的方法可以推广到 T 为多元变量的情形. 本章的主要内容来自文献 Xu 和 Guo (2013).

许多文献都讨论过完整数据集的情况下部分线性模型的拟合优度检验. 关于检验 (7.1.1) 中的线性模型是否适用于作数据的拟合，也就是检验 $H_0: E(Y|X,T) = X^{\mathrm{T}}\beta + g(T)$ 对于某个 β 和 $g(\cdot)$ 是否成立，Whang，Andrews (1993) 和 Yatchew (1992) 基于样本分割的思想提出了 ad hoc 的方法. 为了避免使用 ad hoc 修正，并且提高检验的效率，Fan 和 Li (1996) 基于给定 (X，T) 时残差的条件期望的核估计量，构造了一个针对 $H_0: E(Y|X,T) = X^{\mathrm{T}}\beta + g(T)$ 的一致性检验. 为了得到一些与分布无关的检验，Zhu 和 Ng (2003) 提出了一种残差计分检验. 在实际操作他们的方法的时候，他们采用了一种被称为“随机对称”的自助近似法的变体.

在实际中，我们也关心式 (7.1.1) 中的非参数部分是否是参数形式的问题，此时 $H_0: g(\cdot) = g(\cdot,\theta)$ 对于某个 θ 和已知的方程 $g(\cdot,\theta)$. 如果原假设对于某个已知的 $g(\cdot,\theta)$，如线性方程成立，我们可以得到更加有效率的统计推断. 但是此外，如果我们错误地指定了回归模型，将会面临得到有偏估计和错误的推断的风险. 对于这个问题，Li (2011) 通过一个线性插补得到了一种检验非参数部分是否是参数形式的方法. 他们还用基本的方法得到了检验的 p 值. Liang (2006) 提出了一个 Cramer-von Mises 统计量和似然比检验来检验非参数部分是否为参数形式. 对于这个问题，Li (2009) 还提出了两个 Wald 形式的基于样条曲线的检验统计量.

假设 $X=(U,V)$，那么在实际中很可能某些变量值，如 U，是不能获得的. 各种原因都可能得出缺失协变量的数据，比如，预算的限制、被调查者拒绝回答、由

于强烈的副作用而退出、调查者没有正确地记录信息、策测量仪器的损坏等.

对于部分线性模型中因变量缺失的问题，许多文献都讨论过 β 和 $g(\cdot)$ 的估计以及拟合优度问题. 对于这种情况下部分线性模型的估计，Wang (2004) 定义了一族估计量，包括针对因变量的边际均值的半参数回归归因估计量，边际平均估计量和倾向评分加权估计量. Wang 和 Sun (2007) 提出了归因，半参数回归替代和逆边际概率加权方法分别估计参数和非线性方程. Liang (2007) 针对因变量缺失和协变量可能有错误的情况，提出了一族半参数估计量. 关于部分线性模型的检验，为了检验式 (7.1.1) 中的非参数部分是否为参数形式，Xu (2012) 基于归因和边际逆概率加权方法构造了两个完整的数据集，并且提出了两个基于经验过程的检验. Sun (2009) 提出了两个基于经验过程的检验方法用来检验因变量缺失时，模型 (7.1.1) 是否适合用来拟合数据.

当自变量缺失时，Liang (2004) 运用 Robins (1994) 年提出的加强的逆概率加权方法估计了回归参数. Wang (2009) 提出了一个基于模型标准化的方法和加权的方法分别用来估计模型中的参数和非参数方程. 据我们所知，很少有研究关注协变量有缺失数据时部分线性模型的拟合优度问题. 显然，检验协变量缺失时模型 (7.1.1) 中的非参数部分是否是参数形式是一个很有意义的问题. 并且此时完整数据的检验方法不能直接套用.

在本章中，我们主要检验当模型 (7.1.1) 中协变量有缺失数据的情形，原假设 $H_0 : g(\cdot) = g(\cdot, \theta)$ 是否成立的问题，其中 $g(\cdot, \theta)$ 是一个已知方程. 我们的检验统计量是基于加权的残差. 我们选择通常使用的逆选择概率作为权函数，这个权函数会用参数方法和非参数方法分别估计. 基于权函数的参数和非参数估计，构造了两类计分检验. 通过模拟来考察我们的检验统计量的有限样本性质.

7.2 检验步骤

7.2.1 检验统计量的构建

在下面的讨论的中，$X = (U, V)$ 表示协变量，并且假设 U 是随机缺失 (MAR) 的，Y，V，T 是能够全部观测到的. U，V 分别是 p_1 维和 p_2 维的随机向量. 用 δ 表示某个样本点是否有缺失的指标. $\delta = 1$ 表示 U 能够观测到，$\delta = 0$ 表示不能. MAR 机制表明给定 Y，V 和 T 的时候，δ 和 U 是条件独立的，也就是

$$P(\delta = 1 | Y, U, V, T) = P(\delta = 1 | Y, V, T) = \pi(Z),$$

其中 $Z = (Y, V, T)$. 在关于缺失数据的统计分析中，MAR 是通常的假定，并且这个很多实际情况也确实基本吻合这个假定. 有关这方面的内容可以参考 Little 和 Rubin (1987).

我们的检验是基于以下考虑：当原假设成立的时候，

$$E\Big(\frac{\delta}{\pi(Z)}(Y-X^{\mathrm{T}}\beta-g(T,\theta))\Big)=0, \tag{7.2.1}$$

而当备择假设成立并且满足 $\Pr(g(T)=g(T,\theta))<1$ 时，可以得到

$$E\Big(\frac{\delta}{\pi(Z)}(Y-X^{\mathrm{T}}\beta-g(T,\theta))\Big)\neq 0,$$

那么根据等式等号左边的经验形式，就可以构造以下两个基于残差的检验统计量

$$T_{n1}=\frac{1}{\sqrt{n}}\sum_{i=1}^{n}\frac{\delta_i}{\hat{\pi}(z_i)}(y_i-x_i^{\mathrm{T}}\hat{\beta}-g(t_i,\hat{\theta})), \tag{7.2.2}$$

$$T_{n2}=\frac{1}{\sqrt{n}}\sum_{i=1}^{n}\frac{\delta_i}{\pi(z_i,\hat{\alpha})}(y_i-x_i^{\mathrm{T}}\hat{\beta}-g(t_i,\hat{\theta})), \tag{7.2.3}$$

其中 $\hat{\beta},\hat{\theta}$ 是 β,θ 的估计，$\hat{\pi}(z_i)$ 和 $\pi(z_i,\hat{\alpha})$ 分别是 $\pi(z_i)$ 的参数和非参数估计量. $\hat{\beta},\hat{\theta}$，$\hat{\pi}(z_i)$ 和 $\pi(z_i,\hat{\alpha})$ 在后面会详细说明. 式 (7.2.2) 和式 (7.2.3) 的不同之处在于式 (7.2.2) 把 $\pi(z_i)$ 当成非参数来估计，而式 (7.2.3) 认为它是参数形式.

令 $g_1(T)=E(\delta X|T)/E(\delta|T), g_2(T)=E(\delta Y|T)/E(\delta|T)$，它们对应的估计量是

$$\hat{g}_1(t)=\frac{\sum\limits_{j=1}^{n}\delta_j x_j K_h(t-t_j)}{\sum\limits_{j=1}^{n}\delta_j K_h(t-t_j)},\quad \hat{g}_2(t)=\frac{\sum\limits_{j=1}^{n}\delta_j y_j K_h(t-t_j)}{\sum\limits_{j=1}^{n}\delta_j K_h(t-t_j)},$$

这里 $K_h(\cdot)=K(\cdot/h)/h$，其中 $K(\cdot)$ 是一个核函数，h 是带宽. 回归参数 β 的估计量为

$$\hat{\beta}=\Big(\sum_{i=1}^{n}\delta_i(x_i-\hat{g}_1(t_i))(x_i-\hat{g}_1(t_i))^{\mathrm{T}}\Big)^{-1}\sum_{i=1}^{n}\delta_i(x_i-\hat{g}_1(t_i))(y_i-\hat{g}_2(t_i)),$$

根据以上估计量，θ 的加权最小二乘估计可以表示为

$$\hat{\theta}=\arg\min_{\theta}\frac{1}{n}\sum_{i=1}^{n}\frac{\delta_i}{\hat{\pi}(z_i)}\Big(y_i-x_i^{\mathrm{T}}\hat{\beta}-g(t_i,\theta)\Big)^2,$$

或者

$$\hat{\theta}=\arg\min_{\theta}\frac{1}{n}\sum_{i=1}^{n}\frac{\delta_i}{\pi(z_i,\hat{\alpha})}\Big(y_i-x_i^{\mathrm{T}}\hat{\beta}-g(t_i,\theta)\Big)^2.$$

这两个估计取决于逆概率方程是用参数还是非参数方法估计的.

当 Z 的维数不高，并且我们不知道 $\pi(Z)$ 的形式的时候，我们可以用下面的核估计方法来估计 $\pi(Z)$，

$$\hat{\pi}(z_i)=\frac{\sum_{j=1}^{n}\delta_jK_h(z_i-z_j)}{\sum_{j=1}^{n}K_h(z_i-z_j)}. \tag{7.2.4}$$

然而，就像文献中说明的那样，当 Z 的维数较高的时候，单纯的非参数核估计会面临维数诅咒的困境并且影响它在实际中的使用. 这时，如果我们对 $\pi(Z)$ 的结构有一些先验的认识，这在实际中也是常见的，参数估计是另外一个好的选择. 比如，我们假设 $\pi(Z,\alpha)$ 是一个 Logistic 方程. 具体来说，基于数据集，$\delta_i,y_i,t_i,i=1,\cdots,n$，我们假设 $\pi(z_i,\alpha)=(1+\exp(-\alpha_0-\alpha_1y_i-\alpha_2t_i-\alpha_3^{\mathrm{T}}v_i))^{-1}$，其中 $\alpha=(\alpha_0,\alpha_1,\alpha_2,\alpha_3)^{\mathrm{T}}$ 是一个未知的参数向量. 它的极大似然估计表示为 $\hat{\alpha}=(\hat{\alpha}_0,\hat{\alpha}_1,\hat{\alpha}_2,\hat{\alpha}_3)^{\mathrm{T}}$，那么对应的 $\pi(z,\alpha)$ 的估计就是

$$\pi(z_i,\hat{\alpha})=(1+\exp(-\hat{\alpha}_0-\hat{\alpha}_1y_i-\hat{\alpha}_2t_i-\hat{\alpha}_3^{\mathrm{T}}v_i))^{-1}. \tag{7.2.5}$$

如果 $\pi(Z)$ 不是参数形式，那么参数估计可能会得到不具有一致性的估计量. 但是从数据分析的角度来说，式 (7.2.3) 的检验关于缺失机制是稳健的. 式 (7.2.2) 和式 (7.2.3) 中的估计量 $\hat{\pi}(z_i)$ 和 $\pi(z_i,\hat{\alpha})$ 分别是从式 (7.2.4) 和式 (7.2.5) 得到的.

7.2.2 检验统计量的渐近性质

令 $\pi'(Z,\alpha)=\mathrm{grad}_\alpha(\pi(Z,\alpha))$,$g'(T,\theta)=\mathrm{grad}_\theta(g(T,\theta))$, $\Gamma=(1,Z)$, $\Sigma_\alpha=E(\pi(Z,\alpha)(1-\pi(Z,\alpha)\Gamma^{\mathrm{T}}\Gamma)$，$\Sigma_\theta=E(g'(T,\theta)^{\mathrm{T}}g'(T,\theta))$. 根据 Jennrich (1969)，在温和的条件下，有

$$\sqrt{n}(\hat{\theta}-\theta)=\Sigma_\theta^{-1}\frac{1}{\sqrt{n}}\sum_{i=1}^{n}g'(t_i,\theta)^{\mathrm{T}}\frac{\delta_i}{\hat{\pi}(z_i)}(y_i-x_i^{\mathrm{T}}\hat{\beta}-g(t_i,\theta))+o_p(1), \tag{7.2.6}$$

对于 α 的极大似然估计，$\hat{\alpha}$, 有

$$\sqrt{n}(\hat{\alpha}-\alpha)=\Sigma_\alpha^{-1}\frac{1}{\sqrt{n}}\sum_{i=1}^{n}\Gamma^{\mathrm{T}}(\delta_i-\pi(z_i,\alpha))+o_p(1), \tag{7.2.7}$$

其中 $\hat{\pi}(z_i)$ 应该写成 $\pi(z_i,\hat{\alpha})$ 当 $\pi(z_i)$ 是用参数方法估计的时候.

首先引进一些与检验统计量的渐近方差有关的记号，令 $\Sigma_0=E[\delta(X-g_1(T))(X-g_1(T))^{\mathrm{T}}]$，并且

$$A_1(t_i,\theta)=1-Eg'(T,\theta)\Sigma_\theta^{-1}g'(t_i,\theta)^{\mathrm{T}},$$

$$A_2(\theta) = E(X^{\mathrm{T}}) - Eg'(T,\theta)\Sigma_\theta^{-1}E(g'(T,\theta)^{\mathrm{T}}X^{\mathrm{T}}),$$

$$M = E((1-\pi(Z,\alpha))\Gamma A_1(T,\theta)\varepsilon),$$

$$L_1(x_i,t_i,\theta) = A_1(t_i,\theta) - A_2(\theta)\Sigma_0^{-1}(x_i - g_1(t_i))\pi(z_i),$$

$$L_2(x_i,t_i,\theta) = A_1(t_i,\theta) - A_2(\theta)\Sigma_0^{-1}(x_i - g_1(t_i))\pi(z_i,\alpha),$$

在原假设下，式 (7.2.2) 和式 (7.2.3) 中的 $T_{ni}(i=1,2)$ 的渐近性质如下.

定理 7.2.1 当 7.4 节中的条件满足时，在原假设下

$$T_{n1} \to N(0,V_1), \quad T_{n2} \to N(0,V_2),$$

其中

$$V_1 = E\Big(\frac{\delta\varepsilon}{\pi(Z)}L_1(X,T,\theta) + \frac{\pi(Z)-\delta}{\pi(Z)}A_1(T,\theta)E(\varepsilon|Z)\Big)^2,$$

$$V_2 = E\Big(\frac{\delta\varepsilon}{\pi(Z,\alpha)}L_2(X,T,\theta) - M\Sigma_\alpha^{-1}\Gamma^{\mathrm{T}}(\delta-\pi(Z,\alpha))\Big)^2.$$

我们现在用具有以下形式的局部备择假设来考察检验的敏感性:

$$H_{1n}: g(T) = g(T,\theta) + C_nG(T) + \eta, \tag{7.2.8}$$

其中 $E(\eta|T)=0$ 并且函数 $G(\cdot)$ 满足 $E(G^2(T))<\infty$, 那么在 H_{1n} 下有如下定理.

定理 7.2.2 对于和定理 7.2.1 中同样的条件，在局部备择假设 H_{1n} 下，我们有

(1) 如果 $n^{1/2}C_n \to 1$, 那么 $T_{n1}\to N(\mu_1,V_1)$，$T_{n2}\to N(\mu_2,V_2)$, 其中 $\mu_1=\mu_2=E(G(T)A_1(T,\theta))$;

(2) 如果 $n^rC_n\to a$，其中 $0<r<1/2$ 并且 $a\neq 0$，那么 $T_{n1}\to\infty$，$T_{n2}\to\infty$.

从定理 7.2.2 可以发现，当局部备择假设以 $n^{-r}(0<r<1/2)$ 的速率趋近于原假设时，我们的检验统计量的渐近功效为 1；当局部备择假设以 $n^{-1/2}$ 的速率趋近原假设时，检验统计量仍然可以区分备择假设. 对于失拟检验，$n^{-1/2}$ 是可能的最快的速率.

在定理 7.2.1 和定理 7.2.2 中，T_{n2} 的渐近性质是基于 $\pi(Z,\alpha)$ 能够正确说明的假设. 当这个假设不成立时，我们把正确的概率方程记为 $\pi_0(Z,\tilde{\alpha})$. 在这种情况下，式 (7.2.1) 中等号左边的部分可以表示为

$$E\left(\frac{\delta}{\pi(Z,\alpha)}(Y-X^{\mathrm{T}}\beta-g(T,\theta))\right)=E\left[\frac{\pi_0(Z,\tilde{\alpha})}{\pi(Z,\alpha)}E((Y-X^{\mathrm{T}}\beta-g(T,\theta))|Z)\right]. \tag{7.2.9}$$

注意到 $E((Y-X^{\mathrm{T}}\beta-g(T,\theta))|Z)=E((Y-X^{\mathrm{T}}\beta-g(T,\theta))|Y,V,T)$ 不一定等于 0，所以式 (7.2.9) 中的形式也不能证明等于 0. 因此，当 $\pi(z_i,\alpha)$ 被错误地假定的时候，在理论上定理 7.2.1 和定理 7.2.2 就是不正确的. 所以我们才在本书中提出了 T_{n1} 这个统计量，这是基于选择概率 $\pi(Z)$ 的非参数估计量提出的.

注 7.2.1 在定理 7.2.1 和定理 7.2.2 中，我们建立了当 $\pi(Z,\alpha)$ 是 Logistic 回归的时候统计量 T_{n2} 的渐近正态性. 如果 $\pi(Z,\alpha)$ 是其他的参数方程，我们可以通过修正式 (7.1.7) 中 $\hat{\alpha}$ 的渐近表达式，从而类似地得到 T_{n2} 的渐近性质. 其他常用的参数方法，如广义估计方程 (GEE)，也可以用来估计参数 α. 我们只要修改其他的估计方法得到的 $\hat{\alpha}$ 的渐近展开式就可以了，这时统计量 T_{n2} 的渐近结果也会对应地改变.

7.3 数据分析

7.3.1 模拟研究

在本小节中，展示几个模拟研究的结果来评估我们提出的检验统计量的在有限样本下的表现. 在所有的模拟中，我们产生了 2000 个模拟的数据集. 用 $K(u)=15/16(1-u^2)^2, |u|\leqslant 1$ 作为核函数. 虽然带宽的选择问题在非参数估计问题中已经被详细地研究过了，但是就像 Zhu，Ng (2003) 和 Zhu (2005) 所指出的那样，它在模型检验的领域中仍然是一个开放式问题. 就我们的经验来说，带宽为 $h_0=\hat{\sigma}(T)n^{-1/3}$ 是一个好的选择，这里的 $\hat{\sigma}(T)$ 是变量 T 的标准差的估计值. 显然，这个带宽满足 7.4 节中的条件 (5). 为了考察带宽选择的敏感性，我们还考虑了其他几个带宽选择，$h_0=\hat{\sigma}(T)n^{-1/3}$, $h_1=0.5\hat{\sigma}(T)n^{-1/3}$ 和 $h_2=2\hat{\sigma}(T)n^{-1/3}$.

研究 1. 数据集根据以下的部分线性模型产生，

$$Y=\beta X+1+T+aT^2+\varepsilon, \tag{7.3.1}$$

其中 $\beta=1$, $X\sim N(0,1)$, $T\sim U(0,1)$, $\varepsilon\sim N(0,0.4)$，$g(T)=1+T+aT^2$. 对于模型 (7.3.1)，检验的问题是当 X 缺失时，g(T) 是否是 $1+T$ 的线性函数，也就是 $H_0: g(T)=\theta(1+T)$. 显然 $a=0$ 对应原假设，$a\neq 0$ 对应备择假设.

两个缺失机制如下：

$$\pi_1(y,t)=P(\delta=1|Y=y,T=t)=1/(1+\exp(-(1+y+t)),$$

$$\pi_2(y,t)=P(\delta=1|Y=y,T=t)=1/(1+0.5y^2/(y^2+t^2)).$$

对于以上两种情况，平均的没有缺失的概率分别是 $E\pi_1(y,t)\approx 0.91$，$E\pi_2(y,t)\approx 0.71$. 另外 $\pi_1(y,t)$ 是一个 Logistic 形式的参数方程，而 $\pi_2(y,t)$ 不是这种形式.

在这个模拟中，我们通过对式 (7.3.1) 中的 a 取不同的值，样本量 $n=100,200$，还有不同的缺失机制 $\pi_i(y,t), i=1,2$，我们考察提出的检验统计量的在原假设和备择假设下的功效. 而且，通过选择不同的带宽 $h=h_0,h_1,h_2$，考察了带宽对检验的影响. 我们把 $n=100$，缺失机制为 $\pi_1(y,t)$ 时的模拟结果列在表 7.3.1 中，带宽 $h=h_0$ 时所有的模拟结果都显示在图 7.3.1 中.

表 7.3.1 样本量 n=100, 缺失机制为 $\pi_1(y,t)$ 时，对于研究 1 中不同的 a，检验在原假设和备择假设下的功效

a	T_{n1}			T_{n2}		
	h_1	h_0	h_2	h_1	h_0	h_2
0.0	0.054	0.052	0.061	0.051	0.055	0.055
0.2	0.060	0.065	0.072	0.102	0.100	0.105
0.4	0.186	0.185	0.200	0.259	0.238	0.248
0.6	0.398	0.390	0.410	0.477	0.482	0.480
0.8	0.652	0.659	0.660	0.719	0.737	0.739
1.0	0.840	0.868	0.856	0.879	0.885	0.900
1.2	0.950	0.950	0.952	0.963	0.963	0.971
1.4	0.987	0.987	0.983	0.995	0.994	0.989
1.6	0.997	0.999	0.998	0.995	0.998	0.997
1.8	0.999	1.000	1.000	0.999	1.000	0.999
2.0	1.000	1.000	1.000	0.999	1.000	1.000

从表 7.3.1 中我们可以清楚地看到带宽对两个检验统计量的影响都很小. $n=100$，$a=0.8$ 时，在三个带宽下，T_{n1} 的检验功效分别为 0.652,0.659 和 0.660. 对 T_{n2} 而言，在这种情况下，对于不同的带宽它的功效分别为 0.719,0.737 和 0.739.

图 7.3.1(a) 和 (b) 画的是缺失机制为 $\pi_1(y,t)$ 的时候检验的功效，缺失机制为 $\pi_2(y,t)$ 时的情况描述在图 7.3.1 的 (c) 和 (d) 中. 从这两幅图中可以看出，我们的检验统计量 T_{n1} 和 T_{n2} 在原假设下的功效很吻合需要的显著性水平. 在备择假设条件下，当式 (7.3.1) 中的 a 增加时，检验的功效增加得很快，也就是说，这两个检验统计量对备择假设很敏感. 而且我们发现，跟 $n=100$ 时相比，当 $n=200$ 时这两个统计量的检验效率都增加很多. 另外，我们提出的检验在缺失机制为 $\pi_1(y,t)$ 是时更有效率. 注意到平均的完整率 $\pi_1(y,t)$ 比 $\pi_2(y,t)$ 高，我们可以得出结论，更大的样本量或者更完备的信息量可以提高检验的效率.

我们再比较一下 T_{n1} 和 T_{n2} 的表现. 我们发现当缺失概率是 Logistic 方程 $\pi_1(y,t)$ 时，T_{n2} 比 T_{n1} 更有效率，但是当缺失机制是非参数的 $\pi_2(y,t)$ 时，二者有相反的表现. 当我们知道缺失机制为参数形式的时候，运用这一信息会普遍地得到更有效率的检验. 此外，如果我们错误地识别了缺失机制，那么参数的过程就会得到效率低下的检验. 然而，我们注意到在这种情况下，T_{n2} 的表现仍然能和 T_{n1} 相媲美.

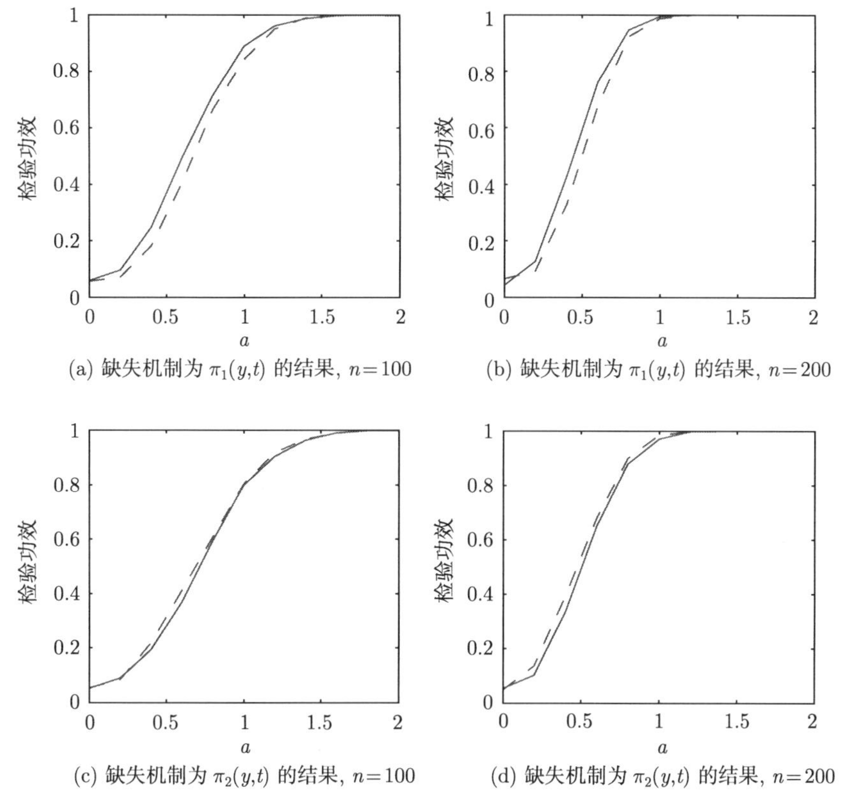

(a) 缺失机制为 $\pi_1(y,t)$ 的结果, $n=100$　(b) 缺失机制为 $\pi_1(y,t)$ 的结果, $n=200$

(c) 缺失机制为 $\pi_2(y,t)$ 的结果, $n=100$　(d) 缺失机制为 $\pi_2(y,t)$ 的结果, $n=200$

图 7.3.1　研究 1 中 $n=100$ 和 $n=200$ 时检验的效率

双画线表示 T_{n1}，实线表示 T_{n2}. 产生数据的模型是 $Y=\beta X+1+T+aT^2+\varepsilon$, 其中 $\beta=1$, $X\sim N(0,1)$, $T\sim U(0,1)$, $\varepsilon\sim N(0,0.4)$，$g(T)=1+T+aT^2$. 检验的原假设是 $H_0: g(T)=\theta(1+T)$

研究 2. 我们根据以下模型来产生数据集,

$$Y=\beta_1X_1+\beta_1X_2+\beta_2X_3+1+T+a\sin(2\pi T)+\varepsilon, \tag{7.3.2}$$

其中 $\beta_1=\beta_1=\beta_2=1$, $X_1,X_2,X_3\sim N(0,1)$, $T\sim U(0,1)$, $\varepsilon\sim N(0,0.4)$，$g(T)=1+T+a\sin(2\pi T)$. 对于模型 (7.3.2)，我们检验 $g(T)$ 是否是一个线性方程，也就是 $H_0: g(T)=\theta(1+T)$. 原假设对应于 $a=0$，而 $a\neq 0$ 对应备择假设. 我们仍然假定 X_1 是根据以下机制缺失的:

$$\pi_1(y,x_2,x_3,t)=1/(1+0.25|y/(y+x_2+x_3+t)|),$$
$$\pi_2(y,x_2,x_3,t)=1/(1+(y^2/(y^2+x_2^2+x_3^2+t^2))).$$

这两种机制的平均的完整率分别为 $E\pi_1(y,x_2,x_3,t)\approx 0.83$ 和 $E\pi_2(y,x_2,x_3,t)\approx 0.67$. 这个研究我们考察在非参数缺失机制下，变量 $Z=(Y,X_2,X_3,T)$ 的维数对 T_{n1} 和 T_{n2} 的稳健性的影响.

缺失机制为 $\pi_1(y,x_2,x_3,t)$ 的模拟结果展示在图 7.3.2(a) 和 (b) 中，缺失机制为 $\pi_2(y,x_2,x_3,t)$ 的模拟结果展示在图 7.3.2(c) 和 (d) 中. 从图 7.3.2 中，我们可以得到和研究 1 类似的结论，但是也有以下一些不同之处：当 Z 的维数为 4 时，T_{n1} 的结果还是比较好的，也就是说 T_{n1} 受维数诅咒的影响不是很大. 同时，T_{n2} 对缺失机制比较稳健，当缺失机制不是参数形式的时候它仍然表现较好.

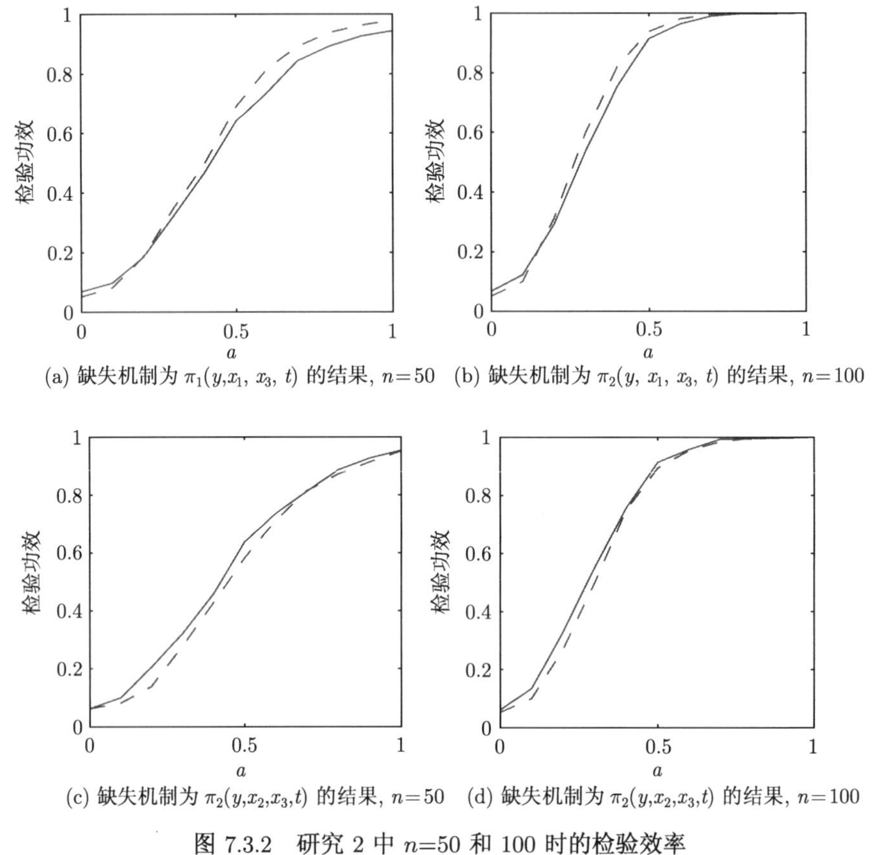

(a) 缺失机制为 $\pi_1(y,x_1,x_3,t)$ 的结果, $n=50$　(b) 缺失机制为 $\pi_2(y,x_1,x_3,t)$ 的结果, $n=100$

(c) 缺失机制为 $\pi_2(y,x_2,x_3,t)$ 的结果, $n=50$　(d) 缺失机制为 $\pi_2(y,x_2,x_3,t)$ 的结果, $n=100$

图 7.3.2　研究 2 中 n=50 和 100 时的检验效率

双画线表示 T_{n1}，实线表示 T_{n2}. 产生数据的模型是 $Y=\beta_1X_1+\beta_2X_2+\beta_2X_3+1+T+a\sin(2\pi T)+\varepsilon$，其中 $\beta_1=\beta_2=\beta_3=1$, $X_i\sim N(0,1),(i=1,2,3)$, $T\sim U(0,1)$, $\varepsilon\sim N(0,0.4)$, $g(T)=1+T+a\sin(2\pi T)$. 检验的原假设是 $H_0:g(T)=\theta(1+T)$

7.3.2　实际数据分析

在本小节中，把我们的方法应用到艾滋病诊断实验 (ACTG315) 研究中. 在这项研究中，有 53 个 HIV-1 感染患者，其中 5 名由于药物不耐或者其他原因退出了实验. 因此，研究中有 48 个有效样本点. 因变量是病毒载量，协变量是 CD4+ 细胞数量和治疗时间. 所有的患者都被重复观测，48 个患者一共得到 317 个观测值，其中有 64 个观测值的 CD4+ 细胞数量值是缺失的，缺失率为 20.19%. 这个数据集曾经被 Wu 和 Wu (2001), Wu, Wu (2002), 以及 Yang (2009) 研究过.

总体来说，根据抗病毒研究结果，免疫变量 CD4+ 细胞数量和病毒学变量病毒载量是负相关的. Liang (2004) 指出 CD4+ 细胞数量对病毒载量的影响是线性的，而治疗时间对病毒载量的影响是非参数的. 但是，检验病毒载量和治疗时间之间是非参数关系的假设是否正确是很重要的. 注意到这个数据集是纵向的数据，但是就像 Liang (2004) 和 Yang (2009) 中的分析一样，在假设检验中我们忽略数据的相关结构. 其实我们提出的检验也可以扩展到纵向数据的独立性分析.

用 Y 表示病毒载量，T 表示治疗时间，X 表示 CD4+ 细胞数量，$\delta=0$ 表示 X 缺失，$\delta=1$ 表示 X 没有缺失. 考虑用一下的模型进行数据拟合：

$$Y=X\beta+g(T)+\varepsilon, \tag{7.3.3}$$

对于模型 (7.3.3)，我们想要检验 $g(T)$ 是否是线性形式，也就是原假设 $H_0: g(T)=\theta T$. 检验统计量 T_{n1} 和 T_{n2} 的 p 值都是 0.000. 所以我们拒绝原假设，认为 $g(T)$ 不是线性形式. 所以结果表明模型 (7.3.3) 中用非参数方程 $g(T)$ 表示 T 与 Y 的关系是合适的，这个结论跟 Liang (2004) 和 Yang (2009) 中的结论一样 (图 7.3.3).

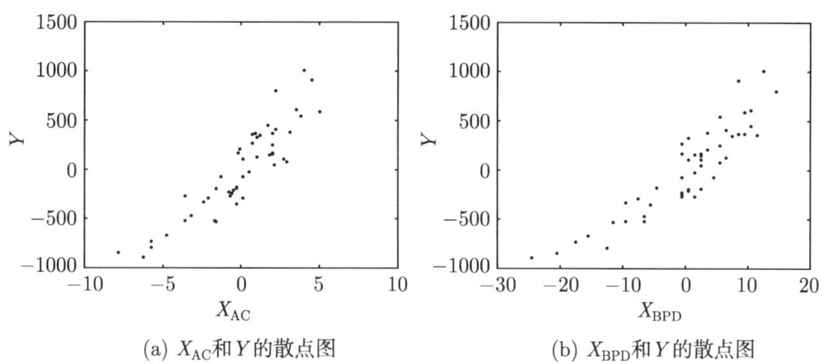

(a) X_{AC}和Y的散点图 (b) X_{BPD}和Y的散点图

图 7.3.3 实际数据集的散点图

7.4 定理的证明

以下的条件是 7.2 节中定理的前提条件：

(1) $g(\cdot,\theta)$ 是参数空间 Θ 上的连续可导函数，$g_1(\cdot)$ 和 $g_2(\cdot)$ 满足 1 阶 Lipschitz 条件；

(2) $\pi(z)$ 有 $k(>2)$ 阶有界的偏导数；

(3) $\Sigma_0, \Sigma_\alpha, \Sigma_\theta$ 都是正定矩阵；

(4) 对于某些 c_1 和所有的 x，t，$\sup E(\varepsilon^2|X=x,T=t)<c_1$，$E|X|^4<\infty$，$E|Y|^4<\infty$；

(5) $n\to\infty$ 时，$\sqrt{n}h^2\to 0,\sqrt{n}h\to\infty$；

(6) Z 的密度函数 $f(z)$ 存在并且有有界的二阶偏导数，设其定义域为 $\mathcal{C}$，则

$$0<\inf_{z\in\mathcal{C}} f(z)\leqslant \sup_{z\in\mathcal{C}} f(z)<\infty;$$

(7) 连续的核函数 $K(\cdot)$ 满足：①定义域为 $[-1,1]$；② 关于 0 对称；③ $\int_{-1}^{1}K(u)\mathrm{d}u=1$, $\int_{-1}^{1}|u|K(u)\mathrm{d}u\neq 0$.

注 7.4.1 条件 (1),(5),(7) 是几个典型的运用非参数估计的时候为了得到收敛性而设定的条件. 条件 (2) 是在缺失数据研究中一个经常的假定，这个假定在 Wang (2004) 等文献中也出现过. 条件 (3) 和 (4) 对于最小二乘估计量的渐近正态性是必要的. 条件 (6) 是一个典型的在非参数估计中为了避免边界效应而设定的条件.

引理 7.4.1 在条件 (1)~(7) 成立的情况下，$\sqrt{n}(\hat{\beta}-\beta)$ 在式 (7.2.1) 的原假设和式 (7.2.8) 的局部备择假设下的渐近性质是相同的，都满足

$$\sqrt{n}(\hat{\beta}-\beta)=\frac{\Sigma_0^{-1}}{\sqrt{n}}\sum_{i=1}^{n}\delta_i(x_i-g_1(t_i))\varepsilon_i+o_p(1).$$

证明 在原假设下，有

$$\begin{aligned}\sqrt{n}(\hat{\beta}-\beta)&=\frac{\Sigma_0^{-1}}{\sqrt{n}}\sum_{i=1}^{n}\delta_i(x_i-g_1(t_i))\{y_i-g_2(t_i)-(x_i-g_1(t_i))^{\mathrm{T}}\beta\}+o_p(1)\\&=\frac{\Sigma_0^{-1}}{\sqrt{n}}\sum_{i=1}^{n}\delta_i(x_i-g_1(t_i))(y_i-x_i^{\mathrm{T}}\beta-g(t_i,\theta))+o_p(1)\\&=\frac{\Sigma_0^{-1}}{\sqrt{n}}\sum_{i=1}^{n}\delta_i(x_i-g_1(t_i))\varepsilon_i+o_p(1).\end{aligned}$$

在局部备择假设下，有

$$\begin{aligned}\sqrt{n}(\hat{\beta}-\beta)&=\frac{\Sigma_0^{-1}}{\sqrt{n}}\sum_{i=1}^{n}\delta_i(x_i-g_1(t_i))\{y_i-g_2(t_i)-(x_i-g_1(t_i))^{\mathrm{T}}\beta\}+o_p(1)\\&=\frac{\Sigma_0^{-1}}{\sqrt{n}}\sum_{i=1}^{n}\delta_i(x_i-g_1(t_i))(y_i-x_i^{\mathrm{T}}\beta-g(t_i,\theta)-C_nG(t_i))+o_p(1)\\&=\frac{\Sigma_0^{-1}}{\sqrt{n}}\sum_{i=1}^{n}\delta_i(x_i-g_1(t_i))\varepsilon_i+o_p(1).\end{aligned}$$

这样，引理 7.4.1 的证明就完成了.

定理 7.2.1 的证明 首先我们证明 T_{n1} 在原假设下的渐近分布. 我们可以得出

$$\begin{aligned}T_{n1}=&\frac{1}{\sqrt{n}}\sum_{i=1}^{n}\frac{\delta_i}{\hat{\pi}(z_i)}(y_i-x_i^{\mathrm{T}}\beta-g(t_i,\theta))-\frac{1}{\sqrt{n}}\sum_{i=1}^{n}\frac{\delta_i}{\hat{\pi}(z_i)}x_i^{\mathrm{T}}(\hat{\beta}-\beta)\\&-\frac{1}{\sqrt{n}}\sum_{i=1}^{n}\frac{\delta_i}{\hat{\pi}(z_i)}g'(t_i,\theta)(\hat{\theta}-\theta)\\=&T_{n11}-T_{n12}-T_{n13}.\end{aligned}\tag{7.4.1}$$

对于式 (7.4.1) 中的 T_{n12}，可以得到

$$\begin{aligned}T_{n12}=&\frac{1}{\sqrt{n}}\sum_{i=1}^{n}\frac{\delta_i}{\pi(z_i)}x_i^{\mathrm{T}}(\hat{\beta}-\beta)+\frac{1}{\sqrt{n}}\sum_{i=1}^{n}\frac{(\pi(z_i)-\hat{\pi}(z_i))\delta_i}{\pi^2(z_i)}x_i^{\mathrm{T}}(\hat{\beta}-\beta)+o_p(1)\\=&E(X^{\mathrm{T}})\sqrt{n}(\hat{\beta}-\beta)\\&+\frac{1}{\sqrt{n}}\sum_{i=1}^{n}\frac{\sum\limits_{j=1}^{n}(\pi(z_i)-\delta_j)K_h(z_j-z_i)\delta_i x_i^{\mathrm{T}}}{\pi^2(z_i)nf(z_i)}(\hat{\beta}-\beta)+o_p(1)\\=&E(X^{\mathrm{T}})\sqrt{n}(\hat{\beta}-\beta)+\frac{1}{\sqrt{n}}\sum_{j=1}^{n}\frac{\pi(z_j)-\delta_j}{\pi(z_j)}E(X^{\mathrm{T}}|z_j)(\hat{\beta}-\beta)+o_p(1)\\=&E(X^{\mathrm{T}})\sqrt{n}(\hat{\beta}-\beta)+o_p(1),\end{aligned}\tag{7.4.2}$$

其中最后一个式子是由于 $n^{-1}\sum_{i=1}^{n}(\pi(z_i)-\delta_i)\pi(z_i)^{-1}E(X^{\mathrm{T}}|z_i)=o_p(1)$ 和 $\sqrt{n}(\hat{\beta}-\beta)=O_p(1)$ 而得到的.

对于式 (7.4.1) 中的 T_{n13}, 有

$$\begin{aligned}T_{n13}=&E(g'(T,\theta))\sqrt{n}(\hat{\theta}-\theta)\\=&E(g'(T,\theta))\Sigma_{\theta}^{-1}\frac{1}{\sqrt{n}}\sum_{i=1}^{n}g'(t_i,\theta)^{\mathrm{T}}\frac{\delta_i}{\hat{\pi}(z_i)}(y_i-x_i^{\mathrm{T}}\hat{\beta}-g(t_i,\theta))+o_p(1)\\=&E(g'(T,\theta))\Sigma_{\theta}^{-1}\frac{1}{\sqrt{n}}\sum_{i=1}^{n}\frac{\delta_i}{\hat{\pi}(z_i)}g'(t_i,\theta)^{\mathrm{T}}(\varepsilon_i-x_i^{\mathrm{T}}(\hat{\beta}-\beta))+o_p(1)\\=&E(g'(T,\theta))\Sigma_{\theta}^{-1}\frac{1}{\sqrt{n}}\sum_{i=1}^{n}g'(t_i,\theta)^{\mathrm{T}}\frac{\delta_i\varepsilon_i}{\hat{\pi}(z_i)}\\&-E(g'(T,\theta))\Sigma_{\theta}^{-1}E(g'(T,\theta)^{\mathrm{T}}X^{\mathrm{T}})\sqrt{n}(\hat{\beta}-\beta)+o_p(1).\end{aligned}\tag{7.4.3}$$

根据式 (7.4.1)~ 式 (7.4.3)，并且注意到

$$A_1(t_i,\theta)=1-Eg'(T,\theta)\Sigma_\theta^{-1}g'(t_i,\theta)^{\mathrm{T}},$$

$$A_2(\theta)=E(X^{\mathrm{T}})-Eg'(T,\theta)\Sigma_\theta^{-1}E(g'(T,\theta)^{\mathrm{T}}X^{\mathrm{T}}),$$

我们可以得到

$$T_{n1}=\frac{1}{\sqrt{n}}\sum_{i=1}^{n}\frac{\delta_i\varepsilon_i}{\hat{\pi}(z_i)}A_1(t_i,\theta)-A_2(\theta)\sqrt{n}(\hat{\beta}-\beta)+o_p(1). \tag{7.4.4}$$

根据引理 7.4.1，对于 $\hat{\beta}$ 有

$$\sqrt{n}(\hat{\beta}-\beta)=\Sigma_0^{-1}\frac{1}{\sqrt{n}}\sum_{i=1}^{n}\delta_i(x_i-g_1(t_i))\varepsilon_i+o_p(1).$$

注意到

$$\frac{1}{\sqrt{n}}\sum_{i=1}^{n}\frac{\delta_i\varepsilon_i}{\hat{\pi}(z_i)}A_1(t_i,\theta)=\frac{1}{\sqrt{n}}\sum_{i=1}^{n}\frac{\delta_i\varepsilon_i+(\pi(z_i)-\delta_i)E(\varepsilon|z_i)}{\pi(z_i)}A_1(t_i,\theta)+o_p(1),$$

式 (7.4.4) 中的 T_{n1} 的表达式可以进一步写成

$$\begin{aligned}T_{n1}=&\frac{1}{\sqrt{n}}\sum_{i=1}^{n}\frac{\delta_i\varepsilon_i}{\pi(z_i)}\{A_1(t_i,\theta)-A_2(\theta)\Sigma_0^{-1}(x_i-g_1(t_i))\pi(z_i)\}\\&+\frac{1}{\sqrt{n}}\sum_{i=1}^{n}\frac{\pi(z_i)-\delta_i}{\pi(z_i)}A_1(t_i,\theta)E(\varepsilon|z_i)+o_p(1).\end{aligned}$$

这就得到了定理 7.2.1 中关于 T_{n1} 的渐近分布的表达式.

下面我们证明 T_{n2} 的渐近分布. 首先，可以很容易得到

$$\begin{aligned}T_{n2}=&\frac{1}{\sqrt{n}}\sum_{i=1}^{n}\frac{\delta_i}{\hat{\pi}(z_i,\alpha)}(y_i-x_i^{\mathrm{T}}\beta-g(t_i,\theta))-\frac{1}{\sqrt{n}}\sum_{i=1}^{n}\frac{\delta_i}{\hat{\pi}(z_i,\alpha)}x_i^{\mathrm{T}}(\hat{\beta}-\beta)\\&-\frac{1}{\sqrt{n}}\sum_{i=1}^{n}\frac{\delta_i}{\hat{\pi}(z_i,\alpha)}g'(t_i,\theta)(\hat{\theta}-\theta)\\=&T_{n21}-T_{n22}-T_{n23}.\end{aligned} \tag{7.4.5}$$

对于式 (7.4.5) 中的 T_{n22}，有

$$\begin{aligned}T_{n22}=&\frac{1}{\sqrt{n}}\sum_{i=1}^{n}\left[\frac{\delta_i x_i^{\mathrm{T}}}{\pi(z_i,\alpha)}(\hat{\beta}-\beta)-\frac{(\pi(z_i,\hat{\alpha})-\pi(z_i,\alpha))\delta_i x_i^{\mathrm{T}}}{\pi^2(z_i,\alpha)}(\hat{\beta}-\beta)\right]+o_p(1)\\=&T_{n22,1}-T_{n22,2}+o_p(1).\end{aligned} \tag{7.4.6}$$

注意到 $\Gamma_i = (1, z_i)$, $\sqrt{n}(\hat{\alpha} - \alpha) = O_p(1)$ $\pi(z_i, \hat{\alpha}) - \pi(z_i, \alpha) = \pi'(z_i, \alpha)(\hat{\alpha} - \alpha) + o_p(n^{-1/2}) = \pi(z_i, \alpha)(1 - \pi(z_i, \alpha))\Gamma_i(\hat{\alpha} - \alpha) + o_p(n^{-1/2})$, 所以对于 $T_{n22,2}$, 有

$$T_{n22,2} = E((1 - \pi(Z, \alpha))\Gamma X^{\mathrm{T}})\sqrt{n}(\hat{\alpha} - \alpha)(\hat{\beta} - \beta) + o_p(1) = o_p(1).$$

所以就可以得到 $T_{n22} = E(X^{\mathrm{T}})\sqrt{n}(\hat{\beta} - \beta)$.

对于式 (7.4.5) 中的 T_{n23}，可以证明

$$\begin{aligned} T_{n23} &= Eg'(T, \theta)\sqrt{n}(\hat{\theta} - \theta) \\ &= Eg'(T, \theta)\Sigma_\theta^{-1}\frac{1}{\sqrt{n}}\sum_{i=1}^{n} g'(t_i, \theta)^{\mathrm{T}}\frac{\delta_i\varepsilon_i}{\pi(z_i, \hat{\alpha})} \\ &\quad - Eg'(T, \theta)\Sigma_\theta^{-1}E(g'(T, \theta)^{\mathrm{T}}X^{\mathrm{T}})\sqrt{n}(\hat{\beta} - \beta) + o_p(1). \end{aligned} \tag{7.4.7}$$

根据式 (7.4.5)~ 式 (7.4.7)，有

$$\begin{aligned} T_{n2} &= \frac{1}{\sqrt{n}}\sum_{i=1}^{n}\frac{\delta_i\varepsilon_i}{\pi(z_i, \hat{\alpha})}A_1(t_i, \theta) - A_2(\theta)\sqrt{n}(\hat{\beta} - \beta) + o_p(1) \\ &= \overline{T}_{n21} - \overline{T}n22 + o_p(1). \end{aligned} \tag{7.4.8}$$

对于 $\overline{T}_{n21}$, 可以证明

$$\begin{aligned} \overline{T}_{n21} &= \frac{1}{\sqrt{n}}\sum_{i=1}^{n} A_1(t_i, \theta)\Big[\frac{\delta_i\varepsilon_i}{\pi(z_i, \alpha)} - \frac{(\pi(z_i, \hat{\alpha}) - \pi(z_i, \alpha))\delta_i\varepsilon_i}{\pi^2(z_i, \alpha)}\Big] + o_p(1) \\ &= \frac{1}{\sqrt{n}}\sum_{i=1}^{n} A_1(t_i, \theta)\frac{\delta_i\varepsilon_i}{\pi(z_i, \alpha)} - M\sqrt{n}(\hat{\alpha} - \alpha), \end{aligned} \tag{7.4.9}$$

其中 $M = E((1 - \pi(Z, \alpha))\Gamma A_1(T, \theta)\varepsilon)$.

根据引理 7.4.1 和式 (7.4.8), 式 (7.4.9)，得到

$$\begin{aligned} T_{n2} &= \frac{1}{\sqrt{n}}\sum_{i=1}^{n}\frac{\delta_i\varepsilon_i}{\pi(z_i, \alpha)}\Big[A_1(t_i, \theta) - A_2(\theta)\Sigma_0^{-1}(x_i - g_1(t_i))\pi(z_i, \alpha)\Big] \\ &\quad - M\Sigma_\alpha^{-1}\frac{1}{\sqrt{n}}\sum_{i=1}^{n}\Gamma^{\mathrm{T}}(\delta_i - \pi(z_i, \alpha)) + o_p(1). \end{aligned}$$

这样定理 7.2.1 中 T_{n2} 的渐近分布也得到了证明，定理 7.2.1 证毕.

定理 7.2.2 的证明 T_{n1} 可以分解为

$$\begin{aligned} T_{n1} &= \frac{1}{\sqrt{n}}\sum_{i=1}^{n}\frac{\delta_i(\eta_i + C_nG(t_i))}{\hat{\pi}(z_i)}A_1(t_i, \theta) - A_2(\theta)\sqrt{n}(\hat{\beta} - \beta) + o_p(1) \\ &= \tilde{T}_{n11} + \tilde{T}_{n12} - \tilde{T}_{n13} + o_p(1). \end{aligned}$$

对于 $\tilde{T}_{n12}$, 我们很容易得到

$$\begin{aligned}\tilde{T}_{n12}=&\frac{C_n}{\sqrt{n}}\sum_{i=1}^n\frac{\delta_iG(t_i)}{\pi(z_i)}A_1(t_i,\theta)+\frac{C_n}{\sqrt{n}}\sum_{i=1}^n\frac{(\pi(z_i)-\delta_i)G(t_i)}{\pi(z_i)}A_1(t_i,\theta)+o_p(1)\\=&C_n\sqrt{n}E(G(T)A_1(T,\theta))+o_p(1),\end{aligned}$$

其中最后一个式子可以根据

$$\mathrm{Var}\left(\frac{C_n}{\sqrt{n}}\sum_{i=1}^n\frac{(\pi(z_i)-\delta_i)G(t_i)A_1(t_i,\theta)}{\pi(z_i)}\right)=C_n^2\mathrm{Var}\left(\frac{(\pi(Z)-\delta)G(T)A_1(T,\theta)}{\pi(Z)}\right)\to 0$$

得出. 根据引理 7.4.1，我们知道

$$\sqrt{n}(\hat{\beta}-\beta)=\varSigma_0^{-1}\frac{1}{\sqrt{n}}\sum_{i=1}^n\delta_i(x_i-G_1(t_i))\varepsilon_i+o_p(1),$$

所以，如果 $n^{1/2}C_n\to 1$，我们就可以得到

$$\begin{aligned}T_{n1}=&\frac{1}{\sqrt{n}}\sum_{i=1}^n\frac{\delta_i\varepsilon_i}{\pi(z_i)}\{A_1(t_i,\theta)-A_2(\theta)\varSigma_0^{-1}(x_i-g_1(t_i))\pi(z_i)\}\\&+\frac{1}{\sqrt{n}}\sum_{i=1}^n\frac{\pi(z_i)-\delta_i}{\pi(z_i)}A_1(t_i,\theta)E(\varepsilon|z_i)+E(G(T)A_1(T,\theta))+o_p(1).\end{aligned}$$

如果 $n^rC_n\to a, 0<r<1/2$, 那么就有 $\sqrt{n}C_n\to\infty$, 当 $n\to\infty$. 所以就可以得到 $T_{n1}\to\infty$.

下面考察 T_{n2} 的渐近性质. 注意到

$$\begin{aligned}T_{n2}=&\frac{1}{\sqrt{n}}\sum_{i=1}^n\frac{\delta_i(\eta_i+C_nG(t_i))}{\pi(z_i,\hat{\alpha})}A_1(t_i,\theta)-A_2(\theta)\sqrt{n}(\hat{\beta}-\beta)+o_p(1)\\=&\tilde{T}_{n21}+\tilde{T}_{n22}-\tilde{T}_{n23}+o_p(1).\end{aligned}$$

对于 $\tilde{T}_{n22}$, 可以得到

$$\begin{aligned}\tilde{T}_{n22}=&\frac{C_n}{\sqrt{n}}\sum_{i=1}^n\frac{\delta_iG(t_i)}{\pi(z_i,\alpha)}A_1(t_i,\theta)\\&-\frac{C_n}{\sqrt{n}}\sum_{i=1}^n\frac{(\pi(z_i,\hat{\alpha})-\pi(z_i,\alpha))\delta_iG(t_i)}{\pi^2(z_i,\alpha)}A_1(t_i,\theta)+o_p(1)\\=&C_n\sqrt{n}E(G(T)A_1(T,\theta))\\&-C_nE[(1-\pi(Z,\alpha))G(T)A_1(T,\theta)\varGamma]\sqrt{n}(\hat{\alpha}-\alpha)+o_p(1)\\=&C_n\sqrt{n}E(G(T)A_1(T,\theta))+o_p(1),\end{aligned}$$

其中最后一个式子是根据 $\sqrt{n}(\hat{\alpha}-\alpha)=O_p(1)$ 和 $C_n\to 0$ 得到.

因此根据引理 7.4.1，我们就有

$$\begin{aligned}T_{n2}=&\frac{1}{\sqrt{n}}\sum_{i=1}^{n}\frac{\delta_i\varepsilon_i}{\pi(z_i,\alpha)}\Big[A_1(t_i,\theta)-A_2(\theta)\varSigma_0^{-1}(x_i-g_1(t_i))\pi(z_i,\alpha)\Big]\\&-M\varSigma_\alpha^{-1}\frac{1}{\sqrt{n}}\sum_{i=1}^{n}\varGamma^{\mathrm{T}}(\delta_i-\pi(z_i,\alpha))+C_n\sqrt{n}E(G(T)A_1(T,\theta)).\end{aligned}$$

T_{n2} 的性质可以从以上公式中得出. 定理 7.2.2 证毕.

第 8 章　响应变量随机缺失时变系数模型的拟合优度检验

8.1 引　　言

考虑如下变系数模型:

$$Y(t)=X(t)^{\mathrm{T}}\beta(t)+\varepsilon, \tag{8.1.1}$$

其中 $X(t)=(X_0(t),\cdots,X_k(t))^{\mathrm{T}}$ 是协变量组成的向量，$\beta(t)=(\beta^{(0)}(t),\cdots,\beta^{(k)}(t))^{\mathrm{T}}$ 是 t 的未知系数方程向量，ε 是 0 均值的随机变量，我们用 $X_i(t)$，$i=0,1,\cdots,k$ 明确地表现协变量可能也受 t 的影响. 另外假定给定 $X(t)$ 和 t 的时候 ε 的条件期望为 0 ，也就是 $E(\varepsilon|X(t),t)=0$. 不失一般性并且为了简单起见，假设 t 是一个标量，但是下面所得出的所有结果都可以扩展到 t 是多元变量的情形. 本章主要内容来自文献 Xu 和 Zhu (2013).

变系数模型，如 Hastie 和 Tibshirani (1993) 提出的模型 (8.1.1) 是一类很常用的模型，并且用来减轻维数诅咒的问题. 这类模型在回归中是线性的，但是它们的系数允许随着另外一个变量平滑地变化. 许多文献都提出了关于模型中 $\beta(t)$ 的估计，如 Hoover，Rice，Wu，Yang (1998)，Fan 和 Zhang (2000) 及 Huang，Wu，Zhou (2002) 提出了当协变量 X 关于时间是独立的时候 $\beta(t)$ 的估计，Wu，Chiang (2000) 和 Chiang，Rice，Wu (2001) 提出了当 X 不随时间变化时 $\beta(t)$ 的估计. 为了避免在回归分析中得到错误的结论，模型检验是很重要的一部分. 当没有缺失数据的时候，许多文献都已经考察过关于各种模型的检验，如 Xu 和 Zhu (2009) 提出了一种基于经验过程的方法来检验系数方程 $\beta(t)$ 是否具有某种参数形式. 为了检验模型 (8.1.1) 的拟合优度，Xu 和 Zhu (2008) 考察了对以下的原假设: 几乎对于所有的 $X(t)$ 和 t，有

$$H_0: E(Y|X(t),t)=X(t)^{\mathrm{T}}\beta(t) \tag{8.1.2}$$

的检验. 其对应的饱和备择假设为：对于所有的 $\beta(\cdot)$，取正概率有

$$H_1: E(Y|X(t),t)\neq X(t)^{\mathrm{T}}\beta(t).$$

然而在实际的许多统计应用中，缺失响应变量的数据是经常遇到的. 比如，由于预算有限，想观测样本中所有个体的 Y 值费用太昂贵；另外一些缺失的原因包括被试者由于严重的副作用而退出实验，被试者病重而不能来进行治疗，丢失联系方式而不能进行跟踪观测等. 实际上，缺失响应变量的数据在临床纵向研究，民意调查，医学研究和其他科学实验中是经常遇到的. 缺失的问题在许多文献中都已经研究过，如 Wang，Chen (2001) 和 Wang，Lindon，Härdle (2004). 本书主要是研究响应变量有缺失数据时检验 (8.1.2) 中的假设的问题. 假设检验中也包含了有缺失数据时的估计问题. 本书中，我们考虑用归因和倾向计分逆概率加权法 (Little，Rubin，1987) 来处理参数估计的问题.

与我们的主题相关的一篇文献是 Sun，Wang，Dai (2009)，这篇文献研究了因变量缺失时部分线性模型的检验问题. 为了定义检验统计量，我们首先用归因和逆概率加权法产生了两个完整的数据集. 为了检验式 (8.1.2) 中的原假设，我们分别基于这两组完整的数据集构造了两个基于经验过程的统计量. 注意到这是一个半参数问题，非参数的插入估计是必要的. 这就导致检验统计量在原假设下的极限分布很难得到. 因此，我们考虑用蒙特卡罗近似方法来计算检验的 p 值.

8.2 检验统计量的构造

为了表述方便，令 $x_i = X(t_i)$，$y_i = Y(t_i)(i = 1, \cdots, n)$，$X(t) = X$，$Y(t) = Y$. $(y_i, \delta_i, x_i, t_i), i = 1, 2, \cdots, n$, 是从模型 (8.1.1) 中得到的样本. 这里 δ 是一个缺失指示变量：如果 y_i 观测到，那么 $\delta_i = 1$，如果 y_i 缺失，那么 $\delta_i = 0$. 像 Cheng (1994)，Wang 和 Rao (2002) 和其他一些文献中所假设的那样，我们也假设给定 $X(t)$ 和 t 的时候，δ 和 Y 是条件独立的，这个假设被称作强随机缺失，是在 Rosenbaum 和 Rubin (1983) 中首先定义的. 这也就是说

$$P(\delta = 1|Y, X, t) = P(\delta = 1|X, t),$$

其中 $P(\delta = 1|X, t)$ 在缺失机制中被称作倾向计分和指定选择偏差.

用 $\hat{\beta}(t)$ 表示 $\beta(t)$ 的估计量，在后面中会详细给出. 首先，我们分别用归因和逆边际概率加权法，构造如下两个完整的数据集：

$$(\hat{y}_{ik}, \delta_i, x_i, t_i), \quad i = 1, 2, \cdots, n, k = 1, 2,$$

其中

$$\begin{aligned} \hat{y}_{i1} &= \delta_i y_i + (1 - \delta_i) x_i^{\mathrm{T}} \hat{\beta}(t_i), \quad i = 1, 2, \cdots, n, \\ \hat{y}_{i2} &= \frac{\delta_i}{\hat{\Delta}_t(t_i)} y_i + \left(1 - \frac{\delta_i}{\hat{\Delta}_t(t_i)}\right) x_i^{\mathrm{T}} \hat{\beta}(t_i), \quad i = 1, 2, \cdots, n, \end{aligned} \tag{8.2.1}$$

这里 $\hat{\Delta}_t(t)=\sum_{j=1}^n \delta_j K((t-t_j)/h)/\sum_{j=1}^n K((t-t_j)/h)$ 是 $\Delta_t(t)=P(\delta=1|t)$ 的估计量，其中 $K(\cdot)$ 是核函数，h 是带宽.

对于式 (8.2.1) 中的逆边际概率加权法，我们用边际响应概率方程 $\Delta_t(t)$ 的估计量，而不用全响应概率方程 $\Delta_z(z)=P(\delta=1|z)$ 的估计量，其中 $z=(X(t),t)$. 关于这一点，有两个主要的原因，在 Sun，Wang，Dai (2009) 中也提到过. 其中一点是式 (8.2.1) 中的方程 $\Delta_t(t)$ 可以避免维数诅咒问题，而当 $X(t)$ 的维数较高时，在估计 $\Delta_z(z)$ 时就会遇到维数诅咒问题. 另外一点是考虑到检验的敏感性. 注意到逆全概率加权法通常会导致所谓的 “双稳健” 性质，也就是说不管倾向计分方程原假设下的模型 (8.1.2) 是否是正确的，估计量都具有一致性. 这在估计上是一个好的性质，但是这个性质在假设检验中会掩盖原假设的模型和备择假设的模型的区别. 此外，使用模型 (8.2.1) 中的边际相应概率方程可以避免双稳健的问题.

首先，我们讨论 $\beta(\cdot)$ 的估计问题. 由于这是一个非参数方程，所以任何局部平滑量都可以使用. 为了表述方便，我们用核估计量. 对于响应变量有缺失的模型，在对于任意 t，$E(\delta XX^{\mathrm{T}}|T=t)$ 都是可逆的的假设下，$\beta(T)=(E(\delta XX^{\mathrm{T}}|T))^{-1}E(\delta XY|T)$. 为了标记方便，令 $S(t)=E(\delta XX^{\mathrm{T}}|T=t)$，$G(t)=E(\delta XY|T=t)$. 用 $\hat{S}(t)$ 和 $\hat{G}(t)$ 分别表示 $S(t)$ 和 $G(t)$ 的估计量，那么对于 $i=1,\cdots,n$，有

$$\begin{aligned}\hat{f}(t_i)&=\frac{1}{n}\sum_{j=1}^n k_h(t_i-t_j),\\ \hat{G}(t_i)&=\frac{1}{n}\sum_{j=1}^n \delta_j x_j y_j k_h(t_i-t_j)/\hat{f}(t_i),\\ \hat{S}(t_i)&=\frac{1}{n}\sum_{j=1}^n \delta_j x_j x_j^{\mathrm{T}} k_h(t_i-t_j)/\hat{f}(t_i),\end{aligned}$$

其中 $k_h(t)=(1/h)K(t/h)$，$K(\cdot)$ 是一个核函数，关于它的定义在 8.6 节的条件 (3) 中有详细说明. 那么得到的估计量就是

$$\hat{\beta}(t_i)=(\hat{S}(t_i))^{-1}\hat{G}(t_i),\quad i=1,\cdots,n. \tag{8.2.2}$$

注意到 $E[(Y-X^{\mathrm{T}}\beta(t))|X,t]=0$ 与

$$E\{(Y-X^{\mathrm{T}}\beta(T))I(X\leqslant x,T\leqslant t)\}=0,\quad \text{对于所有的 } t,x \tag{8.2.3}$$

是等价的. 那么根据两个完整数据集

$$\{(\hat{y}_{1k},x_1,t_1),\cdots,(\hat{y}_{nk},x_n,t_n)\}\quad (k=1,2).$$

式 (8.2.3) 的 LHS 的经验形式就可以写成

$$\frac{1}{n}\sum_{j=1}^n[\hat{y}_{jk}-x_j^{\mathrm{T}}\hat{\beta}(t_j)]I(x_j\leqslant x,t_j\leqslant t),\quad k=1,2,$$

上式就可以用来构造统计量.

用 $\hat{\varepsilon}_{jk}=\hat{y}_{jk}-x_j^{\mathrm{T}}\hat{\beta}(t_j)$ $(j=1,\cdots,n,k=1,2)$ 表示残差，那么累积和过程就是

$$R_{nk}(x,t)=\frac{1}{\sqrt{n}}\sum_{j=1}^{n}\hat{\varepsilon}_{jk}I(x_j\leqslant x,t_j\leqslant t),\quad k=1,2. \tag{8.2.4}$$

检验统计量可以定义为

$$T_{nk}=\int(R_{nk}(X,T))^2\mathrm{d}F_n(X,T),\quad k=1,2, \tag{8.2.5}$$

其中 F_n 是基于 $\{(x_1,t_1),\cdots,(x_n,t_n)\}$ 的经验分布. 当 $T_{nk}(k=1,2)$ 的值大到一定程度时，我们就可以拒绝原假设.

8.3 渐近性质

下面给出 R_{nk} 和 $LR_{nk}(k=1,2)$ 的渐近性质. 令

$$\begin{aligned}
&U_1(x,t)=E(\delta X^{\mathrm{T}}I(X\leqslant x)|T=t),\\
&U_2(x,t)=E\left(\frac{\delta}{\Delta_t(T)}X^{\mathrm{T}}I(X\leqslant x)|T=t\right),\\
&J_1(\tilde{\delta},\tilde{y},\tilde{x},\tilde{t};t,x)=\tilde{\delta}(\tilde{y}-\tilde{x}^{\mathrm{T}}\beta(\tilde{t}))\Big\{I(\tilde{x}\leqslant x,\tilde{t}\leqslant t)-U_1(x,\tilde{t})S(\tilde{t})^{-1}\tilde{x}I(\tilde{t}\leqslant t)\Big\},\\
&J_2(\tilde{\delta},\tilde{y},\tilde{x},\tilde{t};t,x)=\tilde{\delta}(\tilde{y}-\tilde{x}^{\mathrm{T}}\beta(\tilde{t}))\left\{\frac{1}{\Delta_t(\tilde{t})}I(\tilde{x}\leqslant x,\tilde{t}\leqslant t)-U_2(x,\tilde{t})S(\tilde{t})^{-1}\tilde{x}I(\tilde{t}\leqslant t)\right\}.
\end{aligned}$$

定理 8.3.1 当 8.6 节中的条件满足时，我们在原假设 H_0 下，有

$$R_{nk}(x,t)=\frac{1}{\sqrt{n}}\sum_{j=1}^{n}J_k(\delta_j,y_j,x_j,t_j;x,t)+o_p(1),\quad k=1,2,$$

在 Skorohod 空间 $D[-\infty,+\infty]^p$ 上依分布收敛于 $R_k(x,t)$，其中 p 表示协变量 X 的维数，$R_k(x,t)$ 是一个中心化的连续高斯过程，并且对于任意的 (x_1,t_1) 和 (x_2,t_2) 有以下的协方差方程

$$\mathrm{Cov}(R_k(t_1,x_1)R_k(t_2,x_2))=E(J_k(\delta,Y,X,T;x_1,t_1)J_k(\delta,Y,X,T;x_2,t_2)),\quad k=1,2,$$

因此 T_{nk} 依分布收敛于 $T_k:=\int R_k^2(x,t)\mathrm{d}F(x,t)$ $(j=1,2)$，其中 $F(\cdot,\cdot)$ 是 X 和 T 的分布函数.

下面考察检验统计量 T_{nk} $(k=1,2)$ 对备择假设的敏感性. 考虑一系列模型

$$Y=X^{\mathrm{T}}\beta(T)+g(x,t)/C_n+\varepsilon, \tag{8.3.1}$$

n 为模型的下标，当 n 趋向于无穷大时，C_n 收敛到无穷. 对于模型 (8.3.1)，显然 $\beta(T) = E(\delta XX^{\mathrm{T}}|T)^{-1}[E(\delta XY|T) - E(\delta Xg(x,t)|T)/C_n]$.

定义

$$
\begin{aligned}
g_{1*}(x,t) &= E[C^{-1}\Big\{\delta g(x,t) - \delta X^{\mathrm{T}}S^{-1}E(\delta Xg(x,t|T))\Big\}I(X \leqslant x, T \leqslant t)],\\
g_{2*}(x,t) &= E[C^{-1}\Delta_t(T)^{-1}\Big\{\delta g(x,t) - \delta X^{\mathrm{T}}S^{-1}E(\delta Xg(x,t|T))\Big\}I(X \leqslant x, T \leqslant t)],
\end{aligned}
\tag{8.3.2}
$$

我们有下面的结论.

定理 8.3.2 当定理 8.3.1 中所提到的条件成立时，在备择假设 (8.3.1) 下，如果 $C_n/\sqrt{n} \to C$，那么 $R_{nk}(x,t)$ 依分布收敛于 $R_k(x,t) + g_{k*}(x,t)(k = 1,2)$，其中式 (8.3.2) 中的 $g_{1*}(x,t)$ 是一个非随机的转换方程，T_{nk} 依分布收敛于 $\int(R_k(x,t) + g_{k*}(x,t))^2\mathrm{d}F(x,t)$. 如果 $C_n/\sqrt{n} \to 0$，那么 R_{nk} 依概率收敛于无穷.

我们注意到对于 $g(x,t) = C_0X^{\mathrm{T}}\beta(t)$，对于 C_0 为任意常数，式 (8.3.2) 中的 $g_{k*}(x,t)$ 的表达式都是存在的. 另外，基于定理 8.3.2，这两个统计量都能够区分出以接近 $n^{-1/2}$ 的速率趋近于原假设的备择假设.

8.4 蒙特卡罗近似

从定理 8.3.1 得知

$$
R_{nk}(x,t) = \frac{1}{\sqrt{n}}\sum_{j=1}^{n} J_k(\delta_j, y_j, x_j, t_j; x, t),
$$

然而在原假设 H_0 下，检验统计量 T_{nk} $(k = 1,2)$ 的极限方差是非常复杂的，因此检验的临界值也就不容易得到. 在这一部分中，我们用蒙特卡罗方法来近似. 这种方法一举两得，因为检验过程是自尺度不变的，所以不需要对统计量进行任何标准化就能得到检验 p 值. 关于蒙特卡罗方法的详细分析，可以参考 Zhu (2005) 和 Zhu，Neuhaus (2000) .

这种算法是如下操作的.

算法 8.4.1

(1) 产生独立的均值为 0，方差为 1 的随机变量 $e_i(i = 1,\cdots,n)$. 令 $E_n := (e_1,\cdots,e_n)$ 并且定义 R_{nk} 对应的条件表达式为

$$
\tilde{R}_{nk}(E_n,x,t) = \frac{1}{\sqrt{n}}\sum_{j=1}^{n} e_j\hat{J}_k(\delta_j, y_j, x_j, t_j; x, t), \tag{8.4.1}
$$

这里 $\hat{J}_k(\delta_j,y_j,x_j,t_j;x,t)$ 的值是将 $J_k(\delta_j,y_j,x_j,t_j;x,t)$ 的表达式中的 $\Delta_t(\cdot)$, $\beta(\cdot)$, $S(\cdot)$ 和 $U_k(x,t)$ 换成它们对应的估计量 $\hat{\Delta}_t(\cdot)$, $\hat{\beta}(\cdot)$, $\hat{S}(\cdot)$ 和 $\hat{U}_k(x,t)$. 另外

$$\hat{U}_1(x,t_i)=\Big\{\sum_{j=1}^n \delta_j x_j^{\mathrm{T}} I(x_j\leqslant x)k_h(t_i-t_j)\Big\}\Big/\sum_{j=1}^n k_h(t_i-t_j),$$

$$\hat{U}_2(x,t_i)=\Big\{\sum_{j=1}^n \frac{\delta_j}{\hat{\Delta}_t(t_j)} x_j^{\mathrm{T}} I(x_j\leqslant x)k_h(t_i-t_j)\Big\}\Big/\sum_{j=1}^n k_h(t_i-t_j).$$

那么得到的检验统计量为

$$\tilde{T}_{nk}(E_n)=\int \tilde{R}_{nk}(E_n,x,t)^2\mathrm{d}F_n(x,t).$$

(2) 产生 m 个 E_n，表示为 $E_n^{(i)}, i=1,\cdots,m$，然后得到 m 个 $\tilde{T}_{nk}(E_n)$ 的值，表示为 $\tilde{T}_{nk}(E_n^{(i)}), i=1,\cdots,m\ (k=1,2)$.

(3) 检验的 p 值就可以用 $\hat{p}_k=n_k/(m+1)$ 来估计，其中 n_k 是 $\tilde{T}_{nk}(E_n^{(i)})$ 的个数，它必须大于或等于 T_{nk}. 对于给定的显著性水平 α，当 $\hat{p}_k\leqslant\alpha$ 时拒绝原假设.

基于这种算法，我们就可以用 $\tilde{T}_{nk}(E_n)$ 的条件分布来计算检验的 p 值，并且我们自然希望不管数据的真实模型是原假设的模型还是备择假设的模型条件分布都可以近似统计量在原假设下的分布. 由于不知道数据背后的真实模型，当我们用蒙特卡罗方法的时候，我们需要承担一些风险，因为备择假设下的条件分布可能和统计量在原假设下的分布相差很大，这样的话，就会使得到的 p 值不准确并且使检验效率大大降低. 然而，下面的定理 8.4.1 表明基于蒙特卡罗近似的条件分布可以在一定程度上避免这个问题. 更多详细分析参考 Zhu (2005).

定理 8.4.1 当定理 8.3.1 中提到的条件满足时，不管是在式 (8.1.2) 中的原假设还是在式 (8.3.1) 中的备择假设下，有：对于几乎所有的序列 $\{(y_1,\delta_1,x_1,t_1),\cdots,(y_n,\delta_n,x_n,t_n),\cdots\}$，$\tilde{T}_{nk}(E_n)$ 的条件分布收敛于 $T_{nk}(k=1,2)$ 在原假设下的极限分布.

注 8.4.1 从式 (8.2.1) 可以看出当 $\Delta_t(t)=1$ 并且不需要进行估计时，在总体水平上，用边际逆概率加权法产生的完整数据集和用归因法产生的是一样的，然而当 $\Delta_t(t)$ 需要估计时，他们就是不一样的. 本书定理 8.3.1~ 定理 8.4.2 包括了两个统计量 $T_{nk}(k=1,2)$，结果表明这两个统计量的渐近性质是很类似的，甚至当 $\Delta(t)=1$ 并且需要估计时也是如此.

8.5 数据分析

8.5.1 模拟研究

在本小节中，我们通过模拟来考察统计量 T_{n1} 和 T_{n2} 的检验效果. 作为比较，

我们同样给出仅仅基于观测到的所有的数据的 CC 方法，并将其模拟结果表示为 $T_{\rm CC}$. 值得一提的是，当 $\delta \equiv 1$，也就是说没有缺失数据时，统计量 T_{n1} 跟 Xu 和 Zhu (2008) 中的是等价的.

在下面的模拟中，我们取参数方程的维数为 3，$X(t) = (1, X_1(t), X_2(t))^{\rm T}$，$\beta(t) = (\beta^{(0)}(t), \beta^{(1)}(t), \beta^{(2)}(t))^{\rm T}$. $X_1(t)$ 和 $X_2(t)$ 分别服从正态分布 $N(0, t^2+0.5)$ 和 $N(0, t+2)$，并且当给定 t 时它们是条件独立的. T 服从 $[0, 1]$ 上的均匀分布，$\varepsilon \sim N(0, 0.4)$，并且 T 和 ε 是相互独立的. 核函数采用的是 $K(u) = 15/16(1-u^2)^2$，如果 $|u| \leqslant 1$; 0，其他. 我们选择带宽为 $h = n^{-1/3}$，这满足 8.6 节中的假设 (5). 为了考察检验对于带宽的敏感性，我们还尝试另外几个带宽：$n^{-1/3}$，$n^{-1/3} - 0.05$ 和 $n^{-1/3} + 0.05$，发现当使用不同带宽时，检验的功效是差不多的，所以在本书中我们只给出带宽为 $h = n^{-1/3}$ 时的模拟结果.

我们考虑三个缺失概率函数.

情形 1 $\Delta_1(z) = P(\delta = 1 | X(t) = x(t), T = t) = 0.70 + 0.25(||x(t) - 1|| + |t - 0.5|)$ 当 $||x(t) - 1|| + |t - 0.5| \leqslant 1.5$, 否则 $= 0.90$.

情形 2 $\Delta_2(z) = P(\delta = 1 | X(t) = x(t), T = t) = 1.08 - 0.12(||x(t) - 1|| + |t - 0.5|)$ 当 $||x(t) - 1|| + |t - 0.5| \leqslant 4.5$, 否则 $= 0.20$.

情形 3 $\Delta_3(z) = P(\delta = 1 | X(t) = x(t), T = t) = 0.60$ 对于所有的 $x(t)$ 和 t.

对于以上三种情况，因变量数据的平均完整率分别为 $E\Delta_1(z) \approx 0.90$，$E\Delta_2(z) \approx 0.75$ 和 $E\Delta_3(z) \approx 0.60$.

产生数据的模型为

$$Y(t) = X(t)^{\rm T}\beta(t) + \theta X_1(t)^2 + \varepsilon, \tag{8.5.1}$$

其中 $\beta^{(0)}(t) = t$, $\beta^{(1)}(t) = \cos(2\pi t)$, $\beta^{(2)}(t) = t^2$. $\theta = 0$ 对应于原假设 H_0, $\theta \neq 0$ 对应于备择假设.

在这个模拟中，我们考察当 θ 取不同值 $\theta = 0.0, 0.1, \cdots, 1.0$，样本量取不同值 $n = 100, 200$，以及缺失机制不同时的检验功效. 按照一位审稿人的建议，我们还考虑当 $\theta = -0.0, -0.1, \cdots, -1.0$ 时的检验功效. 我们通过 1000 个随机样本来计算检验的经验功效，对于每个随机样本，通过 500 次模拟来近似得到检验的临界值，检验的显著性水平设为 0.05. 这个例子的模拟结果列在表 8.5.1 中.

从表 8.5.1 可以看出，总的来说，每一种情况检验在原假设下的功效都在 0.05 附近，对于在备择假设下，当 θ 的绝对值增大时，检验的功效也增大. 检验统计量 T_{n1} 和 T_{n2} 的功效基本上是差不多的. 比如，当缺失函数为 $\Delta_1(z)$, $\theta = 0.3, n = 100$ 时，T_{n1} 和 T_{n2} 的功效分别是 0.222 和 0.227. 对于同一个检验统计量而言，样本量固定时，缺失函数为 $\Delta_1(z)$ 时的检验功效大于 $\Delta_2(z)$ 和 $\Delta_3(z)$. 当仅观察样本量对检验的影响时，可以发现当样本量增加时，检验的功效也增加. 对于同一种缺失机制而言，统计量 T_{n1} 和 T_{n2} 都比 $T_{\rm CC}$ 的检验效果好，因为 $T_{\rm CC}$ 舍弃了缺失因变量的个体的所有信息. 另外，当 θ 分别为 $-0.1,-0.2,\cdots,-1.0$ 时的检验功效和 θ 分别为 $0.1,0.2,\cdots,1.0$ 时的功效类似.

表 8.5.1 当样本量分别为 n=100, 200，缺失机制分别为 $\Delta_i(z)(i=1,2,3)$ 时，在不同的 θ 下检验在原假设和备择假设下的功效

	$\Delta(z)\backslash\theta$	0.0	0.1	0.2	0.3	0.4	0.5	0.6	0.7	0.8	0.9	1.0
		$n=100$										
T_{n1}	$\Delta_1(z)$	0.052	0.065	0.160	0.336	0.516	0.719	0.801	0.879	0.922	0.944	0.957
	$\Delta_2(z)$	0.057	0.084	0.119	0.222	0.364	0.532	0.630	0.730	0.815	0.866	0.885
	$\Delta_3(z)$	0.055	0.074	0.106	0.208	0.321	0.444	0.548	0.658	0.731	0.801	0.829
T_{n2}	$\Delta_1(z)$	0.051	0.061	0.154	0.329	0.516	0.716	0.799	0.876	0.924	0.942	0.961
	$\Delta_2(z)$	0.054	0.078	0.118	0.227	0.359	0.538	0.634	0.730	0.809	0.857	0.889
	$\Delta_3(z)$	0.056	0.067	0.104	0.197	0.310	0.436	0.541	0.642	0.725	0.799	0.831
$T_{\rm CC}$	$\Delta_1(z)$	0.055	0.068	0.161	0.368	0.525	0.682	0.797	0.847	0.915	0.928	0.938
	$\Delta_2(z)$	0.043	0.061	0.112	0.190	0.335	0.458	0.601	0.682	0.751	0.791	0.846
	$\Delta_3(z)$	0.039	0.040	0.085	0.184	0.273	0.392	0.517	0.590	0.636	0.723	0.741
		$n=200$										
T_{n1}	$\Delta_1(z)$	0.058	0.145	0.421	0.776	0.943	0.987	0.999	0.999	0.999	1.000	1.000
	$\Delta_2(z)$	0.060	0.112	0.281	0.594	0.822	0.938	0.975	0.989	0.997	0.997	0.999
	$\Delta_3(z)$	0.061	0.110	0.253	0.540	0.769	0.898	0.951	0.969	0.984	0.993	0.999
T_{n2}	$\Delta_1(z)$	0.057	0.142	0.416	0.779	0.947	0.988	0.999	0.999	0.999	1.000	1.000
	$\Delta_2(z)$	0.058	0.120	0.283	0.603	0.831	0.941	0.974	0.988	0.995	0.995	0.999
	$\Delta_3(z)$	0.059	0.105	0.251	0.536	0.760	0.891	0.950	0.973	0.985	0.993	0.998
$T_{\rm CC}$	$\Delta_1(z)$	0.049	0.137	0.410	0.735	0.929	0.981	0.994	0.996	1.000	1.000	1.000
	$\Delta_2(z)$	0.059	0.104	0.269	0.534	0.789	0.893	0.966	0.985	0.995	0.997	0.994
	$\Delta_3(z)$	0.052	0.093	0.251	0.482	0.735	0.857	0.925	0.963	0.978	0.996	0.995
	$\Delta(z)\backslash\theta$	−0.0	−0.1	−0.2	−0.3	−0.4	−0.5	−0.6	−0.7	−0.8	−0.9	−1.0
		$n=100$										
T_{n1}	$\Delta_1(z)$	0.052	0.075	0.179	0.354	0.562	0.720	0.823	0.877	0.922	0.947	0.959
	$\Delta_2(z)$	0.057	0.058	0.132	0.220	0.386	0.546	0.648	0.753	0.820	0.856	0.897
	$\Delta_3(z)$	0.055	0.073	0.117	0.213	0.332	0.457	0.582	0.673	0.727	0.748	0.825
T_{n2}	$\Delta_1(z)$	0.051	0.075	0.174	0.351	0.518	0.695	0.821	0.848	0.925	0.939	0.953
	$\Delta_2(z)$	0.054	0.060	0.124	0.234	0.373	0.536	0.669	0.737	0.808	0.857	0.887
	$\Delta_3(z)$	0.056	0.061	0.122	0.200	0.337	0.464	0.556	0.649	0.734	0.793	0.808
$T_{\rm CC}$	$\Delta_1(z)$	0.055	0.090	0.172	0.348	0.518	0.678	0.788	0.879	0.900	0.935	0.959
	$\Delta_2(z)$	0.043	0.060	0.101	0.232	0.333	0.489	0.636	0.721	0.800	0.812	0.845
	$\Delta_3(z)$	0.039	0.059	0.094	0.202	0.294	0.404	0.502	0.598	0.690	0.716	0.757
		$n=200$										
T_{n1}	$\Delta_1(z)$	0.058	0.108	0.416	0.769	0.933	0.994	0.995	1.000	1.000	0.999	1.000
	$\Delta_2(z)$	0.060	0.104	0.291	0.559	0.797	0.933	0.974	0.983	0.996	0.996	1.000
	$\Delta_3(z)$	0.061	0.092	0.281	0.516	0.770	0.894	0.961	0.986	0.995	0.994	0.994
T_{n2}	$\Delta_1(z)$	0.057	0.130	0.419	0.774	0.924	0.985	0.997	0.999	1.000	0.998	1.000
	$\Delta_2(z)$	0.058	0.112	0.287	0.565	0.804	0.924	0.973	0.989	0.995	1.000	0.998
	$\Delta_3(z)$	0.059	0.098	0.277	0.541	0.765	0.876	0.961	0.981	0.994	0.995	0.999
$T_{\rm CC}$	$\Delta_1(z)$	0.049	0.121	0.412	0.774	0.916	0.966	0.995	0.998	0.998	1.000	1.000
	$\Delta_2(z)$	0.059	0.094	0.264	0.521	0.781	0.907	0.962	0.986	0.993	0.993	0.996
	$\Delta_3(z)$	0.052	0.091	0.263	0.535	0.736	0.858	0.929	0.974	0.979	0.982	0.995

8.5.2 应用于一个环境数据集

下面把我们的方法应用到一个与环境有关的数据集. 这个数据集由 1994 年 1 月 1 日到 1995 年 12 月 31 日之间香港每天的污染物的数量和其他的环境指标组成. Fan 和 Zhang (2000) 也分析过这个数据集，不过他们主要的兴趣在于研究污染物的含量与每天由于循环系统和呼吸系统疾病而就医的人数的关系，并且考察这种关系在多大程度上随时间变化. 另外，他们也考虑了医院日接待人次 (Y) 与污染物二氧化硫 X_2 (单位：μg/m^3)、二氧化氮 X_3 (单位：μg/m^3)、粉尘 X_4 (单位：μg/m^3) 的含量水平之间的关系. 他们用 $X_1=1$ 表示截距的形式，并且把三个污染物的数据都中心化，为了记号上的方便，得到的变量仍然用 X_2，X_3 和 X_4 表示. 我们用以下模型来拟合数据：

$$Y=a_1(t)+a_2(t)X_2+a_3(t)X_3+a_4(t)X_4+\varepsilon. \tag{8.5.2}$$

由于数据已经中心化，那么得到的截距项就可以解释为当污染物的水平都处于它们的均值时，医院日接待人次的期望.

在本书中，我们使因变量数据的 20% 随机缺失，并且检验模型 (8.5.2) 是否适合用来拟合数据. 核函数用的是 $K(u)=15/16(1-u^2)^2$ 和 $h=\hat{\sigma}(t)n^{-1/3}$. 检验结果，对于模型 (8.5.2) 中 T_{n1} 和 T_{n2} 的 p 值分别是 0.804 和 0.882，这表明原假设不能被拒绝，也就是说线性模型是正确的.

8.6 定理的证明

下面的条件是定理 8.3.1～ 定理 8.4.1 所需要的.

(1) t 的密度函数 $f(\cdot)$ 是有界远离 0 的，并且在其定义域 $(a,b)(-\infty<a<b<\infty)$ 上是连续的.

(2) $E(\delta XX^{\mathrm{T}}|T)$ 是一个正定矩阵.

(3) $E|Y|^4<\infty$，$E|X|^4<\infty$.

(4) 连续的核函数 $K(\cdot)$ 满足以下条件：①$K(\cdot)$ 的定义域是 $[-1,1]$；② $K(\cdot)$ 关于 0 对称；③ $\int_{-1}^{1}K(u)\mathrm{d}u=1$，并且 $\int_{-1}^{1}|u|K(u)\mathrm{d}u\neq 0$.

(5) 当 $n\to\infty$ 时，有 $\sqrt{n}h^2\to 0$，$\sqrt{n}h\to\infty$.

(6) 存在 c_1，使对于所有的 x 和 t，有 $E(\varepsilon^2|X=x,T=t)\leqslant c_1$.

(7) $\Delta_t(t)$ 有最高至 $k(>2)$ 阶的有界偏导数，并且 $\inf_t\Delta_t(t)>0$.

注 8.6.1 对于上面的条件，条件 (1) 是在使用非参数平滑时为了避免边界效应而设定的条件. 条件 (3) 和 (4) 也是典型的条件，可以参考 Härdle 和 Mammen

(1993). 条件 (4) 保证了统计量的收敛性. 这说明需要过拟合条件. 条件 (7) 是在缺失数据的研究中经常使用的假设，这个假设在 Sun，Wang，Dai (2009) 中也出现过.

定理 8.3.1 的证明 我们首先证明有关 $R_{n1}(x,t)$ 和 T_{n1} 的性质. 通过一些基础的计算，可以证明在原假设下有

$$\begin{aligned}
R_{n1}(x,t) &= \frac{1}{\sqrt{n}}\sum_{j=1}^{n}(\hat{y}_{j1} - x_j^{\mathrm{T}}\hat{\beta}(t_j))I(x_j \leqslant x, t_j \leqslant t) \\
&= \frac{1}{\sqrt{n}}\sum_{j=1}^{n}\delta_j(y_j - x_j^{\mathrm{T}}\hat{\beta}(t_j))I(x_j \leqslant x, t_j \leqslant t) \\
&= \frac{1}{\sqrt{n}}\sum_{j=1}^{n}\delta_j\varepsilon_j I(x_j \leqslant x, t_j \leqslant t) - \frac{1}{\sqrt{n}}\sum_{j=1}^{n}\delta_j x_j^{\mathrm{T}}(\hat{\beta}(t_j) - \beta(t_j))I(x_j \leqslant x, t_j \leqslant t) \\
&=: I_1(x,t) - I_2(x,t). \qquad (8.6.1)
\end{aligned}$$

通过经验过程标准定理就可以得到 $I_1(x,t)$ 的收敛性，关于定理 8.3.1，参考 Pollard (1984, Chapter VII). 下面我们只要处理式 (8.6.1) 中的第二项 $I_2(x,t)$ 即可.

考虑到 8.2 节中的定义，$S(t) = E(\delta X(t)X(t)^{\mathrm{T}}|T = t)$，$G(t) = E(\delta X(t)Y(t)|T = t)$，$\hat{S}(t) = \hat{E}(\delta X(t)X(t)^{\mathrm{T}}|T = t)$，$\hat{G}(t) = \hat{E}(\delta X(t)Y(t)|T = t)$，$\beta(t_i)$ 的估计量是 $\hat{\beta}(t_i) = \hat{S}(t_i)^{-1}\hat{G}(t_i)$. 在原假设下 $\beta(t_i) = S(t_i)^{-1}G(t_i)$. 可以得出

$$\begin{aligned}
\hat{\beta}(t_i) - \beta(t_i) = &-S(t_i)^{-1}(\hat{S}(t_i) - S(t_i))S(t_i)^{-1}G(t_i) \\
&+S(t_i)^{-1}(\hat{G}(t_i) - G(t_i)) + O_p\left(\frac{1}{hn} + h^2\right). \qquad (8.6.2)
\end{aligned}$$

式 (8.6.2) 中的最后一个等式是基于以下事实: 对于任意的子区间 (a_1, b_1) $(a < a_1 < b_1 < b)$，有

$$\begin{aligned}
&\max_{a_1 \leqslant t_i \leqslant b_1} |\hat{S}(t_i) - S(t_i)| = O_p(1/\sqrt{nh} + h), \\
&\max_{a_1 \leqslant t_i \leqslant b_1} |\hat{G}(t_i) - G(t_i)| = O_p(1/\sqrt{nh} + h), \qquad (8.6.3)
\end{aligned}$$

式 (8.6.3) 在条件 (4) 的基础上，参考 Zhu 和 Ng (2003) 中的分析可以很容易得出.

从式 (8.6.2) 和式 (8.6.1) 中 $I_2(x,t)$ 的表达式，我们知道

$$\begin{aligned}
I_2(x,t) = &-\frac{1}{\sqrt{n}}\sum_{j=1}^{n}\delta_j x_j^{\mathrm{T}}S(t_j)^{-1}(\hat{S}(t_j) - S(t_j))S(t_j)^{-1}G(t_j)I(x_j \leqslant x, t_j \leqslant t) \\
&+\frac{1}{\sqrt{n}}\sum_{j=1}^{n}\delta_j x_j^{\mathrm{T}}S(t_j)^{-1}(\hat{G}(t_j) - G(t_j))I(x_j \leqslant x, t_j \leqslant t) + O_p\left(\frac{1}{h\sqrt{n}} + \sqrt{n}h^2\right).
\end{aligned}$$

令 $\hat{s}(t_i) = \dfrac{1}{n}\sum_{j=1}^{n}\delta_j x_j x_j^{\mathrm{T}}k_h(t_i - t_j)$，$\hat{g}(t_i) = \frac{1}{n}\sum_{j=1}^{n}\delta_j x_j y_j k_h(t_i - t_j)$. 用式

(8.6.2) 中处理 $\hat{\beta}(t_i)-\beta(t_i)$ 类似的步骤，有

$$\begin{aligned}\hat{S}(t_i)-S(t_i)&=\hat{f}(t_i)^{-1}\hat{s}(t_i)-f(t_i)^{-1}s(t_i)\\&=f(t_i)^{-1}\hat{s}(t_i)-f(t_i)^{-2}\hat{f}(t_i)s(t_i)+O_p\left(\frac{1}{hn}+h^2\right)\end{aligned}\tag{8.6.4}$$

和

$$\begin{aligned}\hat{G}(t_i)-G(t_i)&=\hat{f}(t_i)^{-1}\hat{g}(t_i)-f(t_i)^{-1}g(t_i)\\&=f(t_i)^{-1}\hat{g}(t_i)-f(t_i)^{-2}\hat{f}(t_i)g(t_i)+O_p\left(\frac{1}{hn}+h^2\right).\end{aligned}\tag{8.6.5}$$

那么，结合式 (8.6.4) 和式 (8.6.5)，$I_2(x,t)$ 可以进一步写成

$$\begin{aligned}I_2(x,t)=&-\frac{1}{\sqrt{n}}\sum_{j=1}^{n}\delta_j x_j^{\mathrm{T}}S(t_j)^{-1}f(t_j)^{-1}\hat{s}(t_j)S(t_j)^{-1}G(t_j)I(x_j\leqslant x,t_j\leqslant t)\\&+\frac{1}{\sqrt{n}}\sum_{j=1}^{n}\delta_j x_j^{\mathrm{T}}S(t_j)^{-1}f(t_j)^{-2}\hat{f}(t_j)s(t_j)S(t_j)^{-1}G(t_j)I(x_j\leqslant x,t_j\leqslant t)\\&+\frac{1}{\sqrt{n}}\sum_{j=1}^{n}\delta_j x_j^{\mathrm{T}}S(t_j)^{-1}f(t_j)^{-1}\hat{g}(t_j)I(x_j\leqslant x,t_j\leqslant t)\\&-\frac{1}{\sqrt{n}}\sum_{j=1}^{n}\delta_j x_j^{\mathrm{T}}f(t_j)^{-1}\hat{f}(t_j)\beta(t_j)I(x_j\leqslant x,t_j\leqslant t)+O_p\left(\frac{1}{h\sqrt{n}}+\sqrt{n}h^2\right)\\=&\frac{1}{\sqrt{n}}\sum_{j=1}^{n}\delta_j x_j^{\mathrm{T}}S(t_j)^{-1}f(t_j)^{-1}I(x_j\leqslant x,t_j\leqslant t)\\&\times\frac{1}{n}\sum_{i=1}^{n}\delta_i(x_iy_i-x_ix_i^{\mathrm{T}}\beta(t_j))k_h(t_i-t_j)+o_p(1)\\=&\frac{1}{\sqrt{n}}\sum_{i=1}^{n}E(\delta X^{\mathrm{T}}I_{(X\leqslant x)}|T=t_i)S(t_i)^{-1}\delta_i x_i\varepsilon_i I(t_i\leqslant t)+o_p(1).\end{aligned}\tag{8.6.6}$$

所以，结合式 (8.6.1) 并且注意到 $U_1(x,t_j)=E(\delta X^{\mathrm{T}}I(X\leqslant x)|T=t_j)$，有

$$\begin{aligned}R_{n1}(x,t)&=\frac{1}{\sqrt{n}}\sum_{j=1}^{n}\delta_j\varepsilon_j I(x_j\leqslant x,t_j\leqslant t)\\&\quad-\frac{1}{\sqrt{n}}\sum_{j=1}^{n}U_1(x,t_j)\delta_j S(t_j)^{-1}x_j\varepsilon_j I(t_j\leqslant t)+o_p(1)\\&=\frac{1}{\sqrt{n}}\sum_{j=1}^{n}J_1(\delta_j,y_j,x_j,t_j;x,t)+o_p(1).\end{aligned}$$

我们注意到方程 $J_1(\tilde{\delta},\tilde{y},\tilde{x},\tilde{t};x,t)$ 对于所有的 (x,t) 都是 VC 族方程，并且包络函数的形式为 $|\tilde{\delta}(\tilde{y}-\tilde{x}^{\mathrm{T}}\beta(\tilde{t}))|+\sup_x|U_1(x,\tilde{t})||\tilde{\delta}(\tilde{y}-\tilde{x}^{\mathrm{T}}\beta(\tilde{t}))S(\tilde{t})^{-1}\tilde{x}|$. 根据 Pollard 书中定理 VII 21 ，我们知道 $R_{n1}(x,t)$ 依分布收敛于高斯过程 $R_1(x,t)$. 然后通过连续映射定理，我们可以证明定理 8.3.1 中关于 T_{n1} 的性质.

下面证明 $R_{n2}(x,t)$ 和 T_{n2} 的收敛性. 容易证明

$$\begin{aligned}R_{n2}(x,t)&=\frac{1}{\sqrt{n}}\sum_{j=1}^{n}\frac{\delta_j}{\hat{\Delta}_t(t_j)}(y_j-x_j^{\mathrm{T}}\hat{\beta}(t_j))I(x_j\leqslant x,t_j\leqslant t)\\&=\frac{1}{\sqrt{n}}\sum_{j=1}^{n}\frac{\delta_j}{\Delta_t(t_j)}(y_j-x_j^{\mathrm{T}}\hat{\beta}(t_j))I(x_j\leqslant x,t_j\leqslant t)+o_p(1)\\&=\frac{1}{\sqrt{n}}\sum_{j=1}^{n}\frac{\delta_j}{\Delta_t(t_j)}\varepsilon_jI(x_j\leqslant x,t_j\leqslant t)\\&\quad-\frac{1}{\sqrt{n}}\sum_{j=1}^{n}\frac{\delta_j}{\Delta_t(t_j)}x_j^{\mathrm{T}}(\hat{\beta}(t_j)-\beta(t_j))I(x_j\leqslant x,t_j\leqslant t+o_p(1)\\&=:V_1(x,t)-V_2(x,t)+o_p(1),\end{aligned}\tag{8.6.7}$$

式 (8.6.7) 中的 $V_1(x,t)$ 的收敛性可以根据检验过程标准定理得到. 对于式 (8.6.7) 中的第二部分 $V_2(x,t)$，根据推导式 (8.6.6) 中的 $\hat{\beta}(t_j)-\beta(t_j)$ 相同的过程，有

$$\begin{aligned}V_2(x,t)=&\frac{1}{\sqrt{n}}\sum_{j=1}^{n}\frac{\delta_j}{\Delta_t(t_j)}x_j^{\mathrm{T}}S(t_j)^{-1}f(t_j)^{-1}I(x_j\leqslant x,t_j\leqslant t)\\&\times\frac{1}{n}\sum_{i=1}^{n}\delta_i(x_iy_i-x_ix_i^{\mathrm{T}}\beta(t_j))k_h(t_i-t_j)+o_p(1)\\=&\frac{1}{\sqrt{n}}\sum_{i=1}^{n}E\left(\frac{\delta}{\Delta_t(T)}X^{\mathrm{T}}I_{(X\leqslant x)}|T=t_i\right)\delta_iS(t_i)^{-1}x_i\varepsilon_iI(t_i\leqslant t)+o_p(1).\end{aligned}$$

因此，结合式 (8.6.7) 和 $U_2(x,t_j)=E(\Delta_t(T)^{-1}\delta X^{\mathrm{T}}I(X\leqslant x)|T=t_j)$, 有

$$\begin{aligned}R_{n2}(x,t)=&\frac{1}{\sqrt{n}}\sum_{j=1}^{n}\frac{\delta_j}{\Delta_t(t_j)}\varepsilon_jI(x_j\leqslant x,t_j\leqslant t)\\&-\frac{1}{\sqrt{n}}\sum_{j=1}^{n}U_2(x,t_j)\delta_jS(t_j)^{-1}x_j\varepsilon_jI(t_j\leqslant t)+o_p(1)\\=&\frac{1}{\sqrt{n}}\sum_{j=1}^{n}J_2(\delta_j,y_j,x_j,t_j;x,t)+o_p(1).\end{aligned}$$

根据与 $R_1(x,t)$ 相同的道理可知上式依分布收敛于高斯过程 $R_2(x,t)$. 然后用连续映射定理，定理 8.3.1 中关于 T_{n2} 的性质得证.

定理 8.3.2 的证明 首先注意到在式 (8.3.1) 的备择假设下有

$$
\begin{aligned}
\beta(T) &= E(\delta XX^{\mathrm{T}}|T)^{-1}\left[E(\delta XY|T)-\frac{1}{C_n}E(\delta Xg(x,t)|T)\right]\\
&=\beta_0(t)-\frac{1}{C_n}E(\delta XX^{\mathrm{T}}|T)^{-1}E(\delta Xg(x,t)|T),
\end{aligned}
$$

其中 $\beta_0(t)=E(\delta XX^{\mathrm{T}}|T)^{-1}E(\delta XY|T)$ 等价于原假设下的 $\beta(t)$. 在局部备择假设下，对于 $R_{n1}(x,t)$ 有

$$
\begin{aligned}
R_{n1}(x,t) &= \frac{1}{\sqrt{n}}\sum_{j=1}^{n}\delta_j(y_j-x_j^{\mathrm{T}}\hat{\beta}(t_j))I(x_j\leqslant x,t_j\leqslant t)\\
&=\frac{1}{\sqrt{n}}\sum_{j=1}^{n}\delta_j(\varepsilon_j+g(x_j,t_j)/C_n+x_j^{\mathrm{T}}\beta(t_j)-x_j^{\mathrm{T}}\hat{\beta}(t_j))I(x_j\leqslant x,t_j\leqslant t)\\
&=\frac{1}{\sqrt{n}}\sum_{j=1}^{n}\delta_j\varepsilon_jI(x_j\leqslant x,t_j\leqslant t)-\frac{1}{\sqrt{n}}\sum_{j=1}^{n}\delta_jx_j^{\mathrm{T}}(\hat{\beta}(t_j)-\beta_0(t_j))I(x_j\leqslant x,t_j\leqslant t)\\
&\quad-\frac{1}{\sqrt{n}C_n}\sum_{j=1}^{n}\delta_jx_j^{\mathrm{T}}E(\delta XX^{\mathrm{T}}|t_j)^{-1}E(\delta Xg(X,T)|t_j)I(x_j\leqslant x,t_j\leqslant t)\\
&\quad+\frac{1}{\sqrt{n}C_n}\sum_{j=1}^{n}\delta_jg(x_j,t_j)I(x_j\leqslant x,t_j\leqslant t)\\
&=I_1(x,t)-I_2(x,t)+\frac{1}{\sqrt{n}C_n}\sum_{j=1}^{n}\delta_jg(x_j,t_j)I(x_j\leqslant x,t_j\leqslant t)\\
&\quad-\frac{1}{\sqrt{n}C_n}\sum_{j=1}^{n}\delta_jx_j^{\mathrm{T}}E(\delta XX^{\mathrm{T}}|t_j)^{-1}E(\delta Xg(X,T)|t_j)I(x_j\leqslant x,t_j\leqslant t)\\
&=:\begin{cases} I_1(x,t)-I_2(x,t)+g_{1*}, & C_n/\sqrt{n}\to C,\\ \infty, & C_n/\sqrt{n}\to 0,\end{cases}
\end{aligned}
\tag{8.6.8}
$$

其中 g_{1*} 的定义可以在式 (8.3.2) 中找到. 根据定理 8.3.1，我们知道了 $I_1(x,t)-I_2(x,t)$ 的分布，根据连续映射定理，如果 $C_n/\sqrt{n}\to C$，那么 T_{n1} 依分布收敛于 $\int(R_k(x,t)+g_{k*}(x,t))^2\mathrm{d}F(x,t)$，如果 $C_n/\sqrt{n}\to 0$，那么 T_{n1} 依分布收敛于无穷.

下面证明 $R_{n2}(x,t)$ 在局部备择假设下的收敛性. 注意到

$$\begin{aligned}
&R_{n2}(x,t)\\
&=\frac{1}{\sqrt{n}}\sum_{j=1}^{n}\frac{\delta_j}{\hat{\Delta}_t(t_j)}(y_j-x_j^{\mathrm{T}}\hat{\beta}(t_j))I(x_j\leqslant x,t_j\leqslant t)\\
&=V_1(x,t)-V_2(x,t)+\frac{1}{\sqrt{n}C_n}\sum_{j=1}^{n}\frac{\delta_j}{\Delta_t(t_j)}g(x_j,t_j)I(x_j\leqslant x,t_j\leqslant t)\\
&\quad-\frac{1}{\sqrt{n}C_n}\sum_{j=1}^{n}\frac{\delta_j}{\Delta_t(t_j)}x_j^{\mathrm{T}}E(\delta XX^{\mathrm{T}}|t_j)^{-1}E(\delta Xg(X,T)|t_j)I(x_j\leqslant x,t_j\leqslant t)+o_p(1)\\
&=:\begin{cases} V_1(x,t)-V_2(x,t)+g_{2*}, & C_n/\sqrt{n}\to C,\\ \infty, & C_n/\sqrt{n}\to 0.\end{cases}
\end{aligned}\tag{8.6.9}$$

其中$g_{2*}=E[C^{-1}\Delta_t(T)^{-1}\Big\{\delta g(x,t)-\delta X^{\mathrm{T}}S^{-1}E(\delta Xg(x,t|T))\Big\}I(X\leqslant x,T\leqslant t)]$. 定理 8.3.1 中已经证明了 $V_1(x,t)-V_2(x,t)$ 的分布，那么我们就可以根据连续映射定理得到 T_{n2} 的分布. 这样，定理 8.3.2 得证.

定理 8.4.1 的证明 与在式 (8.1.2) 中的原假设下的情况相比，在式 (8.3.1) 中的局部备择假设下，$R_{nk}(x,t)$ 的渐近展开式有一个额外的非随机转换 g_{k*} $(k=1,2)$. 考虑式 (8.4.1)，当 n 趋于无穷时，$\tilde{R}_{nk}(E_n,x,t)$ 中的随机变量 e_i 使这个非随机转换的效应消失. 因此我们只要给出在原假设下的证明就行了. 用 Wald 思想，我们需要证明对几乎所有的序列 $\{(y_1,\delta_1,x_1,t_1),\cdots,(y_n,\delta_n,x_n,t_n),\cdots\}$，有

(1) $\tilde{R}_{nk}(E_n,x,t)$ 的协方差方程收敛于 $R_k(x,t)$ 的协方差方程;

(2) 对于任意有限的组合 $(t_1,x_1),\cdots,(t_k,x_k)$，$R_n(E_n)$ 的有限分布收敛都成立;

(3) $\tilde{R}_{nk}(E_n,x,t)$ 的均匀紧致性.

通过和定理 8.3.1 中类似的推导过程，有

$$\tilde{R}_{nk}(E_n,x,t)=\frac{1}{\sqrt{n}}\sum_{j=1}^{n}e_jJ_k(\delta_j,y_j,x_j,t_j;x,t)+o_p(1),$$

性质 (1) 很容易可以证明，(2) 可以通过多元中心极限定理得到. 对于 (3)，我们注意到对于所有的 (x,t)，方程 $J_k(\cdot;x,t)$ 都是一个 VC 族方程，同等连续性引理成立，参考 Pollard (1984)[150]. 根据 (1984)[157] 中的定理 VII 21，定理 8.4.1 的结果就得到了.

表 8.5.1 是根据模型 $Y(t)=X(t)^{\mathrm{T}}\beta(t)+\theta X_1(t)^2+\varepsilon$ 得到的，其中 $\beta^{(0)}(t)=t$，$\beta^{(1)}(t)=\cos(2\pi t)$，$\beta^{(2)}(t)=t^2$. $\theta=0$ 对应于原假设 H_0，$\theta\neq 0$ 对应于备择假设. $T_{nk}(k=1,2)$ 是式 (8.2.5) 中的统计量；$\Delta_i(z)(i=1,2,3)$ 表示缺失机制.

参 考 文 献

金勇进. 2009. 缺失数据的统计处理. 北京：中国统计出版社.

Bartlett M S. 1937. Some examples of statistic methods of research in agriculture and applied botany. J. Roy. Statist. Soc. B, 4:137-170.

Berndi E B, Hall B, Hall R, Hausman J A. 1974. Estimation and inference in nonlinear structural models. Ann. Econ. Soc. Meas, 3:653-665.

Cai Z, Fan J, Li R 2000. Efficient Estimation and inferences for varying-coefficient models. J. Am. Stat. Assoc., 95: 888-902.

Cai Z, Fan J. Yao Q. 2000. Functional coefficient regression models for nonlinear time series. J. Am. Stat. Assoc, 92: 477-489.

Chen R, Tsay R S. 1993. Functional-coefficient autoregressive models. J. Am. Stat. Assoc., 88: 298-308.

Chen S X, Härdle W, Li M. 2003. An empirical likelihood goodness-of–fit test for time-series. J. R. Stat. Soc. B., 65:663-678.

Cheng P. 1994. Nonparametric estimation of mean functionals with data missing at random. J. Amer. Statist. Assoc., 89: 81-87.

Chiang C T, Rice J A, Wu C O. 2001. Smoothing spline estimation for varying coefficient models with repeatedly measured dependent variables. J. Amer. Statist. Assoc., 96: 605-619.

Dette H. 1999. A consistent test for the functional form of a regression based on a difference of variance estimators. Ann. Stat., 27: 1012-1040.

Eubank R L, Hart J. D. 1992. Testing goodness-of-fit in regression via order selection criteria. Ann. Stat., 20: 1412-1425.

Eubank R L, Spiegelman C H. 1990. Testing the goodness of fit of a linear model via nonparametric regression techniques. J. Amer. Statist. Assoc., 85: 387-392.

Fan J, Huang L. 2001. Goodness-of-fit test for parametric regression models. J. Amer. Statist. Assoc., 96: 640-652.

Fan J, Gijbels I. 1996. Local Polynomial Modelling and Its Application. London: Chapman and Hall.

Fan J, Zhang J T. 2000. Simultaneous confidence bands and hypothesis testing in varying-coefficient models. Scandinavian Journal of Statistics, 27: 715-731.

Fan J, Zhang C, Zhang J. 2001. Generalized likelihood ratio statistics and Wilks phenomenon. Ann. Statist., 29: 153-193.

Fan J, Zhang W. 1999. Statistical estimation in varying coefficient models. Ann. Statist., 27: 1491-1518.

Fan, J, Zhang W Y. 2000. Simultaneous confidence bands and hypothesis testing in varying-coefficient models. Scand. J. Statist., 27: 715-731.

Fan J, Zhang J T. 2000. Two-step estimation of functional linear models with application to longitudinal data. J. R. Stat. Soc. B., 62: 303-322.

Fan J, Zhang J. 2004. Sieve empirical likelihood ratio tests for nonparametric fuctions. Ann. Stat., 32: 1858-1907.

Fan Y, Li Q. 1996. Consistent model specification tests: omitted variables and semiparametric functional forms. Econometrica, 64: 865-890.

Guo X, Xu W L. 2012. Goodness-of-fit tests for general linear models with covariates missed at random. J. Stat. Plan. Infer., 142: 2047-2058.

Härdle W, Mammen E. 1993. Comparing nonparametric versus parametric regression fits. Ann. Statist., 21: 1926-1947.

Härdle W, Mammen E, Müller M. 1998. Testing parametric versus semiparametric modeling in generalized linear models. J. Amer. Statist. Assoc., 93: 1461-1474.

Hart J D. 1997. Nonparametril Smoothing and Lack-of-fit Tests. New York: Springer.

Hastie T, Tibshirani R. 1993. Varying-coefficient models. J. R. Statist. Soc. B., 55: 757-796.

Healy M J R, Westmacott M. 1956. Missing values in experiments analyzed on automatic computers. Appl. Statist., 5: 203-206.

Hong Y, Lee T H. 2003. Inference on predutability of foreign exchange rates via generalized spectrum and nonlinear time scries models. Rev Econ Stat, 85: 1048-1062.

Hoover D R, Rice, J A, Wu C O, Yang L P. 1998. Nonparametric smoothing estimates of time-varying coefficient models with longitudinal data. Biometri.

Huang J Z, Wu C O, Zhou L. 2002. Varying-coefficient models and basis function approximations for the analysis of repeated measurements. Biometrika., 89: 111-128.

Huang J Z, Wu C O, Zhou L. 2004. Polynomial spline estimation and inference for varying coefficient models with longitudinal data. Stat. Sin., 14: 763-788.

Jennrich R I. 1969. Asymptotic properties of non-least squares estimators. Ann. Math. Stat., 40: 633-643.

Koul H L, Ni P P. 2004. Minimum distance regression model checking. J. Statist. Plann. Inference, 119: 109-141.

Krishnamoorthy K, Lu F, Mathew T. 2007. A parametric bootstrap approach for ANOVA with unequal variances: fixed and random models. Computational Statistics and Data Analysis, 51: 5731-5742.

Lee A J, Scott A J. 1986. Ultrasound in ante-natal diagnosis//Brook R J, Arnold G C, Hassard Pringle, T. H. R.M. eds. The Fascination of Statistics. New York: Marcel Dekker: 277-293.

Li N, Xu X Z, Jin P. 2010. Testing the linearity in partially linear models. J. of Nonpara. Stat., to appear.

Li C S. 2009. Using P-splines to test the linearity of partially linear models. Stat. Meth.,

6: 542-552.

Liang H. 2006. Checking linearity of nonparametric component in partially linear models with an application in systemic inflammatory response syndrome study. Stat. Meth. in Media. Res., 15: 273-284.

Liang H, Wang S, Carroll R J. 2007. Partially linear models with missing response variables and error-prone covariates. Biometrika, 94: 185-198.

Little R J A, Rubin D B. 1987. Statistical Analysis with Missing Data. New York: Wiley.

Little R J A, Rubin D B. 2002. 缺失数据的统计方法. 北京：中国统计出版社.

Ma C, Tian L. 2009. A parametric bootstrap approach for testing equality of inverse Gaussian means under heterogeneity. Communications in Statistics-Simulation and Computation, 38: 1153-1160.

Manteiga G W, González P A. 2006. Goodness-of-fit tests for linear regression models with missing response data. Canad. J. Statist., 34: 149-170.

Pollard D. 1984. Convergence of Stochastic Processes. New York: Springer-Verlag.

Rubin D B. 1978. Multiple imputations in sample surveys. proc. Survey Res. Meth. Sec., Am.Statist. Assoc: 20-34.

Rosenbaum P R, Rubin D B 1983. The central role of the propensity score in observational studies for causal effects. Biometrika, 70: 41-55.

State W, Man teiga G W, Presedo Quindimil M. 1998. Bootstrap approximations in model checks for regression. J. Am. Stat. Assoc., 93: 141-149.

State W. 1997. Nonparametric model checks for regression. Ann. Stat., 25:613-641.

Stute W, Thies S, Zhu L X, 1998. Model checks for regression: An innovation process approach. Ann. Statist., 26: 1916-1934.

Stute W, Manteiga G W. 1996. NN goodness-of-fit tests for linear models b. J. Statist. Plan. Infer, 53: 75-92.

Stute W, Zhu L X. 2002. Model checks for generalized linear models. Scand. J. Statist., 29: 535-545.

Stute W, Zhu L X. 2005. Nonparametric checks for single-index models. Ann. Statist., 33: 1048-1083.

Sun Z H, Wang Q H. 2009. Checking the adequacy of a general linear model with responses missing at random. J. Statist. Plan. Infer, 139: 3588-3604.

Sun Z H, Wang Q H, Dai P J. 2009. Model checking for partially linear models with missing responses at random. J. Multiv. Anal., 100: 636-651.

Tripathi G, Kitamura Y. 2003. Testing conditional moment restrictions. Ann. Stat., 31: 2059-2095.

Van Keilegom I, Gonzalez-Manteiga W, Sánchez Sellero C. 2008. Goodness-of-fit tests in parametric regression based on the estimation of the error distribution. Test, 17: 401-415.

Wang C Y, Chen H Y. 2001. Augmented inverse probability weighted estimator for Cox missing covariate regression. Biometrics, 57: 414-419.

Wang C Y, Wang S, Zhao L P, Ou S T. 1997. Weighted semiparametric estimation in regression analysis with missing covariate data. J. Amer. Statist. Assoc., 92: 512-525.

Wang C Y, Wang S J, Gutierrez R G, Carrol R J. 1998. Local linear regression for generalized linear models with missing data. Ann. Statist., 26: 1028-1050.

Wang Q, Rao J N K 2002. Empirical likelihood-based inference under imputation for missing response data. Ann. Statist., 30: 896-924.

Wang Q H, Lindon O, Hädle W. 2004. Semiparametric regression analysis with missing response at random, J. Amer. Statist. Assoc., 99: 334-345.

Wang Q H, Sun Z H. 2007. Estimation in partially linear models with missing responses at random. J. Multiv. Anal., 98: 1470-1493.

Weaver M A, Zhou H. 2005. An estimated likelihood method for continuous outcome regression models with outcome-dependent sampling. J. Am. Statist. Assoc., 100: 459-469.

Whang Y, Andrews D W K. 1993. Tests of specification for parametric and semiparametric models. J. Econometrics, 57: 277-318.

Wu C O, Chiang C T. 2000. Kernel smoothing on varying-coefficient models with longitudinal dependent variable. Statistic Sinica., 10: 433-456.

Wu C O, Chiang C T, Hoover D R. 1998. Asymptotic confidence regions for kernel smoothing of a varying-coefficient model with longitudinal data. J. Amer. Stat. Assoc., 93: 1388-1402.

Wu H, Liang H. 2004. Backfitting random varying-coefficient models with time-depedent smoothing covariates. Scan. J. Stat., 31: 3-19.

Xu W L, Guo X. 2013. Nonparametric checks for a varying coefficient model with missing response at random. Metrika, 76: 459-482.

Xu W L, Guo X, Zhu L X. 2012. Goodness-of-fitting for partial linear model with missing response at random. J. Nonparametr. Stat., 24: 103-118.

Xu W L, Zhu L X. 2008. Goodness-of-fit testing for varying-coefficient models. Metrika, 68: 129-146.

Xu W L, Zhu L X. 2009. A goodness-of-fit test for a varying-coefficients model in longitudinal studies. J. Nonparametr. Stat., 21: 427-440.

Xu W L, Zhu L X. 2013. Testing the adequacy of varying coefficient models with missing responses at random. Metrika, 76: 53-69.

Xue L G. 2009. Empirical likelihood for linear models with missing responses. J. Multiv. Anal., 100: 1353-1366.

Yatchew A J. 1992. Nonparametric regression tests based on least squares. Econom. Theory, 8: 435-451.

Yates F. 1933. The analysis of replicated experiments when the field results are incomplete. Emp.J.Exp.Agric, 1: 129-142

Zhao L P, Lipsitz S, Lew D. 1996. Regression analysis with missing covariate data using estimating equations. Biometrics, 52: 1165-1182.

Zheng J X. 1996. A consistent test of functional form via nonparametric estimation techniques. J. Econometrics., 75: 263-289.

Zhou H, Weaver M A, Qin J, Longnecker M P, Wang M C. 2002. A semiparametric empirical likelihood method for data from an outcome-dependent sampling scheme with a continuous outcome. Biometrics, 58: 413-421.

Zhu L X. 2003. Model checking of dimentrion-reduction type for regression based on a difference of variance estimators. Ann. Stat., 27:1012-1040.

Zhu L X. 2005. Nonparametric Monte Carlo Tests and Their Applications. New York: Springer.

Zhu L X, Ng K W. 2003. Checking the adequacy of a partial linear model. Statist. Sin., 13: 763-781.

Zhu L X, Neuhaus G. 2000. Nonparametric Monte Carlo tests for multivariate distributions. Biometrika, 87: 919-928.

Zhu L X, Cui H J, 2005. Testing lack-of-fit for general linear errors in variables models. Stat. Sinica, 15: 1049-1068.

索　　引

Y

Z

其他